최진기의
러우전쟁사

최진기의
러우전쟁사

러우전쟁은 어떤 세계질서를 만드는가?

초판 인쇄 2025년 5월 22일
초판 발행 2025년 5월 28일

지은이 최진기
펴낸이 유해룡
펴낸곳 (주)스마트북스
출판등록 2010년 3월 5일 | 제2021-000149호
주소 서울시 영등포구 영등포로5길 19, 동아프라임밸리 1007호
편집전화 02)337-7800 | **영업전화** 02)337-7810 | **팩스** 02)337-7811
원고투고 www.smartbooks21.com/about/publication
홈페이지 www.smartbooks21.com

ISBN 979-11-93674-24-6   03300

최진기의
러우전쟁사

러우전쟁은 어떤 세계질서를 만드는가?

THE HISTORY OF THE
RUSSIA–UKRAINE WAR

최진기 지음

스마트북스

우리는 왜 러·우전쟁에 주목해야 하는가?

1600년, 조선에 살고 있던 백성들은 10년 전에 비해서 너무나 바뀐 세상을 이해하기 어려웠을 것이다. 어쩌다 이런 세상이 왔는지 알 수 없었을 것이다.

1592년에 일어나 1598년까지 이어진 임진왜란이 도대체 왜 일어났는지 제대로 알지 못했을 것이며, 선조의 무능하고 비겁한 모습도 받아들이기 어려웠을 것이다. 게다가 전란이나 왕의 무능보다 더 무서웠던 것은 1592년 겨울에서 1594년 여름까지 거의 2년 가까이 덮친 계갑대기근이었을 것이다. 도둑이 횡행했으며, 굶어죽는 사람들이 대량 발생했고, 급기야 죽어가는 사람의 인육을 먹는 일까지 생겼다. 전쟁과 극심한 기근을 겪은 백성들은 그 이전의 백성들과는 다를 수밖에 없었다.

전쟁과 대기근이 세상을 바꾸었다. 임진왜란이 일어나기 전, 조선에 살던 백성들은 이처럼 참혹한 전쟁과 대기근이 닥칠 것이라고는 상상조차 하지 못했다. 게다가 왕이 백성을 버리고 도망가는 '상상조차 하지 못했던 것이 현실'이 되어 버렸다. 이렇게 개개인이 겪은 충격적인 경험은 누구도 돌이킬 수 없는 새로운 세계를 만들어 내는 힘으로 작용했다.

마찬가지로 2020년에 신년을 맞이하던 우리와, 단 5년 후인 2025년에 신년을 맞은 우리는 전혀 다른 세상을 마주했다.

2020년 신년 초, 우리는 그해 코로나 팬데믹이 전 세계를 강타해 2023년까지 3년 넘게 지속될 줄 몰랐다. 또한 2022년 2월 하순, 러시아와 우크라이나의 전쟁이 일어나 전 세계를 흔들며 2025년까지 무려 3년여 지속될 걸 예상하지 못했다. 마치 1590년에 살았던 조선의 백성들처럼 말이다. 심지어 대한민국에 살고 있는 사람들은 2024년 말, 계엄령 발동이라는 또 하나의 상상조차 하지 못했던 것이 현실이 되는 걸 경험했다.

대역병과 전쟁, 그리고 계엄을 지켜본 우리들이 겪은 새로운 경험은 긍정적이든 부정적이든 이전의 대한민국과는 다른 새로운 대한민국을 만들어 나갈 것이다.

***

필자는 2021년 동유럽에 체류하며 서유럽과 다른 분위기와 문화에 매료

되었고, 동유럽에 대한 강의를 준비하고 있었다. 와중에 2022년 2월, 러시아-우크라이나 전쟁이 일어났고, 강의의 주제는 자연스럽게 러·우전쟁에 초점이 맞추어졌다.

금방 끝날 것 같았던 전쟁은 1,000일을 넘어섰다. 전쟁 초기 사람들은 이 전쟁을 강대국 러시아와 약소국 우크라이나 간의 국지전으로 생각했다. 하지만 점차 미국을 비롯한 서구와 러시아의 운명을 건 전쟁이라는 게 드러나기 시작했다. 그리고 러·우전쟁은 새로운 세계질서를 만들어 내고 있다. 탈냉전 이후 당연시 여기던 미국의 군사적·정치적 패권이 무너지고 있는 것이다. 이는 전쟁 당사자인 우크라이나, 러시아, 미국, EU유럽연합는 물론, 중국과 다른 나라들에도 엄청난 영향을 주었다. 그리고 전 세계인이 그것을 지켜보았다.

앞으로 러·우전쟁을 목격한 나라들이 그려갈 세계사는 이전과는 확연히 다를 것이다. 이전과는 다른 새로운 세계질서가 펼쳐질 것이다. 그럼에도 불구하고, 국내에서는 러·우전쟁에 대한 관심이 상대적으로 적어서 안타까운 마음에 용기를 내어 이 책을 쓰기로 마음먹었다. 이 책은 크게 3가지 질문으로 이루어져 있다.

1. 러·우전쟁은 도대체 왜 일어났는가?

러·우전쟁의 발발 원인을 우크라이나나 서구, 또는 러시아의 일방적 입장에서 이해한다면, 이 전쟁의 발발 원인은 물론 그것이 가져올 파장을 이해할 수 없을 것이다. 그래서 제3자의 입장에서 객관적이고 총체적으로 보고자 했다.

2. 왜 러시아가 승리했는가?

사실 이보다는 "왜 서구가 졌는가?"라는 질문이 맞을 것 같다. 이에 대해 '러시아가 이겼다고?', '우크라이나가 러시아와 전쟁을 한 건데, 미국이나 서구가 졌다고 할 수 있나?' 의구심을 가질 수도 있을 것이다. 이 책을 쓰는 지금 아직 전쟁이 끝나지 않았지만, 러·우전쟁은 러시아의 승리로 끝날 것이다. 아니, 실질적으로는 이미 끝났다.

　이 책을 쓰는 동기 중 하나가 바로 "왜 러시아가 승리했는가?"라는 질문에 대한 답을 찾기 위한 것이다. 러·우전쟁은 러시아가 이미 이겼다. 그러나 더 주요한 사실은 미국을 위시한 서구가 패전했다는 것이다. 사실 최근 미국은 2001년부터 시작한 아프가니스탄 전쟁에서도 20년 만인 2021년에 철수함으로써 진 바 있다. 하지만 러·우전쟁에서의 패전은 이전과는 차원과 성격이 다른 뼈아픈 패전임을 보여주고자 한다.

3. 러·우전쟁은 어떤 새로운 세계질서를 만들고 있으며, 우리에겐 어떤 영향을 줄 것인가?

많은 사람들이 러·우전쟁이 신냉전New Cold War 질서를 만드는 기폭제 역할을 했다고 평가한다. 물론 러·우전쟁 후의 새로운 질서가 일부 신냉전적 성격을 보일 수도 있다. 냉전은 기본적으로 이념 대립으로 출발하고 규정된다. 하지만 지금의 시대는 이념의 시대가 아니다. 러·우전쟁은 마지막으로 이념의 시대를 만들고자 했던 서구의 노력도 물거품이 되었다는 것을 증명한다고 생각한다. 이분법적 사고를 벗어나 새로운 세계질서를 인식해야 한다.

* *

10여 년 전 경제 강의로 많은 사랑을 받았다. 그때 강의에서 "경제발전기에는 경제를 몰라도 생존할 수 있지만, 경제가 후퇴하기 시작하는 시기에는 경제를 모르면 생존할 수 없다"는 말을 자주 했다. 그래서 강의 제목도 '생존 경제'였다. 지금 우리나라 사람들의 경제적 이해도는 예전과 비할 수 없을 정도로 높아졌다. 사람들이 경제를 모르면 생존할 수 없는 시대가 되었다는 것을 절감했기 때문일 것이다.

마찬가지이다. 냉전시대는 기본적으로 '대립의 시기'였지만, 탈냉전시대는 '평화의 시기'였다. 탈냉전시대에는 일부 나라에서 전쟁이 벌어지긴 했지만, 전체적으로 봐서 인류는 이 시기 수십 년 동안 평화를 누렸다.

평화의 시기에는 정치를 몰라도 아무런 문제가 없다. 고대 중국의 요 임금이 암행 시찰을 하다가 한 노인이 부르는 노래를 들었다. "아침에 해가 뜨면 일하고, 저녁에 해가 지면 쉬네. 내가 우물 파서 물 마시고, 내가 밭을 갈아 먹으니, 임금의 혜택이 내게 무엇이 있단 말인가." 진정한 평화의 시기에는 백성은 왕이 누구인지를 몰라야 한다고 했다. 하지만 그렇지 않은 시기에는 백성은 왕이 누구인지 알아야 했다. 그래야만 살아남을 수 있기 때문이다.

우리는 지금 누가 왕인지 몰라도 되는 시대에서, 이제 왕이 누구인지 알아야'만' 하는 시대로 넘어왔다.

자, 이제 제3자의 시각에서 러·우전쟁의 원인을 살펴보고, 미국의 패권이 어떻게 무너져 가고 있으며, 새로운 세계질서가 신냉전 질서가 아닌 어떤 것인지, 우리의 삶에 어떤 영향을 줄지 하나하나 알아보기로 하자. 다시 책을 쓸 용기를 내게 해준 가족을 포함한 모든 분들께 머리 숙여 감사드린다.

2025년 5월

최진기 드림

차례

─────────── 1부 ───────────

러·우전쟁은 왜, 어떻게 일어났는가?

2부

러시아가 왜, 어떻게 승리했는가?

3부
러·우전쟁이 바꾼 세계

어떤 전쟁이 중요한 전쟁인가?

_러·우전쟁이 세계사적 전쟁인 이유

"1차 세계대전과 2차 세계대전의 공통점이 무엇인가?"라고 물어본다면, 아마 다들 어렵지 않게 대답할 것이다. "인류 역사상 기존에는 없었던 세계대전"이라고 말이다.

그 이전의 전쟁들은 일부 나라들 사이에 벌어진 것이었지만, 1차, 2차 세계대전은 말 그대로 전 세계가 참여한 거대한 전쟁이었다. 1차 세계대전은 4개의 동맹국과 27개의 연합국이 참전했으며 사상자가 무려 1,500만 명에 달했다. 그리고 2차 세계대전은 3개의 추축국과 50여 개의 연합국이 충돌했으며, 사상자가 무려 8,000만 명에 달해 인류 역사상 최대 규모의 희생자를 낳았다.

그렇다면 1차 세계대전과 2차 세계대전의 차이점은 무엇일까?

1차 세계대전은 지역적으로는 유럽 중심, 전투 방식으로는 참호전 중심, 전쟁의 성격은 제국주의 내부의 갈등이라고 할 수 있다. 반면 2차 세계대전은 유럽을 넘어 전 세계적으로 벌어진 전쟁이었고, 기동전 중심이었으며, 전쟁의 성격은 자유주의와 사회주의로 대표되는 민주주의 진영과 나치·파시즘으로 대표되는 전체주의의 대립이라고 할 수 있다.

그러나 더 본질적인 차이는 1차 세계대전은 전후에 새로운 세계질서를 만들지 못한 반면, 2차 세계대전은 새로운 세계질서를 만들어 냈다는 것이다.

1차 세계대전 이전, 세계는 민족주의에 기반해 식민지 쟁탈전을 벌이던 제국주의 국가들 간의 경쟁체제였다. 1차 세계대전은 이러한 제국주의 국가들 간의 경쟁이 화산처럼 분출한 사건이었지만, 그러한 기본 질서를 바꾸지는 못했다. 패전국들의 식민지가 승리한 연합국들에 넘어갔던 것뿐이었다.

1차 세계대전 이후에도 영국을 중심으로 한 제국주의 식민지 질서는 계속되었다. 또한 민족주의는 더욱더 강화되었다. 이는 제국주의 질서에서 살짝 벗어난 승전국인 미국 윌슨 대통령의 '민족자결주의'에도 잘 나타나 있다. 그리고 전후 세계 경제질서는 포드주의적 생산방식이 확대되기 시작했고, 자동차·가전제품 등의 대량 소비문화가 확산되었지만, 실질적으로 자유방임주의에 기반한 자본주의는 전혀 흔들리지 않았다.

즉, 1차 세계대전은 정치적으로는 식민지에 기반한 제국주의 질서,

경제적으로는 자유방임주의 경제질서를 바꾸지 못했다. 이전의 전쟁과 규모가 다른 세계대전이었지만, 새로운 세계질서를 만들어 내지는 못한 것이다.

하지만 2차 세계대전은 달랐다, 어떻게?

반면 2차 세계대전은 새로운 세계질서를 만들어 냈다.

1. 전 세계의 식민지들이 독립하는 계기가 되었다. 1차 세계대전이 기본적으로 유럽 중심의 전쟁이었다면, 2차 세계대전은 유럽을 넘어 전 세계적인 전쟁이었다. 당장의 승리가 급한 제국주의 국가들은 식민지에서 군대를 철수했으며, 식민지에 독립을 조건으로 참전을 요청하는 일까지 벌어졌다. 식민지 국가의 엘리트와 민중들은 2차 세계대전을 통해 제국주의 국가가 절대적 존재가 아니며, 독립이 시대의 대세라는 걸 깨닫게 되었다. 결국 2차 세계대전은 길게 보면, 신대륙 발견 이후의 제국주의적 세계질서를 붕괴시켰다.

2. 영국의 패권이 무너졌다. 1차 세계대전의 최고 승전국은 영국이었다. 영국은 이미 미국과 독일의 도전으로 패권이 약화되고 있었는데, 오히려 1차 세계대전으로 라이벌인 독일을 꺾을 수 있었다. 또한 비록 미국에 경제적 주도권은 넘겨주었지만, 승리를 주도한 나라라는 명분을 통해 기축통화국과 단일 패권국의 지위를 유지할 수 있었다.

하지만 2차 세계대전의 승전국은 누가 봐도 미국과 소련이었다. 서구 질서의 주도권은 자연스럽게 미국으로 넘어갔다. 종전 직전인 1944년 7월 미국 뉴햄프셔 주 브레튼우즈에서 44개국이 참가한 연합국 통화·금융회의가 열렸다. 이 회의에서 미국 달러는 기축통화의 지위를 가지게 되었다. 그러나 이 자리에서 영국 대표단 수석 대표였던, 세계를 대공황에서 구한 경제학자로 불리던 케인스의 목소리는 더 이상 힘을 가질 수 없었다.

3. 이념이 민족주의를 압도하게 되었다. 2차 세계대전의 최고 승전국이었던 미국과 소련은 공동의 적인 나치·파시즘이 사라지자 서로 적대시하며 냉전체제로 돌입했다. 미국은 서유럽 국가들과 함께 1949년 4월 NATO 북대서양 조약기구라는 군사동맹체를 만들었고, 소련은 동유럽 국가들과 함께 1955년 바르샤바 조약기구를 만들었다. 이념이 민족을 뛰어넘는 시대가 되었다.

4. 자유방임주의가 몰락했다. 2차 세계대전 후 세계 자본주의 경제질서는 완연히 수정자본주의 시대로 넘어왔다. 사회주의의 위협에 대응하기 위해서는 복지국가 노선을 채택해야 했고, 전쟁에 참여해 승리를 이루어 낸 노동자·농민의 목소리가 높아졌으며, 도로·항만·철도·댐 등 대규모 인프라 확충이 필요한 전후 재건사업이 민간보다는 국가 주도로 이루어졌기 때문이다. 이제 자유방임주의의 목소리는 사라지고, 수정자본주의에 기반한 복지국가 건설이 서구의 대세가 되었다.

결론적으로 2차 세계대전은 제국주의적 지배질서에서 벗어나 이념경쟁에 기반을 둔 미국과 소련 중심의 양극체제, 그리고 이로 인해 수정자본주의라는 새로운 세계질서를 만들어 냈다.

이번에는 우리의 역사를 보자. 1592년에 일어난 임진왜란과 1636년에 시작된 병자호란은 조선이 500년 역사에서 겪은 가장 큰 전쟁이었다. 임진왜란에서 조선은 승리했지만, 병자호란에서는 패했다.

하지만 두 전쟁 사이에는 승전과 패전보다 더 큰 차이가 있었다. 임진왜란은 조선의 새로운 질서를 만들어 냈다. 이는 조선시대를 전기와 후기로 나눌 때, 임진왜란 이전과 이후로 나누는 것에서도 알 수 있다.

임진왜란은 조선 초기 이후 이루어진 중앙집권화를 약화시키고 붕당정치를 강화했다. 백성을 버리고 달아난 선조의 무책임한 태도를 목격한 사대부와 백성들에게 이전의 왕과 이후의 왕은 다를 수밖에 없었다. 그리고 전쟁으로 황폐한 토지와 줄어든 인구는 필연적으로 토지개혁을 불러일으켰다. 여기에 전쟁으로 나라의 금고가 바닥나자 쌀이나 베, 은자 등을 바치는 대가로 관직이나 벼슬을 준 공명첩은 신분제 질서를 붕괴시키는 촉매제가 되었다. 반면, 병자호란은 새로운 질서를 만들어 내지 못했다. 임진왜란이 가져온 조선의 변화를 가속화하거나 늦추는 역할을 했을 뿐, 임진왜란이 바꾼 물줄기를 새로운 곳으로 끌고 가지는 못했다.

19세기 초 나폴레옹 전쟁과 19세기 중후반 프로이센·프랑스 전쟁

도 마찬가지다. 나폴레옹 전쟁은 프랑스 혁명 이후 나폴레옹이 이끄는 프랑스와 유럽의 연합국들 사이에서 벌어진 전쟁이고, 프로이센·프랑스 전쟁은 프로이센의 수상 비스마르크가 주도한 전쟁으로 독일 통일을 완성하기 위한 마지막 단계였다. 둘 다 유럽 대륙의 패권을 둘러싼 전쟁이었다.

하지만 나폴레옹 전쟁이 프랑스 혁명의 사상을 유럽에 전파함으로써 근대를 본격적으로 연 전쟁이었다면, 프로이센·프랑스 전쟁은 유럽 대륙 내의 패권이 프랑스에서 독일로 넘어가는 전쟁에 불과했다.

인류 역사에는 세계를 바꾼 전쟁들이 있다. 기원전 5세기 서구 문명의 기초를 만든 그리스와 페르시아의 전쟁, 11세기 말에서 13세기

동서양 교류의 길을 연 십자군 전쟁, 14세기 초 영국과 프랑스의 왕위 계승을 둘러싼 장기 전쟁으로 근대적 민족국가의 틀을 만든 백년전쟁 등이 대표적인 예이다. 그리고 러·우전쟁 또한 새로운 세계질서를 만들어 내는 전쟁이다. 이것이 바로 우리가 러·우전쟁에 주목해야 하는 이유이다.

1부

러·우전쟁은
왜, 어떻게 일어났는가?

러·우전쟁의 발발 원인을
어떻게 설명할 것인가?

러·우전쟁은 단순히 우크라이나와 러시아의 전쟁이 아니라, 우크라이나를 위시한 서구와 러시아의 전쟁으로 볼 수 있다. 전쟁은 무력만이 아니라 이념 대결의 장이기도 하다. 우크라이나와 서구는 러·우전쟁 발발의 책임이 러시아에 있다고 주장하고, 러시아는 서구에 있다고 주장한다. 전자는 러시아의 선제적 침략에 초점을 맞추는 입장이고, 후자는 서구 진영이 러시아의 침략을 불가피하게 만들었다는 입장이다.

우리는 이러한 양측의 주장을 무조건적으로 받아들여서는 안된다. 전쟁 당사자들은 각자의 입장을 앞세울 수밖에 없기 때문이다. 먼저 우크라이나 및 서구, 그리고 러시아의 주장을 살펴보자.

선제적 침략론
_서구의 입장

러·우전쟁은 국제법을 위반한 러시아의 선제적 침략임은 틀림이 없다. 러·우전쟁은 2022년 2월 24일 러시아가 우크라이나의 수도 키이우 인근과 주요 도시를 공격함으로써 시작되었다. 이는 명백히 비판받아 마땅한 일이며, 전쟁의 책임 소재를 밝히고 전범재판을 한다면 처벌의 중요한 근거가 될 것이다. 하지만 이것이 러·우전쟁의 발발 원인을 모두 설명할 수는 없다.

어떤 전쟁의 발발 원인을 살펴볼 때 '누가 먼저 침략했는가?'에만 주목하면, 도덕적 비판을 앞세움으로써 사건의 구체적 사실과 맥락을 놓치는 잘못을 범할 수 있다.

기원전 5세기 페르시아 전쟁은 페르시아가 먼저 그리스를 침공함으로써 일어났다. 하지만 애초에 아테네가 페르시아에 반란을 일으킨 이오니아 지방 도시들을 지원한 것이 원인 중 하나였다.

또한 십자군 전쟁은 1095년 교황 우르바노 2세가 프랑스 클레르몽 공의회에서 유럽 전역의 기독교인들에게 무기를 들고 성지 예루살렘을 되찾고 동방의 기독교 형제들을 돕자고 강하게 호소함으로써 이듬해인 1096년 시작되었다. "하느님이 그것을 원하신다!"는 이후 십자군 전쟁의 구호가 되었다. 이처럼 십자군 전쟁은 서구 기독교 세력이 먼저 이슬람 세력을 침공한 전쟁이다. 하지만 당시 이슬람 세력인 셀주크 튀르크 제국이 기독교인 비잔틴 제국의 영토를 침공하고 세력을 확장하자, 비잔틴 제국의 황제 알렉시오스 1세가 교황에게 도움을 요청해 전쟁이 시작된 것이었다.

앞에서도 말했듯, 이번 러·우전쟁도 2022년 2월 24일 러시아의 침공으로 시작되었고, 이는 당연히 국제사회에서 비판받아 마땅하지만, 그 배경 또한 고려해야 한다.

우크라이나는 그 며칠 전인 같은 달 2월 18일부터 자국 영토인 동부 돈바스 지역에 대대적인 포격을 가했다. 돈바스 지역은 우크라이나와 러시아의 접경 지역인 도네츠크, 루한스크 일대를 말하는데, 러시아계 주민들이 많으며 친러파의 반발이 거센 곳이었다. 우크라이나의 돈바스 지역 포격은 기회를 엿보고 있던 러시아에 전쟁의 빌미를 제공했다. 구체적인 사실의 문제를 도덕적 문제로 재단하고자 하는 우를 범해서는 안 된다. 미국의 대표적 석학 노엄 촘스키는 러·우전쟁에 대해 "누가 먼저 침략했는지뿐만 아니라, 누가 주요하게 도발했는지 역시 전쟁의 해법을 찾는 데 똑같이 중요"하다고 지적한 바 있다.

누차 이야기하지만, 국제법과 국제규범이 중시되는 현대 문명국 사이에서 '누가 전쟁을 일으켰느냐?'는 전쟁의 책임을 따지는 매우 중요한 문제이지만, 선제적 침략론만으로는 전쟁의 발발 원인을 입체적으로 파악할 수 없다.

또한 선제적 침략론을 주장하는 측의 일부는 독재자 푸틴이 이끄는 전제국가인 러시아를 상시적 위험국가로 일방적으로 설정한다. 이 입장의 논리가 가져오는 결론을 보자.

독재자 푸틴이 이끄는 상시적 위험국가인 러시아는 언제든지 마음만 먹으면 국제법을 위반하는 침략적 전쟁을 일으킬 수 있다. 러·우전쟁의 원인은 푸틴과 러시아에 있으며, 따라서 이 전쟁의 원인을 알기 위해서는 독재자 푸틴의 개인적 욕망과 상시적 위험국가인 러시아의 등장과 확장을 알아야 한다. 그리고 전쟁을 막기 위해서는 일차적으로는 러시아에서 독재자 푸틴을 제거해야 하고, 근본적으로는 상시적 위험국가인 러시아의 힘을 축소해야 한다. 그렇지 않으면 러시아는 우크라이나만이 아니라 다른 유럽 나라들을 침공할 수 있으며, 더 나아가 서구의 안보를 직접적으로 위협할 수 있다는 결론으로 나가게 된다.

이러한 전제에서는 러·우전쟁은 민주주의 대 전제주의의 대결이 되고, 민주주의 진영의 미래가 걸린 것이 되며, 민주주의의 승리로 결론이 나야 한다. 이에 맞서서 싸우는 우크라이나 정부와 국민들은 민주주의 진영의 선봉장들이며, 서구 진영은 안타깝게도 직접 싸울 수는 없지만 모든 지원을 아끼지 말아야 한다. 그리고 러시아가 점령한 지역에서 러시아군을 한 명도 남기지 않고 몰아낼 때까지 전쟁이 계속되어야 하며, 그때까지 있는 힘을 다해 싸워야 한다. 그래야만 독재자 푸틴과 상시적 위험국가인 러시아가 재침략의 야욕을 포기할 것이기 때문이다.

실제로 우크라이나와 일부 서구 지도자들이 이러한 견해를 채택하자, 협상과 타협을 기반으로 하는 외교는 사라졌다.

예전에 강의에서 "전쟁의 반대는 평화가 아니라 외교"라는 말을 한적이 있다. 외교가 사라지면 전쟁이 등장하고 평화는 사라진다.

독일제국에서 강경한 황권주의자인 빌헬름 2세가 노련한 비스마르크 총리를 해임하고 외교 노선이 사라지자, 빌헬름 2세가 주도하는 1차 세계대전이 시작되었고, 그 결과 수천만 명이 목숨을 잃었다. 마찬가지로 독재자 푸틴과 상시적 위험국가인 러시아의 침략전쟁에 끝까지 맞서 싸우는 과정에서 우크라이나의 수많은 젊은이들이 목숨을 잃었으며, 1천만 명이 넘는 난민이 발생했다.

　　러·우전쟁을 단순히 독재자 푸틴이 이끄는 상시적 위험국가인 러시아의 선제적 침공으로 발생한 전쟁으로 규정해 버리면, 러·우전쟁을 총체적으로 이해할 수 없으며, 이런 관점에 치우치면 이 전쟁의 해법도 사라지게 된다.

침략 유발론
_러시아의 입장

러시아는 서구 세력이 침략을 유발해서 어쩔 수 없이 우크라이나를 침략하게 되었다고 주장한다. 그 대표적 근거로 3가지를 내세운다.

1. 나토의 동진

러시아는 1990년 독일 통일 과정에서 미국 국무장관 제임스 베이커가 모스크바를 방문해 "나토는 1인치도 동진하지 않을 것"이라고 고르바초프 서기장에게 약속했는데, 그 약속을 깨고 러시아의 코앞까지 동진했으며, 이제는 나토가 같은 슬라브 민족국가인 우크라이나까지 동진을 시도하여 러시아의 안보에 직접적 위해를 가했다고 주장한다.

　　이에 대해 서구는 설혹 그런 약속을 했더라도 구두 약속에 불과하고, 그 내용 역시 독일 통일 과정에서 협상 당시의 맥락에 국한된 것이라고 주장한다.

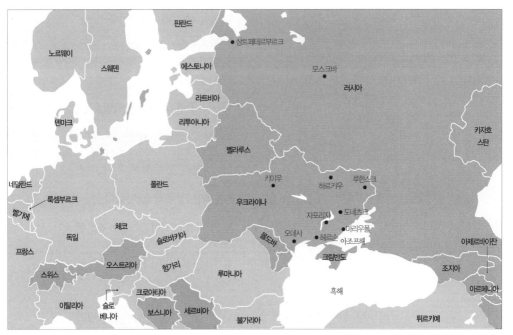

유럽 대륙의 나토 가입국들

러·우전쟁이 일어난 후, 핀란드는 2023년, 스웨덴은 2024년에 나토의 정식회원국이 되었다. 스웨덴과 핀란드는 왜 오랫동안 해왔던 중립정책을 던져버렸을까? 이는 서구 세력의 나토 동진정책 때문일까, 아니면 러시아의 우크라이나 불법 침공 때문일까?

국제기구에 가입하기 위해서는 우선 가입을 원하는 나라가 신청을 해야 한다. 따라서 나토의 동진정책이나 러·우전쟁은 스웨덴과 핀란드가 중립정책을 던져버리는 계기가 되었을 뿐, 좀더 중요한 것은 두 나라 내부의 정치적 지형 변화를 읽어야 한다2부 2장 참조.

또한 나토의 동진을 이해하기 위해서는 동진을 허용한 서구에 대한 이해에 앞서, 나토에 가입을 원하게 된 동유럽에 대한 이해가 앞서야 한다1부 2장 참조. 그래야 우리는 러·우전쟁을 온전히 이해할 수 있다.

2. '유로마이단' 혁명

러시아는 우크라이나에서 2013년~2014년 일어난 유로마이단 혁명을 서구의 지원을 받은 불법 쿠테타로 본다. 빅토리아 눌런드로 대표되는 미국의 네오콘 세력이 우크라이나의 친서방 극우세력을 자극해서 친러 정권인 빅토르 야누코비치 대통령을 타도하고 친서방 정부가 들어섰다는 것이다. 미국이 우크라이나에서 일어났던 유로마이단 혁명을 배후조정했기에 응징해야 한다는 입장이다. 하지만 러시아의 이러한 주장에 필자는 의문을 제기할 수밖에 없다.

유로마이단 혁명의 발발 과정을 간단히 살펴보자. 2013년 우크라이나는 외환보유고가 바닥났다. 당시 EU는 우크라이나에 200억 달러의 차관을 빌려주겠다고 했고, 러시아는 150억 달러의 차관을 제안했다. EU가 제시한 차관의 규모가 더 컸지만, EU는 강력한 구조조정을 요구한 반면, 러시아는 천연가스 가격 인하 등의 유인책을 제공했다. 우여곡절 끝에 당시 친러 성향의 야누코비치 정권은 EU와의 협정을 미루고 러시아의 제안을 받아들이기로 결정했다.

이에 서구화와 민주적 개혁을 촉구했던 시민들은 우크라이나의 수도 키이우의 마이단 광장에서 대규모 시위를 벌였고, 빅토리아 눌런드로 대표되는 미국의 네오콘 세력과 조지 소로스 재단 같은 서구 세력은 이를 지원했다. 결국 친러 성향의 야누코비치 대통령은 러시아로 망명하고 정권은 붕괴되었다. 우크라이나에서는 부패하고 무능한 야누코비치 대통령을 지원했던 러시아에 대한 반러 감정이 격화되었다.

한편, 우크라이나 정부가 러시아계 주민들이 높은 비중을 차지하고 있던 크림반도에 대한 탄압을 본격화하자, 2014년 3월 러시아는 크림반도에 군사를 투입한 후 주민투표를 실시하여 러시아에 병합했다. 그리고 2022년에는 우크라이나 정부가 돈바스 지역도네츠크와 루한스크를 포함한 산업대으로 탄압을 확장하자, 러시아는 불가피하게 침공을 하게 되었다고 주장한다.

그러나 이것이 러시아의 침략을 정당화할 수는 없다. 그뿐만 아니라 러시아의 이런 입장을 받아들이면 러·우전쟁의 원인을 제대로 이해할 수 없다.

물론 논쟁의 소지는 있지만, 미국의 개입이 유로마이단 혁명의 성공 요인 중 하나인 것은 부정할 수 없는 사실이다. 하지만 유로마이단 혁명이 성공한 중요한 이유는 우크라이나의 친러 성향 야누코비치 정권의 무능과 부패를 들 수 있다. 실제로 야누코비치 대통령의 아들인 올렉산드르 야누코비치는 아버지의 집권 이후 올리가르히[1] 로 부상했다. 또한 야누코비치 대통령의 호화저택과 사치생활이 폭로됨으로써 대대적인

---

1   올리가르히(oligarch)는 소련과 구공산주의 국가들이 붕괴하며 자본주의 시장경제로 바뀌는 과정에서 권력을 이용해 국유재산을 헐값에 인수해서 부를 취득하고, 이를 발판으로 독점적 경제적 지위를 얻은 이들을 말한다. 해방 이후 권력을 이용해 적산(총독부와 일본 국민들이 본국으로 철수하면서 남긴 재산)을 당시 권력과 결탁해 값싸게 불하받아 부를 축적한 한국의 일부 재벌을 생각하면 쉽게 이해가 될 것이다.

민심 이반이 발생했다. 아울러 야누코비치 대통령은 정적인 율리아 티모센코를 살인 누명을 씌워 투옥하기도 했다. 정치가 실종되었다. 부패와 무능에 반발한 시위를 무력으로 진압했으며, 경찰의 발포로 '존엄의 혁명'으로 불리는 시위 기간 동안에만 100명 이상이 사망했다.

국민들의 지지기반이 무너져 가던 야누코비치 대통령이 기댈 언덕은 러시아밖에 없었다. 그리고 결국 야누코비치 정권이 무너지자, 그의 정치적 기반인 러시아 역시 우크라이나 국민들의 마음속에 적대적 외세로 규정될 수밖에 없었다.

유로마이단 혁명에 개입한 것은 미국만이 아니었다. 러시아도 개입했으며, EU도 마찬가지였다. 따라서 러시아가 2004년 우크라이나에서 일어난 오렌지 혁명 이후 2014년 유로마이단 혁명에 걸친 미국과 서방의 개입을 이번 러·우전쟁의 발발 원인과 연관시키는 것은 올바르지 않을 뿐만 아니라 전쟁 발발의 원인을 이해하는 데도 도움이 안 된다. 우크라이나 내부의 문제를 외부의 문제로 치환하는 오류를 범할 수 있다.

3. 돈바스 지역에 대한 극심한 탄압

러시아는 우크라이나가 돈바스 지역에 대해 극심한 탄압을 해서, 러시아계 주민들을 보호하기 위해 어쩔 수 없이 전쟁을 일으켰다고 주장한다. 2차 세계대전에서 소련이 나치와 맞서 싸웠던 것처럼, 러시아가 다시 한번 새로운 나치와 맞서 싸우는 것이 러·우전쟁의 본질이라고 주장한다.

우크라이나는 러시아 공용어를 폐지했으며, 러시아계 주민들의 기본권을 제약했고, 더 나아가 같은 나라의 국민들이 사는 지역을 포격했던 것은 사실이다. 이는 마땅히 국제사회에서 비판받아야 할 일이지만, 아직 제대로 조명을 받지 못하는 것이 현실이다.

그런데 러시아계 주민들에 대한 탄압이 러·우전쟁의 진짜 원인이 라면, 러시아는 이미 발트 3국과 중앙아시아의 카자흐스탄, 우즈베키스 탄, 키르기스스탄에도 쳐들어가야 했다. 또한 발트 3국의 에스토니아와 라트비아는 러시아어를 모국어로 사용하는 사람들에게 시민권을 부여하 지 않거나 제한했으며, 특히 라트비아에는 지금도 상당한 영향력을 가진 친나치 성향의 세력들이 있다. 중앙아시아 국가들 중 일부는 러시아어 사용 금지와 더불어 심지어 토지 몰수까지 진행했다. 그러나 당시 러시아 는 아무런 대응조차 하지 않았다.

그렇다면 러시아가 그때는 힘이 약했지만, 지금은 힘이 강해져서 그런 것일까? 한편으로는 맞는 말이지만, 이 문제를 설명하기 위해서는 러시아 내부의 변화에 주목해야 한다. 푸틴 정권의 친서방 노선이 반서방 노선으로 바뀌었다는 사실 말이다_{이는 차후 러시아 편에서 자세히 다루겠다}.

결론적으로 나토의 동진과 유로마이단 혁명을 러·우전쟁 발발의 주요 원인으로 보는 것은 자칫 그 주체인 동유럽과 우크라이나를 배제 한 논리가 될 수 있다. 러·우전쟁은 주로 우크라이나 땅에서 전투가 벌어 졌다. 모스크바나 베를린, 그리고 워싱턴에 사는 사람들은 전쟁을 느끼지 못했다.

또한 우크라이나의 돈바스 지역에 대한 극심한 탄압이 전쟁의 원 인이라는 러시아의 주장도 자국의 선제적 침공을 정당화하기 위한 논리일 뿐, 러·우전쟁의 근본적인 발발 원인일 수는 없다.

두 입장을
넘어

지금까지 러·우전쟁을 바라보는 선제적 침략 비판론과 전쟁 유도론의 입장을 살펴보았다. 전쟁은 치열한 대립의 장이다. 단순한 진영 논리로는 진실을 볼 수 없다. 진영 논리는 결국 어느 쪽이 올바르냐의 문제가 되며, 진영 논리에 휘말리면 합리적 사고와 이성이 사라지고 감정만 남게 된다. 특히 전쟁은 그러하다. 따라서 러·우전쟁의 당사자들에게서 전쟁의 진실을 듣기는 힘든 것이 사실이다.

그렇다면 어떻게 서구적 관점이나 러시아적 관점에서 벗어나 러·우전쟁을 객관적으로 바라볼 수 있을까? 제3자의 관점을 가져야 한다. 이는 사회적 현상을 객관적으로 이해하기 위한 가장 기본적인 전제이다. 특히 전쟁을 좀더 객관적으로 바라보기 위해서는 반드시 필요한 것이다.

전쟁의 발발 원인을 객관적으로 파악하기 위해서는 장기적이고 구조적인 요인인 '상수'와 유동적이고 직접적인 요인인 '변수'로 나누어 종합적으로 살펴보아야 한다.

전쟁을 이해할 때 변수와 상수를 구분하는 것은 사실 간단하다. 변수는 '가정을 할 수 있는 질문'이다. 도요토미 히데요시가 전국시대를 통일하지 않았다면? 오다 노부나가가 혼노지의 변에서 죽지 않았다면? 율곡 이이의 십만 양병설이 실제로 이루어졌다면? 일본 통신사로 다녀온

후 부사 김성일도 정사 황윤길처럼 조정에 일본이 침략할 것이라고 확신에 찬 보고를 했다면? 이러한 질문들이 바로 임진왜란의 발발 원인을 설명하는 변수에 해당하는 질문이다.

반면 상수란 이런 질문이 가능하지 않은 것들이다. 십자군 전쟁의 발발 원인을 설명하면서 '기독교와 이슬람교 간의 종교갈등이 없었다면?', '예루살렘이 두 종교 모두의 성지가 아니었다면?' 같은 질문을 던지지는 않을 것이다. 이런 것이 바로 상수이다.

러·우전쟁의 변수

먼저 러·우전쟁을 이해하기 위한 '변수'를 살펴보자. 자연과학이 독립변수와 종속변수의 인과관계를 찾아가듯, 사회과학 역시 마찬가지이다. 다만, 일반적으로 자연과학은 독립변수와 종속변수가 일대일 대응을 한다면, 사회과학은 그렇지 않기에 총체적이고 중첩적인 질문을 던져야 한다. 그래서 필자는 다음의 4가지 질문을 던져서 러·우전쟁의 발발 원인을 찾아보고자 한다.

1부에서는 4장에 걸쳐서 이 문제를 다룬다. 러·우전쟁과 관련된 4개 당사국은 미국, 우크라이나, 러시아, 그리고 EU의 리더국 독일이다. 각 나라에 각각 질문을 던져보겠다.

1. 미국 _2020년 대선에서 바이든이 아니라 트럼프가 이겼다면, 러·우전쟁이 발발했을까?

2. 우크라이나 _젤렌스키의 개혁이 성공했다면 전쟁이 일어났을까?

3. 러시아 _푸틴이 집권 초기였다면 침공을 했을까?

4. 독일 _메르켈이 집권하고 있었다면 전쟁이 이렇게 오래 지속되었을까?

러·우전쟁의 상수

러·우전쟁의 당사자인 러시아와 우크라이나 중에서 유독 서방 세력과 거대한 전쟁을 자주 치른 나라가 있다. 바로 러시아이다. 프랑스와는 나폴레옹의 침략에 맞선 전쟁, 영국과는 나이팅게일로 유명한 크림전쟁을 겪었으며, 독일과는 2차 세계대전을 치렀다. 그리고 지금은 러·우전쟁에서 실질적으로 미국과 대리전을 치르고 있다.

그렇다면 러시아가 서방과 벌인 전쟁에 공통적으로 내재하는 상수는 무엇일까? 서구인에게 내재된 '루소포비아'라는 감정이다.

물론 서구인들에게 '루소포비아'가 있다면, 러시아인들에게는 그들이 '웅혼하다'고 표현하는 '러시아 민족주의'가 있다. 그러나 러시아 민족주의는 사실 서구화를 이루고자 하는 측, 그리고 러시아만의 독자주의를 지향하는 측의 양가적인 태도가 섞인 감정이다. 루소포비아가 일방적인 반러시아 감정이라면, '러시아 민족주의'는 일방적인 반서구 감정은 아니다. 따라서 혐오적 감정을 필수적으로 동반하는 전쟁을 설명하기 위해서는 '러시아 민족주의'보다는 '루소포비아'에 주목해야 한다. 1부의 5장에서는 '루소포비아 _러시아와 서방의 전쟁을 이해하는 영원한 키워드'를 다룰 것이다. 이제 시작하자. 1부를 읽고 나면 자연스럽게 왜 러·우전쟁이 일어났는지를 이해하게 될 것이다.

1장 미국

2020년 미국 대선에서 트럼프가 당선되었어도 전쟁이 일어났을까?

외교정책의 두 노선
_현실주의와 이상주의

"2020년 미국 대선에서 트럼프가 당선되었어도 러·우전쟁이 일어났을까?" 이 질문에 답을 하기 위해서는 또 하나의 질문이 필요하다.

　　"왜 상대적으로 좀더 진보적이라는 미국 민주당 정권 역시 공화당 집권 때만큼, 혹은 더 많이 전쟁에 개입했을까?"

　　민주당의 오바마 대통령은 공화당의 조지 W. 부시 대통령이 시작한 전쟁들을 끝내겠다는 공약을 내걸고 당선되어 노벨평화상을 수상했지만, 두 번의 임기 내내 전쟁 상태를 기록한 대통령이 되었다. 그는 부시

035

전 대통령보다 10배나 많은 드론 공습 명령을 내렸다.

2차 세계대전 이후 미국이 전쟁에 개입한 대표적인 사례는 다음과 같다.

공화당 정권 시기

로널드 레이건1981년~1989년: 그레나다 침공, 레바논 내전

조지 H. W. 부시1989년~1993년: 파나마 침공, 1차 걸프전쟁

조지 W. 부시2001년~2009년: 아프가니스탄 전쟁, 이라크전쟁

민주당 정권 시기

린든 B. 존슨1963년~1969년: 베트남전쟁 전면 확대

빌 클린턴1993년~2001년: 코소보전쟁, 소말리아 내전, 이라크전쟁

버락 오바마2009년~2017년: 아프가니스탄 전쟁 지속, 이라크전쟁 재개시, 리
　　　　　　　　　　　　 비아 내전 개입, 시리아 내전 개입, 소말리아, 예
　　　　　　　　　　　　 멘 그리고 파키스탄 등에서 드론 폭격

이에 대해 혹자는 전통적으로 공화당은 '고립주의' 외교 노선을 선호하고, 민주당은 '다자주의'와 '국제주의'를 지향하기에, 민주당이 세계 곳곳에서 일어나는 전쟁에 개입할 가능성이 높기 때문이라고 한다. 이는 한편으로는 맞는 말이지만, 정확한 설명이라고 하기에는 부족하다. 이를 정확하게 이해하기 위해서는 상대적으로 진보적인 미국 민주당 지도부가 추구하는 대외전략의 기본 노선을 살펴보아야 한다.

정치학 교과서에 따르면, 국제관계와 외교를 바라보는 관점은 크게 현실주의와 이상주의로 나누어진다.

현실주의적 관점은 국제정치를 움직이는 원동력은 국가의 힘이며, 국가가 움직이는 방향은 각국의 이익에 의해서 결정된다고 본다.

현실주의 외교정책은 자국의 경제, 안보, 군사적 이익을 극대화하는 데 초점이 맞추어져 있으며, 홉스가 말했던 자연상태처럼, 국제관계를 기본적으로 이기적 국가들이 벌이는 '만국에 대한 만국의 투쟁' 상태로 본다. 그렇다고 이들이 국제평화를 배격하는 것은 아니다. 다만, 국제평화는 도덕적 이상을 부르짖는다고 되는 것이 아니라, 현실적으로 실질적인 힘을 가진 강대국 간의 세력균형에 의해서 이루어질 수 있다고 본다.

반면, 이상주의적 관점은 국제정치를 움직이는 원동력은 도덕적 이상을 실현하고자 하는 노력이며, 국가가 움직이는 방향은 국제평화를 실현하기 위한 노력으로 궁극적으로 결정된다고 본다. 인류 역사가 우여곡절을 겪었지만 결국 인권·민주주의·자유를 확대하는 과정으로 발전했고 이를 법에 의해 보장받는 사회구조를 만들며 진보해 왔듯이, 국제관계 역시 인권·민주주의·자유라는 인류의 보편적 규범을 확대하는 과정으로 나아갈 것으로 믿는다. 또한 국제관계는 국제평화와 세계인의 인권을 수호하는 국제법·국제규범·국제기구에 의해서 결정될 것이며, 따라서 국제평화는 힘에 기반한 군사적 충돌보다는 외교와 다자간 협력을 통해 이루어진다고 본다.

결론적으로 말하면, 전반적으로 미국 민주당의 외교정책은 이상

주의 노선, 미국 공화당의 외교정책은 현실주의 노선에 가깝다.[1]

냉전시대 이전 & 냉전시대
_윌슨주의와 고립주의

냉전시대 이전에는 윌슨주의Wilsonian Idealism 와 고립주의Isolationism 가 각각 민주당과 공화당의 외교정책 노선을 가장 잘 보여주었다.

미국 28대 윌슨 대통령1913년~1921년 재임 의 '윌슨주의국제주의'는 미국 민주당의 이상주의 외교 노선이 잘 반영된 대표적인 사례이다. 국제질서에서 도덕적 가치를 중시해 국제평화를 유지하려고 했으며, 이러한 노력이 반영되어 1차 세계대전 이후 국제연맹이 등장했다. 또한 약소국의 자결권과 민주주의 확산의 후원자를 자처했다.

반면, 윌슨의 국제주의에 반발한 공화당은 '고립주의' 정책을 채택했다. 고립주의 외교 노선은 1차 세계대전 이후 유럽 등 국제문제에 개입하기보다는 미국의 이익을 보호하는 데 집중해야 한다고 보았다. 이는 대공황 초기인 1930년, 후버 대통령1929년~1933년의 공화당 정부가 스무트-홀리 관세법으로 고율 관세 정책, 즉 수입품 2만여 개에 평균 59%, 최고

---

1 물론 미국 두 정당의 외교정책을 단순히 민주당-이상주의, 공화당-현실주의로 이분법적으로 나누기에는 무리가 있다. 실제로 시대적 요인과 대통령의 개인적 성향 등에 따라 반대의 노선을 띠는 경우도 쉽게 찾을 수 있다. 대표적으로 민주당인 클린턴 대통령의 코소보 공습은 현실주의적 노선으로 볼 수 있고, 조지 W. 부시 대통령이 이라크 침공의 명분으로 이라크 민주화를 주장한 것은 이상주의적 노선으로 볼 수도 있다. 그러나 전반적으로 민주당이 이상주의 노선, 공화당이 현실주의 노선에 가까운 것은, 그들의 이념적 스펙트럼을 생각할 때 자연스러운 현상이다.

400%의 관세 부과를 추진하면서 정점에 다다랐다.

　　냉전시대에도 이러한 경향은 지속되었다. 민주당의 이상주의적 외교 노선은 트루먼 대통령의 마셜 플랜, 케네디 대통령의 뉴 프런티어 외교,[2] 카터 대통령 시절의 인권외교와 캠프 데이비드 협정Camp David Accords[3]에서 잘 드러난다. 반면, 공화당의 현실주의적 외교 노선은 아이젠하워 대통령의 냉전 봉쇄 정책, 닉슨 대통령의 핑퐁 외교, CIA를 통한 칠레 정권 전복, 레이건 대통령 시절의 SDI 계획[4] 등에서 잘 드러난다.

　　냉전시대에 민주당의 이상주의적 노선과 공화당의 현실주의적 노선은 기본적으로는 소련을 어떻게 상대할 것인가에 따라 갈라졌다. 민주당은 당장은 소련을 외교와 국제협력의 파트너로 대우하여 데탕트국제평

2　케네디 대통령의 뉴 프런티어 외교의 핵심은 기존에 대립하고 있는 영역이 아니라, 우선 새로운 분야에서 협력을 강화해 국제평화를 도모하자는 것이다. 케네디 대통령은 이러한 외교 노선을 바탕으로 소련과 대기권, 우주, 그리고 수중에서 핵실험을 금지하는 조약을 체결했다. 케네디 대통령의 뉴 프런티어 외교는 냉전시대에 소련의 도전에 응전을 하면서도, 미국의 리더십을 도덕적 우위를 바탕으로 증진하려 한 담대한 시도로 평가되어 이후 미국의 외교정책에 큰 영향을 주었다.

3　캠프 데이비드 협정은 1978년 9월 이집트와 이스라엘이 카터 대통령의 중재로 체결한 평화협정이다. 요르단강 서안지구와 가자지구에서 팔레스타인에 의한 자치를 보장하고, 이스라엘은 이집트에 시나이 반도를 반환하고, 이집트는 이스라엘의 존재를 공식적으로 인정하는 것을 기본으로 한다.

4　'별들의 전쟁'이라고 불렸던 SDI(Strategic Defense Initiative) 계획은 미국이 소련의 탄도 미사일 공격에 대비해 미사일 요격용 레이저 무기를 개발해 핵전쟁에서 일방적인 우위를 시도하고자 한 계획이다.

^화를 유도하면서, 궁극적으로는 민주주의 확산과 인권외교로 무너뜨려야 할 대상으로 여겼다. 반면 공화당은 소련을 당장 미국의 최대 경쟁국이자 패권 도전 세력으로 규정하고, 군사력과 경제적 압박을 통해 봉쇄할 대상으로 보았다.

탈냉전 이후
_자유주의적 패권주의

미국 민주당과 공화당의 외교정책은 냉전시대에는 비교적 뚜렷하게 구별되었지만, 냉전 붕괴 이후 자유주의적 패권 정책Liberal Hegemonic Policy으로 집약되었다. 자유주의적 패권 정책은 라이벌 소련이 사라지고 미국이 단일 패권을 장악해, 강대국 간 국제정치의 족쇄로부터 벗어나면서 등장했다.

미국은 탈냉전 이후 압도적인 무력을 바탕으로 자유·인권·민주주의 이념을 전 세계에 전파하려 했다. 압도적인 무력을 바탕으로 한다는 점에서는 현실주의적 요소를 가지고 있으며, 자유·인권·민주주의 이념을 세계에 전파하려 했다는 점에서는 이상주의적 관점이라고 볼 수 있다. 즉, 이상주의적 외교정책을 현실주의적 방법으로 실현하겠다는 것이었다.

특히 주목해야 할 점은 일차적으로는 미국 주도의 UN, 세계무역기구WTO, 국제통화기금IMF, 국제부흥개발은행IBRD 등 국제기구와 제도를 통해 세계에 자유주의 가치를 실현하기 위해 노력하겠지만, 불가피할 경우 경제적 제재나 보이지 않는 개입, 더 나아가 군사적 무력까지 쓰고자 한 것이었다.

자유주의적 패권주의에 기반한 미국의 외교정책은 조지 H. W. 부시 정부1989년~1993년, 클린턴 정부1993년~2001년, 조지 W. 부시 정부2001년~2009년, 오바마 정부2009년~2017년에 걸쳐서 정권교체에도 불구하고 계속되었다. 이러한 노선은 극단적으로는 비자유·비민주주의 국가를 자유주의·민주주의 국가로 전환하기 위한 무력동원을 정당화했다.

대표적 사례로는 아버지 부시 정부의 1차 걸프전쟁, 파나마 독재자 마누엘 노리에가를 제거하기 위한 군사 개입, 클린턴 정부의 보스니아 내전 및 코소보 내전, 소말리아, 아이티 개입, 아들 부시 정부의 아프가니스탄 전쟁과 이라크전쟁 개입, 오바마 정부의 리비아 내전 촉발과 시리아 내전 개입 등에서 잘 드러난다.

*
* *

그런데 탈냉전 이후 거의 20여 년에 걸친 자유주의적 패권 정책이 실패로 드러나면서 커다란 비판에 직면하게 되었다.

가장 큰 비판은 20여 년에 걸쳐 미국이 무력으로 개입한 나라 중 자유·민주·인권을 지키는 나라, 제대로 된 시장경제체제로 바뀐 나라가 없다는 것이었다. 이라크·파나마·보스니아·코소보·소말리아·아이티·아프가니스탄·리비아·시리아, 단 하나도 성공적인 전환을 이룬 나라가 없었다. 오히려 파괴되어 경제적으로 더욱 낙후되었고, 정치적으로는 수구적 형태로 복귀하고 말았으며, 사회적으로는 극단적 혼란이 발생했고,

종교적으로는 근본주의로 회귀했으며, 문화적으로는 퇴행하여 회복할 수 없는 상태로 전락하고 말았다.

또한 미국 국내의 비판이 고조되었다. 기본적으로 전쟁의 경제적·사회적 비용은 미국 국민들의 부담이었다. 군비증강은 민생 분야의 예산 삭감으로 연결될 수밖에 없었고, 직접적으로는 전쟁에 참전한 군인들의 피해로 이어졌다.[5] 공화당은 주로 군산복합체Military-Industrial Complex 의 이익을 위해 대규모 군비지출을 일으키고 있다는 비판을 받았으며, 민주당 또한 민주주의와 자유수호 확산이라는 명분 아래 인도적 위기와 미군들의 희생만 늘어나고 있다는 비판을 받았다. 미국 일반 국민들의 희생을 바탕으로 일부 기득권층의 배만 불리는 것이 아니냐는 불만이 확산되었다.

대외적으로는 미국의 대외정책이 가진 이중적 성격에 대한 비판이 거세졌다. 겉으로는 자유와 민주주의를 외치면서 실제로는 신제국주의적 성격을 드러냈다는 것이다. 독재정권이나 범죄집단과 다를 바 없는 반군을 지원하는 한편, 거짓인 줄 알면서도 가짜 명분대표적인 사례로는 2003년 대량살상무기의 위협을 명분으로 한 이라크전쟁으로 전쟁을 일으킨 것 아니냐며, 세계 경찰로서의 미국에 대한 의구심이 생겨났다.

---

5 미국 브라운대학 연구진의 〈전쟁의 대가(Cost of War)〉 프로젝트에 따르면, 9·11 테러 이후 참전 경험이 있는 미군과 예비역의 자살자 수는 실제 전쟁 전사자 수인 7,057명보다 4배 이상 많은 3만 177명으로 추정된다.

그러나 더 현실적인 비판은 자유주의적 패권 정책이 중국이라는 위험한 경쟁자를 만들어 냈다는 것이었다. 이는 미국 민주당에 더 결정적인 타격이 되었다.

자유주의적 패권 정책은 기본적으로 자유주의 세계가 포용하면 대부분의 나라들은 차츰 저절로 자유주의 국가로 변화할 수 있다고 본다. 이에 따라 중국에 대한 대폭적인 포용정책이 실시되었다. 하지만 결과적으로 중국이라는 아주 위험한 경쟁자를 만들어 버렸다.

사실 이러한 포용주의적 외교정책이 실패한 원인은 대철학자 칸트의 논리를 가지고도 유추할 수 있다. 칸트는 『영구 평화론』에서 세계가 영구적인 평화를 이루려면 각 나라가 공화정 체제여야 하고, 국가 간 사회적·경제적 교류가 늘어나야 한다고 보았다.

그에 따르면, 공화정 체제는 전쟁에 목숨을 걸고 직접 참전하여 싸워야 할 국민들이 전쟁 개시 여부를 결정하므로, 전쟁터에 직접 나갈 필요가 없는 왕이 다스리는 왕정[6]에 비해 전쟁을 쉽게 일으킬 수 없다. 또한 국가 간의 사회적·경제적 교류가 늘어나 두 나라 사이의 의존도가 커지면 전쟁을 일으키기가 더 어려워진다. 예를 들어 A국이 식량을 B국에 의존하고, B국이 에너지를 A국에 의존한다면, 전쟁 시작과 동시에 A국은 기아로, B국은 추위로 무너질 것이기 때문이다.

---

6 고대 그리스 철학자 플루타르코스는 다음과 같은 말을 남겼다. "노인은 전쟁을 선포하고, 젊은이는 싸우다 죽는다." 노인 정치의 위험성을 가장 잘 드러내는 말이라고 할 수 있다. 미국 케네디 대통령 역시 "전쟁을 만드는 사람들은 그 전쟁에서 싸우지 않고, 죽지도 않는다"는 말을 남겼다.

민주당의 클린턴 정부는 많은 반대에도 불구하고, 중국의 세계무역기구WTO 가입을 허용했다. 중국이 세계화에 동참하고 무역이 늘어나면 자연스럽게 권위주의 국가에서 자유주의 국가로 바뀔 것이며, 미국의 하위 경제·정치 공동체의 역할을 충실히 하게 될 것이라고 생각했던 것이다. 그러나 중국은 자유주의적 국가로 변모하기는커녕 경제규모가 커질수록 더욱 권위주의적 국가로 변해갔고, 미국의 경제적·정치적 하위 공동체를 넘어서 라이벌로 떠올랐다.

트럼프 1기 정부
_공격적 현실주의

이에 미국에서 새로운 외교정책으로 '공격적 현실주의Offensive‒realism'가 등장했다. 이는 트럼프 1기 정부에서 실제 외교정책으로 반영되었다.

공격적 현실주의 외교정책은 러·우전쟁 이후 대중적으로 널리 알려진 존 미어샤이머 교수의 입장에서 잘 드러난다. 그는 저서 『강대국 국제정치의 비극 The Tragedy of Great Power Politics』에서 탈냉전시대에 미국의 자유주의적 패권 정책이 실패한 이유는 국제질서를 이상주의적으로 판단했기 때문이라고 지적한다.

공격적 현실주의 노선은 기존의 현실주의 노선에 '공격적'이라는 말을 덧붙인 것이다. '공격적'이라는 말은 '만국에 대한 만국의 투쟁' 상태인 국제사회의 냉엄한 현실에서, 국가는 가장 기본적 임무인 국가의 생존을 위해 권력을 극대화하여 가능한 패권적 지위를 가져야 한다는 것이다. 세계 패권국이 되어야 하며, 그것이 불가능하다면 지역 패권국이 되어야 한다. 상위 권위^{세계정부}가 없이 무정부 상태인 국제사회에서 다른 나라의 의도를 파악하는 것은 불가능하며, 설령 의도를 파악했다 하더라도 그 나라의 미래 의도까지 아는 것은 불가능하다고 보기 때문이다.

우리나라에 이 입장을 투영해 보자. 북한의 침략 의도를 파악하기 어려울 뿐만 아니라, 설령 지금은 북한이 그런 의도가 없더라도 미래에도 없을지는 알 수 없다. 따라서 대한민국의 생존을 위해서는 공격적 군사 잠재력을 최대한 키워서 북한의 생존을 언제나 위협할 수 있어야 한다. 그래야 역설적으로 우리의 안전이 보장될 수 있다. 만약 우리의 힘만으로 그것을 이룰 수 없다면 세력균형을 위한 동맹세력을 만들어 그 목표를 달성해야 한다는 논리다.

이러한 논리는 트럼프 대통령이 추구한 "America First"라는 외교 정책에 잘 드러났다. 미국의 국익을 최우선으로 하고, 국제기구나 국제규

범을 무시하며, 외교를 하나의 거래로 여겨서 다른 나라들과의 관계에서도 상거래처럼 비용·편익 분석을 강조하는 한편, 군비증강과 국방비 증액으로 전 세계에 압도적 억제력을 행사하려고 했다.

역설적으로, 트럼프 정부의 이러한 외교정책은 "트럼프 1기 정부에서 왜 새로운 전쟁이 일어나지 않았을까?"라는 질문에 대한 답변이 될 수 있다. 트럼프가 평화주의자라서 새로운 전쟁을 시작하지 않은 것이 아니다.

공격적 현실주의 정책은 기본적으로 평화는 이념이 아니라 힘의 균형에 의해 이루어진다고 본다. 이는 특히 상대방초강대국의 힘을 인정하는 것에서 출발한다. 다른 초강대국과의 세력균형을 유지하면서 자국의 이익을 우선해야 한다는 것이다.

이는 "앞으로 트럼프 2기 정부 아래에서 국제질서가 어떻게 나아갈 것인가?"라는 질문에 대한 대답의 실마리를 제공할 것이다.

그러나 트럼프의 이러한 외교정책 역시 성공적이라고 평가받지는 못했다. 〈디 애틀랜틱*The Atlantic*〉지에 톰 맥테이그와 피터 니콜라스가 쓴 기고문의 제목에서 그 이유를 쉽게 엿볼 수 있다. "미국 우선주의는 어떻게 미국을 외롭게 만들었는가?How America First Became America Alone." 미국 우선주의는 동맹국들과의 관계를 악화시켰으며, 동맹국들마저도 거래 대상으로 여기는 거래 중심 외교는 동맹국들과 대립하는 한계를 보여주었고, 미국에 대한 불신을 가져와 국제무대에서 외롭게 만들어 오히려 국익을 해쳤다는 것이다.

또한 결정적인 비판은 준비도 제대로 되지 않은 상태에서 중국과 무역전쟁을 일으킴으로써, 중국에 타격을 제대로 주지도 못하면서 미국 소비자들과 기업들의 이익만 손상된 결과를 가져왔다는 것이다. 그리고 트럼프는 2020년 대선에서 패배했다.

바이든 정부
_신자유주의적 패권주의

바이든 정부의 새로운 외교 과제는 '어떻게 고립도 벗어나고, 중국도 제압할 것인가?'였다. 바이든 정부는 새로운 외교정책으로 신자유주의적 패권 정책을 내세웠다. 이 신자유주의적 패권 정책이 러·우전쟁이 발발한 원인을 이해하는 기본적인 키워드다.

앞에서 말했듯, 탈냉전 이후의 자유주의적 패권 정책은 압도적인 힘을 바탕으로 우월한 자유민주주의를 세계에 확산하는 것이었는데, 신자유주의적 패권 정책도 기본적으로는 이와 다를 바 없다. 그렇다면 '신' 자유주의적 패권 정책의 차이는 무엇일까?

2010년대 후반에 들어서면서 중국이 부상하고, 미국의 패권에 균열이 가기 시작했다. 신자유주의적 패권 정책의 핵심 과제도 탈냉전 이후의 자유주의적 패권 정책처럼 압도적인 힘을 바탕으로 우월한 자유민주주의를 확산하는 것이었다. 그런데 예전과 같은 미국의 압도적인 힘이 존재하지 않는 현실에서 어떻게 기존 목표를 달성할 수 있을까?

해결책은 냉전시대에 소련을 무너뜨린 전략으로부터 가져왔다. 바로 '봉쇄전략Containment strategy'이었다. 이는 냉전시대에 미국이 동맹국들과 함께 소련을 정치·경제·외교·문화, 그리고 이념적으로 봉쇄하여 장기적으로 고사시키려는 전략이었다. 봉쇄전략은 냉전 초기 대소련 봉쇄정책을 설계한 외교관이자 정치학자인 조지 캐넌이 2차 세계대전 이후 미·소 냉전이 시작되던 1946년, 모스크바 미국 대사관에서 워싱턴으로 보낸 장문의 외교 전문Long Telegram 으로부터 시작되었다.[7]

당시 소련 봉쇄전략의 핵심은 다음과 같다. 대전제부터 보자.

1. 소련은 대외 팽창주의적 본성을 가지고 있다. 따라서 공존할 수 없으며 공존을 막아야 한다.

2. 하지만 소련은 초핵강대국이기에 미국이 군사적으로 승리할 수 없다. 따라서 장기적이고 총체적인 전략이 필요하다. 소련의 권력을 장기적으로 해체시키든가 약화시켜야 한다. 그러기 위해서는 소련을 봉쇄해서 고사시켜야 한다. 이를 위해 반소련 국가들을 결집하는 동시에 소련 내부의 갈등을 증폭시켜야 한다.

이에 따라 트루먼 대통령 이후 미국의 대소련 정책의 핵심은 1. 반

---

7 조지 캐넌의 주장은 1947년 〈포린 어페어Foreign Affairs〉에 '익명(Mr. X)'이라는 필명으로 실린 「소련 행동의 근원(The Source of Soviet Conduct)」이란 글에 구체적으로 드러난다. 이후 이 주장은 1947년 의회에서 발표한 "공산주의가 전 세계로 퍼지는 것을 저지하겠다"는 연설로 시작하는 트루먼 독트린에 큰 영향을 미쳤다.

공을 중심으로 한 반소련 전선의 형성,[8] 2. 소련 지도부와 국민 사이의 괴리 유도,[9] 3. 소련 내부의 민족적·지역적 갈등 증폭이었다.[10]

이러한 맥락에서 신자유주의적 패권 정책은 다음과 같은 논리를 가지게 된다.

1. 중국은 세계화 과정에서 일반적인 사회발전 논리처럼 권위주의적 국가에서 자유민주주의 국가로 바뀔 수 없으며, 오히려 권위주의적 국가들을 세계로 늘리고자 할 것이다.

2. 그런데 중국은 미국의 이전 라이벌과 달리 14억 인구의 경제대국이다. 단기적으로는 중국을 무력화할 수 없다. 따라서 중국을 냉전시대의 소련처럼 봉쇄해 해체하거나 약화시켜야 한다.

이로 인해 미국은 트럼프의 중국과의 무역전쟁 같은 경제적 대립을 넘어 좀더 장기적이고 전면적인 반중국 노선으로 나아가게 되었다.

---

8 일차적으로는 서유럽을 강화시켜 소련을 봉쇄하는 전략이 필요했다. 이에 미국은 전후 황폐화된 서유럽에 대규모 지원을 하는 마셜 플랜(1948년)을 시행했으며, 나토를 창설하여 집단안보체제를 만들었다. 그리고 제3세계에서는 반공주의적 노선의 그리스·인도네시아·대한민국 등에 대한 전폭적인 지원으로 이어졌다.

9 라디오 리버티(Radio Liberty) 등의 선전방송과 심리전을 실시했으며, 소련 내 엘리트들에게 지원과 망명을 유도했다. 대표적으로 안드레이 사하로프나 알렉산드르 솔제니친에 대한 지원, 발레리노 루돌프 누레예프의 망명 유도를 들 수 있다.

10 소련 내 소수민족 문제 부각, CIA의 우크라이나 내 반소련 지원활동을 들 수 있다. 소련 내 우크라이나와 발트 3국 주민들의 차별에 대한 민족적 불만을 고조시켰으며, 우크라이나 내부의 게릴라 단체인 우크라이나 민족주의 조직과 우크라이나 반군을 지원했다.

신자유주의적 패권 정책은 냉전시대의 대소련 봉쇄정책처럼 다음과 같은 결론에 이른다. 1. 자유민주주의 이념에 기반한 반중국 전선의 형성, 2. 중국 지도부와 국민의 괴리 유도, 3. 신장-위구르 같은 중국의 민족적·지역적 갈등 증폭. 이런 견해는 미국의 싱크탱크 애틀랜틱 카운슬Atlantic Council, 대서양위원회에서 익명으로 발표되었는데, 1946년 조지 캐넌의 글Long Telegram의 연장선상에서 이름을 딴, 더 긴 텔레그램The Longer Telegram에 잘 나타나 있다.[11] 이러한 목표를 달성하기 위해 바이든 정부에서 이루어진 일들을 하나씩 살펴보자.

1. 자유민주주의에 기반한 반중국 전선 형성

바이든 대통령은 집권을 하자마자 2021년 12월 민주주의 정상회의Summit for Democracy를 개최했다. 민주주의 증진, 부패와의 전쟁, 인권 존중이라는 3대 목표를 실현하자는 명분을 내세웠지만, 앞으로 미국은 반민주적이고 반인권적이며 부패한 중국 정부에 맞설 것이니 여기에 동참할 나라들은 모두 모이라는 신호였다.

군사적으로는 2021년 9월 미국·영국·호주의 3자 군사 안보동맹을 출범시켰으며, 미국은 호주에 핵추진 잠수함 기술을 제공하기로 했다. 미

---

11 미국의 '신중국 전략'이라는 제목 아래 21세기에 부상하는 독재자 시진핑이 이끄는 권위주의적이고 공격적인 중국에 대항하기 위해 다음과 같은 방법을 제시했다.

1. 경제적·기술적 우위 유지　　　　　2. 미국 달러의 기축통화 위상 유지
3. 압도적인 군사 억제력 유지　　　　4. 중국의 영토 확대 시도 억제(대만 포함)
5. 동맹·우방 확대와 강화　　　　　　6. 자유주의적 질서의 보호와 개혁

국·일본·호주·인도 4개국이 참여하는 안보협의체도 구성했다. 이러한 군사적 중국 포위 전략은 2023년 미국·한국·일본 3개국 정상이 참여하는 캠프 데이비드 정상회의를 통해 동북아 지역에서 중국에 대한 견제를 강화함으로써 절정에 달했다.

2. 중국 지도부와 국민의 괴리 유도

바이든 정부는 중국 공산당에 대해서는 직접적으로 비판하면서도, 중국 국민들에게는 우호적인 태도를 취했다. 2021년 바이든 대통령은 시진핑 중국 국가주석을 직접적으로 겨냥해 "매우 영리하지만 거칠고, 민주주의적 면모는 하나도 없는 사람"이라고 비판했다. 블링컨 미국 국무장관은 "문제는 중국 국민이 아니라 중국 공산당"이라고 노골적인 메시지를 반복했다. 한편에서는 중국 국민들에게 VOA _{미국의 소리} 방송을 통해 민주주의의 가치를 전하고 비자 완화 정책을 폈으며 반체제 지식인들의 망명을 지원했다.

3. 중국의 민족적·지역적 갈등 증폭

바이든 정부는 중국의 신장·위구르 지역에서 집단학살이 자행되고 있다고 비판하고, 2021년 12월에는 위구르 강제노동 방지법에 서명했다. 신장에서 강제노동으로 만들어졌다고 추정되는 모든 제품에 대한 수입을 금지하는 법이었다. 또한 홍콩의 민주화 운동에 대해 전폭적 지지를 표명하고 이를 탄압하는 중국 공산당을 적극 비판했다.

**
*

미국은 이러한 중국 봉쇄정책 과정에서 러시아를 어떻게 다루어야할 것인가 하는 문제에 봉착했다. 러시아를 중국을 견제하기 위한 동반자로 삼을 것인가, 아니면 중국을 손보기 전에 러시아를 먼저 손봐야 할 것인가?

공격적 현실주의 외교정책의 대표격인 시카고대학 미어샤이머 교수 등은 중국을 견제하기 위해서 러시아를 (탐탁지는 않아도) 포용해야 할 대상으로 보았다. 공격적 현실주의는 강대국 간의 힘에 의해서 기본질서가 이루어지며, 힘을 가진 상대국에 대한 인정과 존중이 대외관계의 출발점이고, 따라서 다른 정체성을 가진 권위주의적이고 비민주적인 나라일지라도 인정하고 함부로 적대적인 정책을 취해서는 안 된다고 본다. 즉, 압도적인 힘의 우위를 가지기 전까지는, 핵강국인 러시아를 일차적인 협상과 대화상대로 인정해야 한다고 본 것이다.

이와는 결이 약간 다르지만, 미국 민주당의 일부 의원들도 온건한 대러시아 정책을 주장했다. 러시아와 완전히 적대적인 관계로 갈 경우 전세계적으로 핵 확산 문제를 일으킬 수 있으며, 에너지 위기와 글로벌 공급망 문제를 가져올 수 있고, 전략적으로 러시아보다 중국과의 경쟁을 우선해야 한다는 것이었다.

이러한 관점은 역사적으로 봉쇄정책 시기에 닉슨 정부의 핑퐁 외교에서 찾을 수 있다. 당시 미국은 중국을 소련과 더불어 공산주의 세력으로 보고 적대적 정책을 이어왔으며, 이는 한국전쟁과 베트남전쟁으로 더욱 강화되었다. 하지만 닉슨 대통령은 1960년대 중국과 소련이 국경분쟁으로 갈등이 심화되자, 미국 기업에 새로운 시장진출 기회를 제공한다는 명분을 내세워 중국을 깜짝 방문하고, 1972년 2월 28일 양국 관계를 개선하는 상하이 공동성명을 발표했다. 이는 소련의 국제적 고립을 가속화하는 한편, 베트남전쟁 이후 흔들리던 미국의 세계적 리더십을 다시 한번 높여주었다. 그리고 냉전시대에 미국의 종국적인 승리를 가져오는 결정적 계기가 되었다.

　　이러한 역사적 경험에도 불구하고, 바이든의 민주당 정부는 왜 러시아를 중국 봉쇄정책의 동반자로 끌어들이기는커녕, 러시아를 일차적인 제거 대상으로 삼아 우크라이나를 통한 대리전을 선택했을까?

미국은 왜 러시아를 중국 봉쇄의 동반자가 아니라, 먼저 약화시켜야 할 대상으로 봤는가?

그 대답은 다음의 3가지 이유가 중첩되어 있다. 바로 1. 군산복합체와 네오콘, 2. 민주당의 대러시아 정책 변화, 3. 바이든이라는 퍼스널리티의 결합이다.

1. 군산복합체와 네오콘

1961년 1월 17일 아이젠하워 대통령의 퇴임 연설을 통해서 군산복합체 Military-Industrial Complex 라는 말이 대중화된다. 연설의 일부를 인용해 보자.

　　"우리는 거대한 군사조직과 그와 연결된 산업이 영향력을 확장해 나가는 역사상 새로운 경험을 이해하고 경계해야 합니다. 이 결합군산복합체은 경제적·정치적, 그리고 정신적으로도 우리의 삶에 큰 영향을 미칩니다. … 잘못된 곳에 집중된 권력이 파국적으로 커질 위험은 항상 존재하며, 앞으로도 계속될 것입니다. 우리는 이 결합체의 힘이 우리의 자유나 민주적 과정에 위험을 초래하지 않도록 해야 합니다."[12]

아이젠하워 대통령은 냉전 이전 시대에는 일반적으로 전쟁 때는 군수산업이 커졌다가 전쟁이 끝나면 축소되었지만, 냉전시대에는 군비증강이 일상적으로 계속되었다는 데 주목했다. 이는 역사상 처음 보는 현상이었다. 상시적 군사체제와 민간 군사산업이 정치권과 결탁해 거대한 시스템으로 자리잡은 것이다. 그 결과 군사적 필요를 넘어 경제적 이익을 위해 자가 발전구조를 가진 군비확장의 순환고리가 만들어졌다.

아이젠하워 대통령은 이러한 '군-산-정'의 결합이 민주주의와 자유에 대한 위협이 될 것이라고 강조했다. 상시적 준전쟁 상태의 일상화는 극단적 안보 우선주의를 내세우게 함으로써, 상대적으로 인권·자유 등 민주주의의 기본가치가 소홀히 되어 민주주의 자체에 대한 위험이 커질 것이라고 본 것이다. 아이젠하워 대통령의 주장 이후 미국 내 군산복합체가 어떤 형태로든 존재한다는 것은 자명한 사실이 되었다.

역설적으로, 탈냉전시대는 군산복합체에 커다란 위기로 다가왔다. 소련이라는 커다란 적이 스스로 무너지자, 군산복합체는 일상적인 군비증강의 명분을 잃어버리게 되었다. 마치 중세시대에 '마녀 사냥'을 하

---

12 "Farewell Address", January 17, 1961.

던 세력들에게 마녀로 몰 수 있는 젊은 과부들이 갑자기 마을에서 사라진 것 같은 일이라고 할까? 군산복합체는 기본적인 적이 공산주의였으며 '반공'을 원동력으로 굴러갔는데, 공산주의 종주국 소련이 무너짐으로써 그 원동력을 상실할 수밖에 없었던 것이다.

1990년대는 군산복합체에 끔찍한 시기였다. 이 시기에 미국은 '평화의 배당Peace Dividend' 정책을 실시했다. 냉전 종식에 따라 군사예산을 삭감하고 이를 경제와 사회복지에 투자했다. 그 결과 1990년대 미국의 군사예산은 30% 정도 감소했다. 미군의 규모는 1990년 210만 명에서 1999년 140만 명 정도로 줄어들었다. 거기에 미국과 러시아는 1991년START 1, 1993년START 2 전략무기 감축에 합의했다. 한마디로 군산복합체에 냉전이 끝난 1990년대는 상실의 시대였다.

이때 군산복합체를 구하는 계기와 핵심 세력이 등장한다. 바로

2001년 9·11 테러와 네오콘이었다. 9·11 테러는 미국이 세계 경찰의 역할을 하지 않는다면, 미국마저도 안전을 보장받을 수 없다는 논리가 확산되는 계기가 되었다. 이에 따라 고립주의 외교정책은 극도로 축소되었고, 미국식 자유주의와 시장경제체제를 전 세계로 확산하는 것만이 미국의 안전을 보장할 수 있다는 논리가 대중의 지지를 받게 되었다. 이러한 네오콘의 논리가 가장 잘 반영된 사건이 2003년 이라크전쟁이었다.

네오콘의 논리는 네오콘과 군산복합체의 전성기를 가져왔다. 이들은 '테러와의 전쟁'이라는 명분 아래 전 세계에 미국식 민주주의와 자유주의를 무력을 불사하며 확산하려고 했다.

그런데 이들의 전성기는 2010년대 후반을 넘어 2020년대 초반으로 오면서 흔들리기 시작했다. 이라크전쟁이 의도한 것과는 다르게 전개되었기 때문이었다. 전쟁의 명분이 되었던 대량살상무기WMD는 존재하지 않았고, 네오콘이 주장한 '민주주의 전파'는커녕 역설적으로 테러가 증가했다. 미국인들은 지속적인 군사개입을 통한 미국의 '세계 경찰' 역할에 차츰 회의를 가지게 되었다.

하지만 더 근본적인 위기는 세계 권력구도가 변화하면서 일어났다. 네오콘은 전통적으로 중동과 러시아, 동유럽에 초점을 두고 있었다. 미국의 단일 패권을 바탕으로 중동과 동유럽, 더 나아가 러시아를 무력을 동원해서라도 시장경제체제를 바탕으로 한 자유민주주의 국가로 만들어 나간다면, 서구의 민주주의가 전 세계에서 이루어질 것이라고 믿었다.

그러나 세계질서는 예상과는 다른 방향으로 흘러갔다. 중국의 부상이 그 현상의 핵심이었다.

중국이 경제적 라이벌로 떠올랐고, 이제 미국에 가장 중요한 국제적 문제로 '중국과의 경쟁'이 등장했다. 네오콘은 군사적·이념적 대립을 앞세우는데, 네오콘은 이념적 과잉 상태가 아니냐 하는 의심을 품은 이들도 생겨났다. 미국 시민들과 엘리트들 역시 차츰 러시아와 중동보다는 중국을 미국의 경쟁자로 여기게 되었다.

군산복합체의 위기는 더 절실했다. 테러와의 전쟁이 군산복합체의 생명을 연장시켜 주었지만, 테러 단체가 냉전시대의 소련 같은 위치를 차지할 수는 없었다.

만일 누군가가 테러 단체를 상대하기 위해 핵개발, 고도화된 무기, 군의 전력 강화를 주장한다면 어떻게 받아들일까? 군산복합체에는 더 강력한 적이 필요했다.

그런데 새롭게 등장한 라이벌 중국은 경제대국이기는 했지만, 군사강국은 아니었다. 미국은 여전히 군사적으로 중국을 압도하고 있었다. 미국 대중들은 중국을 제압하기 위해서는 압도적 군사력이 아니라 압도적 경제적 지위를 회복하는 것이 필요하다고 생각했다. 이때 네오콘과 군산복합체가 주목한 것이 러시아였다.

이러한 논리는 국제정치학의 대가로 꼽히는 스티븐 M. 월트 하버드대학 교수의 『선의의 지옥: 미국 외교 엘리트와 미국 우위의 쇠퇴 *The Hell of Good Intentions: America's Foreign Policy Elite and the Decline of U.S. Primacy*』 국내 번역서의 제

목은 『미국 외교의 대전략』에 잘 나타나 있다.[13] 월트 교수는 분쟁지역에 개입해서 권력과 지위를 유지하는 외교·안보 기득권층이 존재한다고 보았다.

또한 월트 교수는 미국의 국제정치학자 케네스 월츠의 '세력 균형론'을 이어받아 '위협 균형론'을 주장했다. 둘 다 균형을 중시하는 현실주의적 관점을 지향하고 있으나, 월츠의 '세력 균형론'은 상대국의 총체적 국력을 고려하는 세력균형을 강조한 반면, 월트의 '위협 균형론'은 국가가 총체적 국력보다는 당장의 위협이 되는 상대국과의 균형을 우선시해야 한다고 보았다. 그는 네오콘과 미국의 외교·안보 기득권층에게 총체적 국력에서 앞서는 중국보다, 당장 위협이 되고 있는 러시아가 우선적인 '주적'이라는 결론에 이르렀다.

＊
＊＊

당시 러시아는 미국에 다시 지역패권 강자로 떠오르는 나라였다. 러시아는 푸틴 집권 이후 소련 해체로 인한 위기를 어느 정도 극복하고, 과거 소

---

13 스티븐 M. 월트의 견해는 한마디로 분쟁지역에 개입해서 권력과 지위를 유지하는 외교·안보 기득권층이 존재한다는 것이다.

월트 교수에 따르면, 외교·안보 기득권층의 결속력은 다른 집단보다 훨씬 더 강하다. 왜냐하면 변호사나 의사는 연합체가 분열되어도 개인적으로 활동하면 되지만, 외교·안보 기득권층은 이너서클에서 추방당하는 순간 아무것도 할 것이 없기 때문이다.

월트는 외교·안보 기득권층은 자신들의 생존을 위해 미국의 대외전략에서 이상주의적 전략에 찬성하는 것을 넘어 그런 방향으로 유도하고 있다며, 이를 제약하지 않으면 미국은 큰 위험에 빠질 수 있다고 경고한다.

련만큼은 아니더라도 주변 지역에 대한 영향력을 복원하려고 노력하고 있었다. 과거 소련 연방에 속해 있던 동유럽과 중앙아시아, 그리고 중동과 제3세계 지역에서 영향력을 행사하고자 했다. 이는 필연적으로 미국과의 대립을 가져왔다.

강대국의 힘을 상호 존중하는 현실주의 외교정책이 지속되었다면, 미국이나 서방도 러시아의 이른바 '근접 해외' 지역 상대강국의 인접지역에 대한 영향력을 인정하는 방향으로 흘렀을 수도 있을 것이다. 하지만 앞에서도 말했듯, 탈냉전시대에 미국은 자유주의적 패권 정책을 폈다. 따라서 동유럽과 중앙아시아, 중동에서 러시아와 서방의 대립은 필연적이었다. 이는 네오콘과 군산복합체에는 위기를 탈출할 수 있는 커다란 기회가 되었다.

제국주의적 대외정책을 펴는 군사강국 러시아에 맞서 군비를 재무장하고, 애국주의에 바탕을 둔 군사 안보국가로 가야 한다는 명분이 강화되었다. 특히 테러 단체나 경제적 라이벌인 중국과 달리, 핵무장 강국인 러시아에 맞서기 위해서는 엄청난 군사적 비용이 필요하다는 명분을 얻었다.

첫째, 네오콘에게는 중국보다 러시아가 일차적인 적이었다. 네오콘 세력은 냉전시대부터 이념을 가장 우선시했으므로, 중국을 견제하기 위해 러시아와 손을 잡는다는 것은 생각조차 못할 일이었다.

당시 푸틴의 러시아는 시진핑의 중국보다 더 권위주의적인 정권이었다. 네오콘은 시진핑의 중국은 미국 및 서방과 교류로 차츰 자연스럽게 자유민주국가로 변할 수 있지만, 푸틴의 러시아는 외부의 강제가 있기 전에는 그런 변화가 불가능할 것이라고 판단했다.

사실 미국과 전 세계는 2018년 시진핑이 헌법 개정을 통해 국가주석의 임기 제한을 폐지할 때조차도, 중국의 경우 늦어지더라도 정권교체가 이루어질 것으로 보았다. 하지만 시진핑이 2021년 '역사결의'를 통해 자신의 사상을 마오쩌둥, 덩샤오핑에 이은 중국 공산당의 세 번째 핵심이념으로 만들자, 이런 관점은 완전히 무너졌다.

둘째, 러시아는 국제기구에서 대립을 주도했다. 러시아는 UN에서 중국보다 더 강한 외교적 역량을 보여왔으며, 다양한 국제기구를 통해서 미국과 대립해 왔다. 소련 때부터 미국과의 대립을 통해 다양한 제3세계 국가와 국제적 관계를 가져왔기 때문이다. 러시아는 최근 경제적으로 빠르게 성장하고 있는 브라질·러시아·인도·중국·남아프리카공화국 등의 브릭스BRICS 체제에서도 중국보다 더 강한 리더 역할을 하고 있다.

셋째, 중국과의 경쟁은 경제, 기술경쟁이 주축이라면, 러시아와의 경쟁은 군사적·정치적 경쟁이 주축을 이루고 있다. 최근 중국과의 군사적 경쟁도 강화되고 있으나, 그 범위는 여전히 동북아시아라는 제한적·지리적 경쟁에 머무르고 있다. 따라서 특히 네오콘에게 러시아는 중국과의 경쟁을 위한 동반자보다는, 중국과의 경쟁을 하기 위해 먼저 제쳐야 할 대상이 되었다.

네오콘 세력 역시 장기적으로는 중국과의 패권경쟁을 염두에 두고 있다. 하지만 이들의 머릿속에는 중국과의 패권경쟁을 위해 러시아와 손을 잡는다는 것은 기본적으로 있을 수 없는 일이었다.

첫 번째 이유는 이들이 이념 과잉 집단이기 때문이다. 이들은 세계가 미국식 자유민주주의 세력과 권위주의로 대표되는 적들로 이루어져 있다고 본다. 따라서 러시아와 중국은 모두 적일 뿐, 잠시라도 동지가 되는 것은 그들의 기본적인 이념구도와 맞지 않았다. 마치 냉전시대에 미국이 소련과 중국의 분열정책을 고려하지 않았을 뿐만 아니라 말도 꺼낼 수 없는 분위기였던 것과 마찬가지였다. 아마 냉전의 절정기인 1950년대나 1960년대 초반에 어떤 정치인이 소련을 고립시키기 위해 중국 공산당과 손을 잡자는 이야기를 꺼냈다면, 매카시 열풍의 대표적 희생양이 되었을 것이다. 그런 이야기는 1970년이 되어서야, 공화당인 닉슨 정부 아래에서 누가 봐도 반공주의자인 키신저1969년 백악관 국가안보보좌관, 1973년~1977년 국무장관 재임나 꺼낼 수 있는 것이었다.

두 번째 이유는 소련 붕괴 이후 미국 단일 패권시대가 가져온 지나친 자만감 때문이었다. 이는 미국 민주당 지도부의 생각과도 일치했다. 이들은 기본적으로 러시아와 중국 사이에 갈등을 유발하여 둘을 대립시키기보다는, 둘을 차례로 하나씩 무너뜨리려고 했다.

먼저 군사강국 러시아를 경제적·군사적으로 압박하여 해체 수준까지 몰고간 뒤, 중국을 압도적인 군사력을 바탕으로 압박하면 어렵지 않게 제압할 수 있을 것이라고 판단했다. 다시 말해 러시아는 군사적으로는 강하지만 경제적으로는 취약하므로 우크라이나를 통해 군사적으로 압박하고 경제제재를 하면 쉽게 무너뜨릴 수 있고, 그 이후 아직 핵전력에서 취약한 중국을 무너뜨리면 된다고 생각한 것이다. 군산복합체는 이런 정책을 전폭적으로 지지했다. 이렇게 러·우전쟁은 준비되고 있었다.

2. 미국 민주당의 대러시아 정책 변화

탈냉전 이후 1990년대, 민주당의 기본적인 대러시아 정책은 러시아가 민주주의와 시장경제체제로 성공적으로 바뀌도록 지원하는 것이었다. 클린턴 정부는 1993년~2001년 내내 이런 전략을 폈다. 그러나 이러한 전략은 그리 오래지 않아 변하기 시작했다.

러시아는 푸틴이 2000년부터 20여 년 넘게 장기집권을 하면서 민주주의가 후퇴했다. 이에 따라 공화당에 비해 더 낙관적인 대러시아 정책을 편 민주당의 입지가 좁아졌다. 특히 민주당 정부는 러시아와 관계를 개선하고자 했던 오바마 정부의 리셋 정책Reset Policy이 2014년 러시아의 크림반도 점령 및 병합으로 뒤통수를 맞자, 상대적으로 더 강경한 정책으로 바뀌게 되었다.

민주당 정부의 대러시아 정책에 결정타를 날린 것은, 2016년 미국 대선에 러시아가 트럼프 후보를 당선시키기 위해 사이버 공격을 했다는 의혹이었다. 민주당 주류 세력은 푸틴 정권을 미국 민주주의에 직접적인 위협을 가하는 적으로 여기게 되었다. 정리하면, 푸틴의 독재, 크림반도 병합, 미국 대선에 대한 러시아 개입 의혹이라는 변수가 민주당의 대러시아 정책이 공화당보다도 더 적대적으로 바뀌는 결정적 계기가 되었던 것이다.

게다가 민주당 내의 기류 변화도 대러시아 정책이 강경하게 바뀐 중요한 원인이 되었다. 하나는 민주당 내 네오콘 세력의 증가,[14] 다른 하나는 민주당의 이념적 지향성 강화를 들 수 있다.

미국 민주당 내 네오콘 세력의 약진은 두 가지 방향으로 전개되었다. 하나는 공화당의 네오콘이 민주당으로 옮긴 경우였다. 가장 대표적인 인사로는 빌 크리스톨을 들 수 있다. 크리스톨은 네오콘의 대표적인 잡지인 〈위클리 스탠더드 *The weekly Standard*〉의 창립자이자 강경 네오콘의 대표자로서, 트럼프의 고립주의적 대외정책을 비판하면서 바이든 지지를 선언했다. 논란의 중심에 서 있는 빅토리아 눌런드의 남편인 로버트 케이건, 데이비드 프럼, 맥스 부트 등도 대표적인 인사들이다. 이들은 다양한 이유를 들고 있지만, 기본적으로 트럼프의 대외정책을 비판하면서 민주당으로 옮겼다는 공통점이 있다.

2024년 미국 대선에서 미국 공화당의 핵심 네오콘 정치인이자 조지 W. 부시 정부 때 실세 부통령으로 불리며 공화당을 좌지우지했던 딕 체니가 민주당 대선 후보인 해리스를 지지한다고 선언했다. 이는 네오콘의 둥지가 공화당에서 민주당으로 옮겨온 것을 잘 보여주는 사건이다. 또한 네오콘의 정당 선택 기준이 국내정책보다는 국외정책에 있음을 잘 보여주는 사례이다.

민주당의 이념적 지향성이 강화된 것도 대러시아 정책이 강경하게 바뀐 중요한 원인이다. 이는 민주당의 대외정책이 네오콘이 추구하는 대

---

14 이들을 네오콘으로 볼 것인가에 대해서는 정치학자들 사이에서 의견이 갈린다. 혹자는 이들을 '강경한 자유주의적 국제주의자', 또는 '세계주의자(Globalist)'라고도 한다. 하지만 이들의 대외정책 기조가 네오콘의 기조와 일치한다는 점에는 모두가 동의한다. 이 책에서는 '민주당 내 네오콘 세력'으로 표현하겠다.

외정책과 매우 유사한 수준으로 변했다는 것을 보여준다. 또한 민주당의 국내정책이 실용과 복지보다 자유주의와 민주주의라는 이념추구형으로 변화한 것과 맞닿아 있다. 이러한 배경에는 우선 트럼프의 등장이 영향을 미쳤다.

2016년 미국 45대 대통령 선거는 '트럼프 대 반트럼프' 구도의 선거였다. 2024년 미국 대선 역시 '트럼프 대 반트럼프'의 선거였듯이 말이다.

민주당은 트럼프의 등장을 미국 민주주의에 대한 도전으로 받아들였다. 특히 2021년 미국 의사당 난입 폭동 이후 민주당 내부에서는 민주당만이 미국의 민주주의를 수호할 수 있는 유일한 정당이며, 미국의 자유주의와 민주주의를 지키는 최후의 보루라고 여기게 되었다. 이러한 인식은 권위주의적 국가인 중국과 러시아의 부상과 관련해 대외적인 인식으로까지 확산되었다. 푸틴, 시진핑, 트럼프 같은 권위주의적 지도자가 이끄는 세력, 그리고 민주주의 최후의 보루인 민주당과의 대립구도라는 그림이 완성된 것이다.

이제 민주당 인사들과 지지자들은 민주당을 서민과 중산층에 기초한 정책정당을 넘어, 민주주의를 수호하고 권위주의를 막아내는 역할의 중심체로 자연스럽게 받아들이게 되었다. 따라서 민주당의 정책은 대외적으로는 권위주의 국가에 맞서는 세계 자유주의 진영의 리더, 국내적으로는 권위주의적 민주주의 파괴자인 트럼프에 맞서는 반트럼프 노선으로 흘러갔다.

3. 바이든의 퍼스낼리티

러·우전쟁 발발 원인에는 바이든이라는 사람의 사적인 퍼스낼리티가 상당한 영향력을 넘어 결정적인 영향을 미쳤다고 생각한다. 이는 많은 정치학자들이 간과하는 점이다.

트럼프가 2024년 11월 5일 재선된 이후에도 바이든 대통령은 우크라이나가 (미국이 제공한) 에이태큼스 미사일로 러시아 본토를 공격하는 것을 허용했다. 선거에서 진 정당의 임기가 얼마 남지 않은 대통령이 이런 중대 결정을 내리는 것은, 그가 얼마나 러·우전쟁에 진심이었는지를 잘 보여준다. 더군다나 바이든 대통령은 임기가 끝나가는 시점인 2024년 12월 2일에는 약 7억 달러, 12월 30일에는 25억 달러, 그리고 2025년 1월 9일에는 5억 달러의 추가 군사지원을 승인했다. 게다가 우크라이나 관련 의혹을 받고 있는 자신의 아들을 사면한 데 이어, 트럼프 취임 20분을 앞두고 자기 가족 5명에 대한 선제적 사면[15]을 했다.

러·우전쟁 발발 원인의 하나로 바이든의 개인적인 대러시아관과 대푸틴관이 작용했다는 점은 여러 곳에서 확인할 수 있다. 바이든과 푸틴의 개인적인 악연은 꽤 오래되었다. 오바마 정권에서 바이든이 부통령으로 있을 때, 푸틴이 메드베데프에게 형식적인 대통령 자리를 넘겨주고

---

15   선제적 사면은 아직 기소되지 않은 사람들을 대상으로, 앞으로 기소가 예상되는 사건에 대해 사면하는 것이다. 바이든의 입장에 따르면, 트럼프 집권 이후 정치적 보복 위험 때문에 선제적 사면을 했다고 전해진다.

실권 총리로 재임하고 있던 2011년부터 시작된다.[16]

바이든은 2012년 푸틴의 러시아 대선 재출마를 직설적으로 비판했으며, 이에 대해 푸틴은 노골적인 불만을 표했다. 이후 푸틴이 미국을 "전략적 동지"라고 하자, 바이든은 러시아가 민주적 가치를 후퇴시키고 있다며 그런 표현을 사용하지 말라는 이례적인 지적을 한 사실도 알려졌다.

2014년 러시아의 크림반도 병합 과정에서도 둘 사이에 설전이 벌어졌다고 한다. 당시 '리셋 정책'의 최전선에 있었던 바이든 입장에서 푸틴은 눈엣가시 같은 존재였을 것이다. 마찬가지로 푸틴에게 바이든은 미국의 패권 정책을 실현하려는 대리인이자 무례한 정치인으로 보였을 것이다. 이는 러·우전쟁에서 두 나라의 지도자가 거의 직접적인 교류를 하지 않았다는 것에서도 드러난다.

둘이 벌인 설전의 하이라이트는 2024년 2월 바이든 대통령이 ABC 방송국과의 인터뷰에서 러시아 반정부 운동가이자 푸틴의 정적인 나발니의 사망을 둘러싸고, "푸틴을 '살인마'라고 생각하느냐"는 질문에 "그렇다"고 대답하면서 절정을 이룬다. 이에 분노한 푸틴은 자국 TV와의 인터뷰에서 "남을 그렇게 부르면 자신도 그렇게 불리는 법"이라고 반박하며 공개토론을 제안하기도 했다.

더불어 우크라이나와 바이든 부자와의 관계 역시 러·우전쟁을 이

---

16 푸틴의 재임기간은 2000년~2008년과 2012년~지금까지로 나눌 수 있다. 중간의 기간에는 러시아 헌법의 연임 금지 규정에 걸려서 실질적인 대리자인 메드베데프가 대통령을 역임했다.

해하기 위한 키워드 중 하나이다. 바이든의 아들 헌터 바이든은 우크라이나의 올리가르히신흥재벌집단인 미콜라 즐로체프스키의 에너지회사 부리스마 홀딩스의 법무 부문 사외이사로 재직했다. 당시 바이든은 오바마 정부의 부통령으로 우크라이나 정책을 총괄하고 있었다. 2016년 바이든 부통령은 부리스마 홀딩스를 조사하려는 우크라이나 검찰총장의 수사를 막기 위해 "만일 그 검찰총장이 해임되지 않으면, 미국이 우크라이나에 지원하기로 한 10억 달러의 대출보증을 철회하겠다"고 압박했다.[17] 이는 동영상으로 유출되었으며, 2019년 트럼프 탄핵사태 및 2020년 아들 헌터 바이든의 노트북 스캔들로 연결되었다.

*
**

혹자는 러·우전쟁을 일으킨 것은 러시아이고, 전쟁 당사자는 러시아와 우크라이나인데, 왜 미국부터 분석하냐고 의아해할 수 있을 것이다. 마치 전쟁을 일으킨 러시아에 면죄부를 주고, 미국의 책임으로 전가하려는 것이 아닌가 하고 말이다.

　이런 질문을 던져보겠다. 이 책을 쓰고 있는 2025년 1월 20일, 오늘은 마침 트럼프가 취임한 날이다. 그런데 트럼프 취임을 며칠 앞둔 1월

17　미국 국제개발처(USAID)는 2019년까지 코로나 팬데믹 실험을 포함한 메타바이오타사의 프레딕트 프로젝트에 총 2억 달러를 지원했다. 헌터 바이든은 이 메타바이오타사를 자신이 이사로 재직하고 있는 부리스마 경영진에 소개하고 불법 소득을 올리고 이 돈을 세탁한 의혹을 받은 바 있다.

15일, 이스라엘과 팔레스타인 무장세력 하마스 간에 휴전협정이 이루어졌다. 이스라엘이 대폭 양보한 것으로 보이는 휴전협정의 원인을 분석하기 위해서는 무엇부터 분석해야 할까? 바로 트럼프 취임의 영향이다.

똑같은 질문을 던질 수 있을 것이다. 2024년 말 미국 대선에서 민주당의 해리스가 승리했다면, 이스라엘과 하마스 사이의 휴전이 있을 수 있었을까? 앞으로 러·우전쟁이 휴전을 하게 된다면, 사람들은 트럼프 대통령의 외교정책을 분석하면서 그 일차적 원인을 찾을 것이다. 그래서 러·우전쟁의 원인을 설명하기 위해 바이든 대통령이 이끈 미국 민주당의 대외정책을 먼저 분석한 것이다.

정리하면, 러·우전쟁이 일어난 원인 중 하나는 바이든 정부의 기본적인 대외정책인 신자유주의적 패권 정책이었으며, 이를 뒷받침한 것은 네오콘과 군산복합체의 이해관계 결합, 민주당 내 적대적 대러시아 정책의 등장, 그리고 바이든의 개인적 성향의 결합이었다.

이제 두 번째 장으로 넘어가자. 이번에는 러·우전쟁의 당사자인 우크라이나이다.

젤렌스키를 선택한 우크라이나, 모든 것을 잃어버리다

동유럽 국가로서 우크라이나 이해하기

미국에 대한 분석 다음에, 왜 러시아가 아닌 우크라이나를 먼저 분석할까?

1. 러·우전쟁의 주요 전쟁터는 러시아 땅이 아니라 우크라이나 땅이다. 그래서 러·우전쟁이 아니라 '우크라이나 전쟁', 또는 '우크라이나·러시아 전쟁'으로 불러야 한다는 견해도 있다.

2. 러·우전쟁은 일차적으로 동부 돈바스 지역을 중심으로 한 우크라이나 내전이 발단이 되었다.

3. 러·우전쟁 발발 전, 정치적 변화가 더 크게 일어난 곳은 러시아가

아니라 우크라이나였다.

아프리카에서 2년 정도 생활한 적이 있는데, 간혹 한국에 들어오면 많은 사람들이 "더운데 어떻게 지내나?"고 물었다. 하지만 내가 주로 지냈던 케냐·탄자니아·우간다 같은 동부 아프리카 나라들은 대체로 고산지대여서, 동부 해안가 일부 지역을 제외하고는 일년 내내 생활하기 좋은 날씨였다. 이를테면 우간다의 엔테베는 적도에 가깝지만, 고도가 높아서 일년 내내 날씨가 온화하고 쾌적했다. 심지어 아프리카 대륙의 동부에서 약간 위쪽인 에티오피아는 인류의 기원지로 알려져 있는데, 거의 모든 지역이 아침에는 서늘한 것을 넘어 좀 추웠다. 인류는 더운 곳이 아니라 서늘한 곳에서 유래했다는 생각을 했다.

동부 아프리카 사람들은 영어를 잘했다. 서부 아프리카는 대부분 프랑스의 식민지였지만, 동부 아프리카는 대부분 영국 식민지였기 때문이다. 또한 동부 아프리카 사람들은 대부분 '아프리카어'라고 알려진 스와힐리어를 구사하는 이중언어 사용자였다. 스와힐리어는 소말리아 지역에서 유래되었으며, 실제로는 동부 아프리카에서만 사용된다는 걸 알게 되었다. 그리고 동부 아프리카 연합체의 나라들끼리는 여권이 없어도 서로 자유롭게 여행을 다닐 수 있었다.

물론 동부 아프리카 나라들의 종교나 문화는 서로 달랐다. 에티오피아는 자신들을 솔로몬의 자손이라고 생각하는 정통 기독교였고, 동부 아프리카 내륙의 나라들은 기독교와 전통 종교, 동쪽 해안의 나라들은 블랙 무슬림으로 불리는 이슬람이 장악하고 있었다. 하지만 종교가 서로 다름에도 불구하고, 그들은 모두 동부 아프리카인이었다.

동부 아프리카의 개별 나라들을 이해하기 위해서는 먼저 동부 아프리카에 대해 알아야 한다는 것을 알게 되었다. 그렇지 않은 경우, 아프리카 개별 나라에 대한 이해는 장님 코끼리 만지기 수준에 지나지 않는다는 생각을 하게 되었다.

마찬가지로 동유럽 나라들도 각기 매우 다르다. 체코 사람들에게 프라하를 "동유럽의 아름다운 프라하"라고 하면 몹시 불쾌하게 여길 것이다. 체코 사람들에게 프라하는 유럽의 중심이지, 동유럽의 중심이 아니기 때문이다. 종교로 따지면, 동유럽의 동쪽인 폴란드·슬로바키아·헝가리는 가톨릭, 슬라브계 나라들은 정교회, 알바니아·코소보 등 남쪽은 이슬람, 발트 3국 등 북유럽의 영향을 받은 나라들은 개신교 국가들이다. 문자도 민족도 다르다. 하지만 우리는 왜 이들을 '동유럽'이라고 할까?

'동유럽'이라는 말이 자리잡은 것은 2차 세계대전 이후 냉전시대였다. 원래는 유럽을 나눌 때, 일반적으로 기후, 종교, 인종적인 측면에서 남유럽과 북유럽으로 나누었다. 하지만 냉전시대 이후 유럽은 이념적 대립에 따라 서유럽, 동유럽으로 구별되었으며, 이는 냉전이 붕괴된 이후에도 여전히 보통명사화되어 사용되고 있다. 2차 세계대전 때 나치 독일을 물리치는 과정에서 소련의 영향력에 의해 공산주의 국가가 된 나라들을 '동유럽'이라고 한 것이 굳어진 것이다.

우크라이나 역시 소련 몰락 이후 급속히 민주주의-시장경제체제로 바뀐 동유럽 국가 중 하나이다. 동유럽 국가들이 가진 정치체제의 특징은 간단히 말하면 다음과 같다.

1. 올리가르히가 존재한다.
2. 권위주의적 민주정부가 존재한다.
3. 대외 경제 의존도가 높다.
4. 앞의 3가지 조건을 가지고 친서방과 친러시아 세력이 대립한다.

동유럽 국가들의 정치체제는 이 4가지 기본 축을 전제로 바라볼 때 제대로 이해할 수 있다. 특히 우크라이나는 이 동유럽 국가들의 4가지 특징이 가장 잘 드러나는 나라이다. 우리는 이 4가지 포인트를 살펴봄으로써, 러·우전쟁이 일어나게 된 우크라이나 내부 상황을 더 잘 이해할 수 있을 것이다.

1. 올리가르히

소련 붕괴 후 공산주의 국가들은 자본주의 시장경제체제로 빠르게 바뀌면서 공장이나 토지 등 생산수단을 민간에 매각해야 했다. 올리가르히는 이때 권력과 정보주로 구공산당 관료들를 이용해 이러한 생산수단을 헐값에 사들여 신흥재벌이 된 집단을 말한다.

우크라이나의 올리가르히는 우크라이나 정치를 이해하는 상수다. 러시아나 다른 동유럽 국가들의 올리가르히보다 훨씬 강력해서 경제적 재벌이 되거나, 정치권에 강한 영향력을 행사하는 것을 넘어 직접 정치에 뛰어들었다. 이런 강력한 정치적 영향력에는 미디어를 장악하고 있다는 점이 크게 작용했다.

러시아에서 푸틴은 올리가르히를 제압했다. 러시아 올리가르히는 정치질서에 종속된 하위 파트너가 되었으며, 크렘린과 긴밀한 관계를 유지하지 못하면 살아남기 어려운 존재가 되었다. 러시아는 경제정책 역시 국가 주도로 이루어졌기에 상대적으로 올리가르히가 강력한 힘을 가지지 못했다.

체코·헝가리·폴란드 등에서는 생산수단의 사유화가 비교적 투명하게 이루어졌으며, 서구 경제체제와 연계되어 경쟁에 좀더 노출되었다. 따라서 일반적으로 이 나라들의 올리가르히는 소련에서 독립한 나라들의 올리가르히보다 힘이 약했다.

반면 우크라이나의 올리가르히는 철강·에너지·농업 등 주요 산업을 독점하고, 미디어를 소유해 정당과 정치인들을 배후 조종함으로써 사실상 자기들끼리 권력투쟁을 벌였다. 이는 우크라이나의 올리가르히 중 한 명인 페트로 포로셴코가 2014년 대통령이 되어 2019년까지 재임한 데서 잘 드러난다.

2. 권위주의적 민주정부가 존재한다

민주적 정치체제가 성립되는 과정은 크게 두 가지로 나누어진다. 하나는 국민들의 저항과 투쟁 등 내부의 역량에 의해서 민주적 정치체제가 이루어진 경우이고, 다른 하나는 외부에 의해 이식된 경우이다.

민주적 정치체제가 외부에 의해 이식된 경우, 정치 분야에서만 형식적으로 주입되었을 뿐, 사회적·경제적 분야에서는 여전히 권위주의적 질서가 강력하게 유지되었다. 정치적으로는 민주화와 다수결의 원칙이 관철되었지만, 가정에서는 가부장제, 직장에서는 계급적 위계질서가 더 강력한 상황이다. 심지어 정치적 영역에서도 제도적 분야가 아닌 내재적 분야에서는 권위주의적 정치체제가 밑바탕에 깔려 있다.[1]

이러한 권위주의적 민주질서의 문제는 다음과 같다. 일차적으로 매번 선거의 공정성에 대한 논란을 일으켰다. 기본적으로 행정부가 언론, 선거관리 기관, 그리고 선거 결과를 최종적으로 판단하는 사법부를 장악함으로써 선거 결과에 대한 불신을 가져왔다. 이로 인해 삼권분립이 쉽게 무너지곤 했다. 따라서 누가 행정부를 장악하느냐를 결정하는 선거가 모든 정치적 권력을 장악하는 문제로 이어졌다.

게다가 권위주의적 민주질서에서는 민주주의를 민족주의의 하위 체계로 두려고 한다. 이것이 권위주의적 민주질서의 결정적 문제이다. 집권 세력은 민주주의적 정당성이 위태로워지면 '민족주의'를 강화했다. 민주주의적 정당성의 취약함이 부각될 때마다 '민족적 민주주의'라는 이상

---

1 에마뉘엘 토드는 소련의 몰락을 가족구조를 분석하여 예견함으로써 명성을 얻었다. 토드에 따르면, 한 사회의 정치나 경제는 궁극적으로 가장 밑바닥에 깔려 있는 가족구조에 의해 결정된다. 정치라는 상부구조가 외부의 강제에 의해 민주적으로 변하더라도, 결국 하부구조가 권위주의적 가족관계에 기반한 사회적·종교적 구조를 가지고 있다면, 그 사회는 기본적으로 권위주의적으로 움직일 수밖에 없으며, 정치구조 역시 외형적으로는 민주적일지라도 실질적으로는 권위주의적으로 조직될 수밖에 없다는 것이다.

한 논리를 펴면서 정권의 정당성을 강화하는 것이다.

많은 동유럽 나라들에서 행정부 권력을 장악한 세력이 민족주의를 내세우고, 권위주의 질서를 유지하는 한편, 집권당에 유리한 선거구조를 만들어 장기집권을 했다. 특히 이런 경향은 동유럽 나라 중에서도 권위주의적 가족-사회-문화적 체계가 더 강력한 친러시아 계열 나라들에서 더 잘 나타났다. 가장 대표적 사례로는 러시아의 푸틴, 그 외에도 벨라루스의 루카셴코, 헝가리의 빅토르 오르반, 세르비아의 부치치를 들 수 있다.

다만, 우크라이나는 동유럽의 다른 나라들보다는 정치적 독재자가 나타나기 힘든 구조를 가지고 있었다. 친서방계와 친러시아계의 치열한 대립, 올리가르히끼리의 치열한 경쟁이 선거를 통한 정권교체를 가져왔기 때문이다. 하지만 우크라이나 정부 역시 권위주의적 민주정권이라는 것은 명백한 사실이었다.

3. 대외 경제 의존도가 높다

동유럽 국가들은 내수 기반이 극도로 취약하다. 2020년 기준 폴란드의 인구는 3,700만 명, 우크라이나 4,100만 명, 루마니아 1,900만 명, 체코 1,000만 명을 제외하고는, 대부분 1,000만 명 이하이다. 이로 인해 내수를 기반으로 한 내수 주도형 경제체제를 만들기 어렵다.

또한 동유럽 국가들은 대부분의 서유럽 국가들과 마찬가지로 에너지 대외 의존도가 높다. 그나마 서유럽은 신재생 에너지 및 원자력 발전 등의 에너지 전환 정책으로 에너지 대외 의존도를 일부 낮추었지만,

동유럽은 여전히 화석연료 비중이 높으며, 러시아에 대한 에너지 의존도가 전반적으로 높다. 특히 헝가리·슬로바키아·세르비아는 러시아에 대한 에너지 의존도가 꽤 높다.

또한 동유럽 국가들은 국내 산업 기반 부족으로 노동력 유출이 심각하다. 동유럽은 다른 제3세계 국가들과 달리 사회주의적 전통에 기반한 우수한 교육 시스템을 가지고 있으며, 우수한 인재들을 배출하고 있었다. 그런데 바로 옆에 서유럽이 있고, 동유럽은 상대적으로 인종적·언어적 장벽이 다른 제3세계 나라들보다 낮기 때문에, 특히 청년층을 중심으로 한 인력 유출이 심각하다. 이러한 인력 유출은 엔지니어 같은 부문에만 한정된 것이 아니다. 서유럽의 건설현장부터 물류현장까지 육체노동이 필요한 산업 전반에서 인력이 유출된다.[2]

설령 동유럽 나라들 중에서 상대적으로 우수한 산업·기술 및 에너지 자립 기반을 가지고 있더라도, 이런 나라들도 설 자리가 없었다. 왜냐하면 서쪽으로는 넘볼 수 없는 우수한 산업·기술 기반을 가진 EU, 동쪽으로는 풍부한 천연자원을 가진 러시아가 있기 때문이다. 이러한 모순이

---

2 2004년 EU 가입 이후 동유럽의 인구 유출은 가속화되었다. 폴란드 약 220만 명, 헝가리 약 110만 명 등이 대표적이다.
　가장 심각한 나라로는 루마니아를 들 수 있다. 루마니아는 2007년 이후 400만 명이 떠났으며, 이는 전체 인구의 5분의 1에 해당한다. 특히 유출 인구의 평균 연령이 25세라는 점은 루마니아의 미래에 치명적이다. 우크라이나 역시 전쟁 전 노동인구 유출만도 최소 400만 명이라고 알려져 있다.

가장 잘 드러난 곳이 우크라이나이다.

우크라이나는 2020년 기준 인구가 4,100만 명으로, 다른 동유럽 나라들과 달리 상대적으로 인구가 많았다. 그러면 "상대적으로 내수 기반을 중심으로 산업을 발전시킬 기회가 있지 않았느냐"고 반문할 수 있지만, 현실적으로 어려운 이야기였다. 우크라이나는 동유럽의 최빈국 농업국가였기 때문이다.

2020년 우크라이나의 1인당 GDP는 3,725달러로 유럽의 최하위 수준이었다. 개발도상국 수준이 아니라 빈곤국 수준에 가까웠다. 이런 국가가 내수 기반을 중심으로 산업발전을 꾀하는 것은 사실상 불가능한 일이었다. 이러한 저발전은 소련 해체 이후 더 심화되었다. 우크라이나는 과거에 소련에 편입되어 서부는 농산물 생산기지 역할을 했고, 동부는 풍부한 지하자원을 바탕으로 중화학 공업기지 역할을 했다.

하지만 소련 해체 이후, 우크라이나 동부지역의 중화학 공업은 서유럽과 경쟁에서 자연스럽게 도태되었다. 결국 우크라이나는 소련 해체의 최대 피해국이 되었다. 우크라이나는 중화학 기반의 붕괴와 강력한 올리가르히의 등장으로 농업 중심의 유럽 최빈국이자 부패의 대명사로 전락했다.

친서유럽이냐, 친러냐?
그것이 문제로다

개발도상국의 가장 큰 과제는 당연히 어떻게 발전할 것인가이다. 일반적인 개발도상국이라면 내수 주도형 발전전략과 수출 주도형 발전전략 중

어떤 전략을 선택할 것인가 하는 문제가 제기된다. 이는 정치권은 물론 경제·사회 분야 전반에 걸친 논의 속에서 결정될 것이다. 그러나 동유럽 국가들은 이러한 일반적인 과정과는 달랐다.

앞에서 우크라이나 역시 동유럽 국가로서 가지는 정치체제의 특징을 살펴보았다. 올리가르히가 존재하고, 권위주의적 민주정부이며, 대외 경제 의존도가 높다는 점이었다. 앞에서도 말했듯, 대외 경제 의존도가 높은 동유럽 나라들은 내수 주도형 발전전략을 펼 수 없었으며, 수출 주도형 발전전략을 펴기에는 서유럽과의 경쟁에서 너무 뒤쳐졌다.

따라서 독자적 발전이 어려운 동유럽 나라들에는 '어느 대외 경제에 의존해서 발전할 것인가?'라는 문제만 남게 된다. '친서유럽' 노선을 선택할 것인가, 아니면 '친러시아' 노선을 선택할 것인가? 선택은 올리가르히와 어떤 형태로든 결합된 권위주의적 민주 정부의 몫이었다.

그들의 고민은 다음과 같았다. 어떻게 하면, 국내 산업 경제체제에서 집권 세력과 관련된 올리가르히의 독점적 이익을 보장해 주면서도, 다음 선거에서도 국민들의 지지를 얻기 위한 경제발전을 이룰 수 있을까? 경제발전을 위해서는 우리의 힘만으로는 안 되는데, 어떤 외국 세력과 손을 잡아야 할까? 앞서가는 서유럽을 추종해야 할까, 아니면 값싼 에너지를 가진 전통의 러시아와 손을 잡아야 할까?

여기에 변수가 하나 더 있었다. 집권 세력이 독자적으로 노선을 선택할 수 있는 것이 아니었다. 어쨌든 동유럽의 정권은 민주주의에 기반한 권위주의 정부였기 때문에, 정권이 친서방이나 친러시아 노선을 선택할 때 국민들이 서유럽과 러시아에 대해 가지고 있는 감정을 무시할 수 없었다.

냉전시대에 소련의 지배를 받았던 대부분의 동유럽 국가들에서 러시아에 대한 국민들의 감정이 좋을 리는 없었다. 특히 폴란드나 발트 3국처럼 러시아와 역사적으로 깊은 악연을 가지고 있는 경우, 정부가 친러시아 정책을 취할 수 없었다. 동유럽 사람들이 친서방적 성향이 강한가, 아니면 친러시아적 성향이 강한가는 주로 위치·역사·종교·인종에 의해 결정되었다.[3]

---

3 위치는 기본적으로 서유럽에 가까운가, 아니면 러시아에 가까운가, 역사는 소련 연방 소속이었는지 여부, 러시아와 전쟁을 한 경험 여부, 인종은 주로 국민 중에 슬라브 인종이 얼마이고, 러시아 혈통의 비중은 얼마나 되는지 등을 들 수 있다.

주로 과거에 소련 연방에 속했고, 러시아 혈통과 슬라브족 인구 비중이 크며, 경제적으로 러시아 의존도가 높고, 서유럽으로부터 지정학적으로 멀리 떨어진 벨라루스·세르비아·카자흐스탄·키르기스스탄·타지키스탄 같은 나라는 자연스럽게 친러시아 노선을 취하고 있다. 반면 서유럽과 거리가 가까우면서 러시아 혈통 혹은 슬라브족의 인구 비중이 적으며, 러시아에 대한 경제 의존도가 상대적으로 낮은 폴란드·체코·루마니아, 그리고 역사적으로 악연을 가진 발트 3국은 강한 친서방 노선을 취하고 있다.

하지만 동유럽 국가들은 국내에서 친서방과 친러시아 노선을 둘러싸고 치열하게 경쟁하는 구조를 가지고 있기 때문에, 노선이 수시로 변화할 가능성이 있고, 또 그렇게 변화되어 왔다. 많은 동유럽 국가들은 세대, 지역, 종교에 따라 복잡하게 얽힌 관계 속에서 선거를 통해 선출된 정부에 따라 친서방, 또는 친러시아 노선이 정해지고, 나라의 운명이 결정되었다.

헝가리는 1956년 헝가리 혁명을 소련이 강제 진압한 후 반러 감정이 강함에도 불구하고, 오르반 빅토르 정부가 들어선 이후 강력한 친러시아 노선을 선택하고 있다. 슬로바키아는 오랫동안 친서방 노선을 유지해 왔지만, 2023년 로베르트 피초가 재집권하면서 급속히 친러시아 정책으로 선회했다. 반면 몰도바는 전형적으로 사회당과 공산당이 장기간 집권했지만, 2020년 EU 가입과 반부패 개혁을 내세운 마이아 산두 정권이 들어서면서 친서방 노선으로 완전히 바뀌었다. 이에 러시아어를 사용하는 주민들이 많은 트란스니스트리아 지역은 독립을 주장하고 있다.

조지아의 경우는 더욱 극적이다. 소련 외무장관 출신인 세바르드나제 정권1995년~2003년 때는 친러시아 정책을 펴다가, 2003년 장미혁명으로 들어선 사카슈빌리 정권2004년~2013년 시절에는 친서방 노선을 선택했으며, 심지어 2008년에는 러시아와 전쟁까지 벌였다. 전쟁의 경험 때문인지, 이후 집권한 '조지아의 꿈' 당은 친러시아 노선을 취하고 있다.

특히 우크라이나는 친서방 세력이 집권하느냐, 혹은 친러시아 세력이 집권하느냐를 둘러싸고 치열한 대립이 벌어졌다. 앞에서도 말했듯, 우크라이나는 올리가르히가 직간접적으로 정치에 참여했으며, 부패한 권위주의적 정권이었고, 대외 경제 의존도가 매우 높았다. 정권을 잡은 세력은 서방 혹은 러시아와 결탁해 권력을 유지하려고 했으며, 그들의 경제적 지원으로 위기를 극복하려 했다.

다음 쪽의 표에서 보듯이, 우크라이나에서 올리가르히들은 경제권력을 넘어 직접적으로 정치권력을 행사하는 핵심 세력이다. 그들은 모든 권력을 자신들의 지배 아래 두면서 내부갈등과 투쟁을 통해 서로 숙청을 하면서 우크라이나를 실질적으로 지배해 왔다.

국가자산을 불하받거나 사업권을 획득하면 재벌이 되는 구조에서는 정치권력과의 유착이 가장 큰 이권으로 작용한다. 이런 이권을 따내기 위해서 기득권 세력은 수단과 방법을 가리지 않았으며, 아예 이권을 결정하는 집단이 되고자 했다. 이 과정에서 국민들은 부패에 익숙해지고 받아들이게 되었다.

우크라이나는 국제투명성기구가 매년 발표하는 부패인식지수에

우크라이나 정권과 올리가르히의 관계

집권 세력	대외 노선	올리가르히와 관계	상세 설명
레오니드 크라우추크 (1991년~1994년)	중립– 독립국가로서 탈러시아	올리가르히의 탄생	
레오니드 쿠치마 (1994년~2005년)	친러	· 올리가르히 경제 장악 · 정경 유착 본격화	· 리나트 아흐메토프: 철강, 석탄, 금융 (친러) · 빅토르 핀추크: 철강, 미디어 산업 (쿠치마 사위) · 레오니드 데르카치: 에너지 (구소련 KGB, 친러) · 파블로 라자렌코: 가스, 에너지 (1996년~1997년 총리)
빅토르 유셴코 (2005년~2010년)	친서방 (오렌지 혁명으로 집권)	올리가르히와 일부 긴장과 협력	· 율리아 티모셴코: 가스산업 (별명 '가스 공주', 친서방, 2007년~2010년 총리) · 이호르 콜로모이스키: 금융, 에너지·항공 (친서방)
빅토르 야누코비치 (2010년~2014년)	친러	올리가르히 전성시대	· 리나트 아흐메토프: 철강, 석탄, 금융 (친러, 야누코비치 정권 핵심 후원) · 드미트로 피르타시: 러시아와 가스 중개업 (친러) · 빅토르 메드베추크: 미디어, 가스 (푸틴과 친밀) · 율리아 티모셴코: (체포)
페트로 포로셴코 (2014년~2019년)	친서방	흥망성쇠의 올리가르히	· 페트로 포로셴코: 초콜릿 기업 '로셴'과 미디어 산업 (대통령) · 이호르 콜로모이스키: 친서방 민병대 지원 · 리나트 아흐메토프: 도네츠크 분쟁으로 자산 기반 상실 · 드미트로 피르타시: 러시아와 가스 중개업 (친러, 체포)
볼로디미르 젤렌스키 (2019년~현재)			

서 동유럽 국가들 중 항상 꼴찌를 기록하고 있다.[4] 원래 올리가르히는 국가의 자산을 사유재산으로 만드는 과정에서 출발했기에, 이들이 부를 늘리는 방법은 시장의 경쟁에서 승리하는 것보다는 국가권력과의 결탁을 통하는 것이었다. 이는 부패가 퍼지는 동시에 경제발전의 내부 동력을 갉아먹었다. 기업을 세우고 치열한 경쟁과정에서 생산성을 높이는 '보이지 않는 손'이 작동하는 건강한 시장경제체제는 존재할 수 없었다.

코미디언 젤렌스키는 우크라이나를 어떻게 망쳤나?

우크라이나는 망했다. GDP 국내총생산가 30% 이상 줄어들었고, 에너지 시설 등 사회 인프라가 심각하게 파괴되었다. 더 중요한 것은 회복할 동력을 상실했다는 것이다.

먼저 인구를 보자. 기관별로 통계가 다르지만, 전쟁 전 4,100만 명

---

4 2023년 국제투명성기구의 동유럽 국가들의 부패인식지수는 다음과 같다(총 180개국 조사).
에스토니아 14위, 리투아니아 35위, 라트비아 39위, 폴란드 45위, 체코 49위, 슬로바키아 53위, 루마니아 66위, 헝가리 77위, 벨라루스 82위, 우크라이나 104위.
러시아는 항상 130위권으로 우크라이나보다 더 부패한 나라로 평가된다. 이는 러시아와 우크라이나를 잘 아는 사람이라면 쉽게 동의할 수 없을 것이다. 러시아가 투명한 나라라고 할 수는 없지만, 우크라이나, 벨라루스보다도 부패한 나라라는 것엔 동의하기 어렵다. 국제투명성기구의 자금을 내는 주체는 독일·영국·네덜란드 등 서방 국가 정부이며, EU·유엔개발계획·세계은행 등 대표적 친서방 기구이다. 민간에서는 포드재단과 빌&멀린다 게이츠 재단이 주요 기부자이다.

에서 500만 명 이상이 우크라이나를 떠나 지금은 3,500만 명 수준으로 본다. 누가 떠났을까?[5]

대표적으로 엄마들이 아이들을 데리고 떠났다. 그리고 뇌물을 주든 도망을 가든, 징집을 피한 젊은 남성들도 떠났다. 인구가 줄어든 것보다도 더 결정적인 것은 노인들과 상이군인들만 남았다는 것이다. 이로 인해 우크라이나는 1차로 1990년대 소련 해체 이후 심각한 경제위기로 인한 출산율 저하, 2차로 2000년대 일자리를 찾아 폴란드와 서유럽으로 대규모 이동에 이어, 러·우전쟁으로 실질 생산가능인구가 절망적인 수준으로 감소했다.

우크라이나의 인구는 1990년 5,200만 명이었는데, 지금은 3,500만 명대로 추정되고 있다. 전후 러시아에 귀속될 것이 확실시되는 동남부 4개 주의 인구전쟁 전 800만 명 내외 추정를 제외한다면 3천만 명이 안 될 것으로 추정된다. 필자는 실질적으로는 2,600만 명 내외가 될 것으로 본다. 한마디로 30년 만에 인구가 반으로 줄어든 것이다.

---

5 러·우전쟁 초기에 우연히 슬로바키아의 동쪽에 위치하여 우크라이나와 가까운 코시체라는 도시를 방문했다. 기차역에 가면 슬로바키아 정부가 기차로 넘어오는 우크라이나 난민들을 수용하는 모습을 볼 수 있었다. 슬로바키아 공무원들과 자원봉사자들이 신원을 확인하고 버스에 태워서 숙소로 데리고 갔다. 정부는 주로 2, 3성급 호텔을 임대하여 이들을 수용하고 있었다. 그 호텔 앞의 거리, 특히 공원에서는 하루 종일 앉아 있는 우크라이나인들을 볼 수 있었다. 숙소는 강제수용이 아니어서 언제든지 떠날 수 있었으나, 우크라이나인들은 (한눈에 봐도 남루한 옷차림과 주로 여성과 아이들로 구성된 가족 형태로 쉽게 알아볼 수 있었다) 모여 정보를 나누거나 시간을 보냈다. 놀랍게도, 난민 중에서 상당수의 젊은 남자들을 볼 수 있었다. 18~25세의 징병이 실시되지 않았기 때문인지는 모르겠지만, 동원령에도 불구하고 상당수의 젊은 남성들이 난민 무리에 섞여서 우크라이나를 탈출한 것을 볼 수 있었다.

둘째, 자원을 보자. 우크라이나의 주요 자원과 산업은 러시아가 점령한 4개 주헤르손, 자포리자, 도네츠크, 루한스크에 집중되어 있다. 우크라이나는 석탄, 철강, 에너지 산업 기반을 상실하는 것은 물론, 이곳에 묻힌 최소 10조 달러 이상의 가치를 가진 지하자원에 대한 통제권도 잃게 되었다. 만일 오데사까지 넘어간다면 내륙 농업국으로 전락하게 될 것이다.

셋째, 대외 의존형 경제체제에서 원조경제로 한 걸음 더 후퇴했다. 2024년 우크라이나는 전체 예산의 60%를 국방비로 사용했다. 국가부채는 2024년 기준 1,530억 달러로 같은 해 추정 GDP인 1,899억 달러에 가깝다. 재정적자 규모는 매년 GDP의 20% 수준에 이르는 것으로 추정된다. 전쟁이 끝나면 러시아도 마찬가지겠지만, 우크라이나는 전쟁 과정에서 크게 늘어난 국방산업이 정상화되면서 경제규모가 불가피하게 위축될 것이다.[6] 그렇다고 과연 미국과 서방이 우크라이나의 전후 복구를 책임져 줄까?

앞에서 살펴보았듯, 우크라이나는 망했다. 어느 나라든 망국의 일차적 책임은 지도자에게 있다. 그렇다면 젤렌스키는 어떻게 우크라이나를 망국의 길로 몰아갔을까?

---

6 2024년 5월 푸틴은 국방장관을 세르게이 쇼이구에서 안드레이 벨로우소프로 교체했다. 주목해야 할 점은 국방장관에 군인 출신이나 군 전문가가 아니라 경제 전문가를 발탁했다는 것이다. 이는 사실상 러·우전쟁이 러시아의 승리로 끝났으며, 이미 2024년에 러시아는 전쟁과정에서 경제에서 증가한 군비 비중을 어떻게 부작용 없이 정상화할 것인가에 주목하기 시작한 것으로 해석된다.

1. 젤렌스키의 집권 과정

젤렌스키를 대통령으로 만든 결정적인 계기는 많이 알려져 있듯, 2015년부터 2019년까지 방영된 TV 드라마 〈국민의 종Servant of the People〉이었다. 그는 이 드라마에서 평범한 교사 역할을 맡았는데, 그 교사는 우연히 SNS를 통해 정부를 비판한 것이 인기를 얻어 후에 대통령이 되어 부패 정치를 한꺼번에 싹 없앤다. 이 드라마를 통해 큰 인기를 얻은 젤렌스키는 드라마 제목과 같은 '국민의 종' 당을 창당하고, 2019년 대통령 선거의 2차 결선투표에서 73.22%를 얻어 포로셴코 대통령을 압도적 표차로 따돌리면서 당선되었다.

젤렌스키를 대통령으로 만든 변수는 무엇일까?

먼저 부패였다. 젤렌스키가 대통령이 되는 결정적인 계기는 드라마에서 부패를 척결하는 대통령 역할을 맡은 것이었다. 이는 역설적으로 우크라이나에서 부패가 얼마나 심각한지를 보여준다. 또한 부패척결에 조금이라도 성공한 대통령이 없었다는 것을 짐작할 수 있다.

동유럽 국가들의 부패는 다른 나라들과 달리 사회주의 시대의 관료주의에서 시작되었으며, 그 전통이 올리가르히로 이어졌다. 특히 우크라이나의 집권 세력은 올리가르히 그 자체였다. 이러한 구조적 문제를 아주 잘 보여준 사람이 바로 전임 대통령인 포로셴코였다.

2010년~2014년 집권한 야누코비치 정권은 무능하고 부패했다. 그는 정치적 라이벌인 티모셴코를 부패혐의로 무리하게 수감했고, 친족과 측근들을 요직에 앉혔으며, 일방적인 친러시아 정책으로 국민들의 불만이 고조되었다. 결국 대통령 궁^{메지히랴, Mezhyhirya}의 호화생활이 폭로되면서 실각했다.

포로셴코는 2014년 유로마이단 혁명으로 집권했다. 그는 두 가지 면에서 국민들의 전폭적인 지지를 받았다. 하나는 친서방, 다른 하나는 그가 올리가르히라는 것이었다.

당시 우크라이나 국민들은 포로셴코가 친서방이므로, 부패척결과 경제발전이라는 두 마리 토끼를 다 잡을 것으로 생각했다. 친서방을 하면 경제가 발전하고, 부패가 없는 서방이 우크라이나를 도와줄 것이라고 생각한 것이다.[7] 특히 이런 생각에는 야누코비치 전 정권의 일방적인 친러 정책에 대한 실망과 반작용도 작용했다.

아이러니하게도, 포로셴코가 올리가르히였다는 점도 지지율이 높아지는 계기가 되었다. 당시 대선에서 라이벌이었던 티모셴코는 오렌지 혁명을 이끈 대표적인 인물로 친서민 정책을 강조했으며, 포로셴코를 다른 올리가르히들과 결탁한 '부패한 기득권'으로 몰아붙였다. 그런데 국민들은 포로셴코의 손을 들어주었다. 국민들의 생각은 이러했을 것이다. "이미 부자인데, 대통령까지 되면 더 이상 돈을 탐하지는 않겠지. 게다가 재벌이라서 정경유착이 어떻게 이루어지는지 잘 알 테니 더 잘 끊어낼 거야", "반러시아 노선이 강해서 서방과도 친하니, 외자도 잘 유치할 수 있겠지."

---

7   이런 생각에 대해서는 개화기에 갑신정변을 주도했던 급진개화파를 생각해 보면 쉽게 이해될 것이다. 그들은 일본과 손을 잡으면, 일본의 도움으로 조선도 쉽게 봉건사회의 낙후성을 극복하고 산업화를 이루어 근대국가를 만들 수 있을 것이라고 생각했을 것이다.

그러나 포로셴코의 한계는 곧 드러났다. 간단히 요약하면 다음과 같다.

1. 서유럽에서 받은 게 없다.

2. 러시아와의 관계 악화는 경제적·정치적 재앙을 가져왔다.

3. 부패청산은커녕 당사자가 더 부패해졌다.

하나씩 살펴보겠다.

1. 포로셴코 대통령이 서유럽으로부터 받아낸 것을 굳이 따지자면, EU와의 연합협정 발효, 비자 면제 협정을 들 수 있다.

그런데 EU·우크라이나 연합협정으로 정치적·경제적 협력을 강화하겠다고 했지만, 우크라이나가 EU에 가입하려면 민주주의를 발전시키고 부패를 없애야 한다는 등의 조건이 붙어 있었다. 국민들은 EU가 사실상 우크라이나가 실현하기 어려운 기준을 내세웠다고 생각했다.

또한 EU와의 비자 면제 협정으로 우크라이나 국민들은 '셍겐 지역'을 90일 무비자로 갈 수 있게 되었다. 셍겐 지역은 유럽의 여러 나라가 국경 검문 없이 자유롭게 이동할 수 있도록 한 '셍겐 협정'이 적용되는 지역으로, 2025년 기준으로 유럽 대부분의 나라들이 포함되어 있다. 어쨌든 EU와의 비자 면제 협정은 역설적으로 우크라이나에서 인구 유출이 가속화되는 계기가 되었다.

우크라이나 국민들의 입장에서 실질적으로 서유럽에서 받은 것은 IMF의 대규모 긴축정책이었다. 우크라이나 국민들은 연금 축소, 공공요금 인상 등의 고통을 감내해야 했으며, 해외자본 유입은 오히려 감소했고, 우크라이나 화폐 흐리우냐의 가치가 떨어졌으며, 이에 따라 물가가 상승해 친서방 정책의 경제적 효과를 체감하지 못했다.

2. 포로셴코 대통령은 강경한 반러시아 노선을 취했다. 민족주의를 강조하면서 2015년 러시아와 군사·경제 협력을 중단하고, 러시아어 사용을 제한하기 시작했다. 또한 크림반도의 수복을 주장하면서 돈바스 지역의 친러시아 반군을 테러리스트로 규정하고 대대적인 공세에 들어갔다. 그리고 2018년에는 우크라이나 정교회의 러시아 정교회로부터 분리를 결의하고, 2019년에 완전한 독립을 선언했다. 심지어 2018년에는 아조프해에서 러시아 해군과의 충돌을 빌미로 계엄령을 선포하기도 했다.

포로셴코 대통령의 이런 조치들은 러시아의 즉각적인 반발을 불러일으켰다. 러시아는 돈바스 지역의 반군에 대한 군사적 지원을 강화하고, 우크라이나에 대한 천연가스 공급을 줄이고, 러시아 내 우크라이나 노동자의 송금을 제한하며, 우크라이나 제품에 대한 수입금지 조치까지 실시했다. 러시아 경제에 의존하고 있던 우크라이나의 경제는 치명상을 입었다.

3. 포로셴코 대통령은 대법관 매수, 트럼프와 사진을 찍기 위해 거액의 로비자금 사용 의혹을 받았다. 가장 치명적인 사건은 2019년 대선을 앞두고 터진 국영 방산기업 Ukorboronprom 사건이었다. 포로셴코 측근들이 외국에서 불법적으로 군사장비를 사온 후, 비싼 가격에 군에 판매해 막대한 수익을 챙겼다는 의혹을 받았다. 이는 대러시아 강경 노선과 민족

주의에 기반한 군사력 강화를 주장한 포로셴코에게는 치명적인 사건이었다. 국방 강화를 목표로 집권한 대통령이 국방 비리의 수장일 것이라는 의혹은 우크라이나 국민들이 등을 돌리는 결정적인 계기가 되었다.

이제 우크라이나 국민들은 지칠 대로 지쳤다. 부패는 지긋지긋했고, 올리가르히에 대한 일말의 희망도 사라졌다. EU 역시 더 이상 우크라이나의 희망이 아니라는 것을 깨달았다. 러시아를 적대시하는 것이 유리할 게 없다는 것을 느끼게 되었다. 먹고살기가 더 힘들어졌다. 이때 등장한 사람이 바로 '국민의 종'이었다.

젤렌스키는 단순히 코미디언이 아니었다. 드라마에서처럼 '국민의 종' 당을 만든 그는 다음과 같은 공약을 내걸었다

"나는 이전의 정치인들과는 달리, 정치인도 올리가르히도 아니다."

"따라서 나는 부패를 청산할 수 있고, 올리가르히도 없앨 수 있다."

"서방과 러시아 사이에서 균형을 맞추는 실용주의 외교를 하겠다."

"특히 푸틴과 협상을 해서 돈바스 지역에 평화를 만들어 내겠다."

"이 모든 것이 어떻게 가능하냐고? 나는 보다시피 지금도 국민과 SNS를 통해 직접 소통한다. 직접민주주의를 통한 국민의 힘으로 이걸 이루어 내겠다!"

2019년 대선 결과, 젤렌스키의 결선 득표율은 73.2%, 포로셴코의 득표율은 24.5%로, 젤렌스키는 우크라이나 역사상 최다 득표차로 대통령이 되었다.

2. 젤렌스키의 개혁 실패

젤렌스키는 집권 후 개혁을 크게 3가지 방향으로 추진했다. 1. 부패척결을 비롯한 정치개혁, 2. 경제개혁, 3. 대러시아 평화협상이었다. 그러나이 3가지 모두 오래지 않아 파탄으로 나아갔다. 하나씩 살펴보자.

부패척결을 비롯한 정치개혁 | 젤렌스키는 집권하자마자 부패한 정치인들과 사법부를 개혁하고자 했다. '부패와의 전쟁'을 모토로 집권한 그는 국가반부패국NABU 의 독립성을 보장하고 전폭적으로 지원했다. 또한 고위공직자 부패 사건을 전담하는 반부패 법원HACC 을 출범시켰다. 가장 대표적인 것은 '올리가르히 법'으로 알려진 법안이었다. 이 법을 통해서 올리가르히로 분류되는 사람들을 등록하고, 정치적 활동과 미디어 기업에 대한 소유 사항을 의무적으로 제출하도록 했다.

그러나 우크라이나에서 관료의 부패 및 올리가르히 척결은 혼자만의 힘으로는 불가능했다. 헌법재판소는 반부패 개혁조치를 무력화했으며, 젤렌스키는 무기력하게 대응했다. 관료들은 지방분권화에 노골적으로 저항했고, 올리가르히는 해외로 자산을 빼돌리거나 미디어를 동원해 저항했다. 게다가 젤렌스키가 올리가르히와 결탁했다는 의혹이 터졌다.

집권 초기부터 젤렌스키는 올리가르히와 결탁 의혹이 있었다. 가장 문제가 된 올리가르히는 그를 스타로 만들어 준 드라마 〈국민의 종〉을 제작한 1+1 TV 채널을 소유한 콜로모이스키였다. 대통령 당선 당시부터 콜로모이스키가 국가로부터 매입했다가 다시 빼앗긴 프리바트방크를 되찾기 위해 젤렌스키를 지원한다는 소문이 돌았다. 젤렌스키의 대통령 당선 이후 콜로모이스키와 가까운 인물들이 요직에 기용되자 이러한 의혹은 증폭되었다. 국민들은 젤렌스키가 올리가르히들과 거리를 두는 척하면서도 타협하는 모습과 미진한 개혁에 차츰 실망을 느끼고 있었다.

2021년 결정타가 터졌다. '판도라 페이퍼스'라는 판도라가 열렸다. 젤렌스키가 해외 조세 피난처^{페이퍼 컴퍼니}를 통해 자산을 숨기고 돈세탁을 했다는 폭로가 나왔다. 그가 올리가르히가 되려고 대통령이 된 것이 아니냐는 비아냥이 나오기 시작했다. 그리고 그의 개혁정책은 멈췄다.

경제개혁 | 젤렌스키는 정권 초기 올리가르히 개혁에 따른 중소기업 육성 정책을 발표했다. 외국인 투자를 늘려 중소기업까지 확대하는 한편, 올리가르히가 지배하는 대기업의 영향력을 축소시키고자 하는 일타쌍피의 전략이었다.

가장 핵심적인 정책은 농지 매매 자유화로 외국인의 농지 소유를 허가하는 것이었다. 우크라이나는 2001년 긴급조치로 농지 매매를 불허한 바 있으며, 이에 따라 농업 부문에 대한 투자가 크게 감소했다. 농지 매매 자유화는 농업 부문에 대한 투자를 확대하여 비효율성을 극복하고, 소작농도 자영농이 될 수 있는 기회를 만들 것으로 기대되었다. 그러나 이 정책은 농민들의 거센 반발을 불러왔다. 농민들은 이 법안으로 인해 외국인에게 농업 분야를 빼앗길 수 있다고 반발했다. 그리고 해외 자본 유치는 제대로 이루어지지 않았다. 돈바스 지역에서 분쟁이 격화됨에 따른 리스크, 부패, 그리고 서방의 홀대 때문이었다. 이때 코로나 팬데믹

이 터졌다. 그리고 젤렌스키의 경제개혁도 끝났다.

대러시아 정책 | 젤렌스키의 고향 크리비리흐는 동부 돈바스 지역에 가깝다. 젤렌스키는 러시아를 모국어로 사용하며 자랐고, 출세작 〈국민의 종〉 드라마도 우크라이나에서 제작되었지만 러시아어로 만들어졌다. 심지어 코미디 활동 역시 러시아에서 활발하게 했다. 이러한 인연을 바탕으로, 그는 자기가 도네츠크-루한스크 분쟁을 해결하고 평화를 정착시키는 데 적임자임을 내세웠다.

　　이에 동남부 지역의 주민들은 우크라이나 국민들의 평균 지지율을 넘는 지지를 보냈다. 이에 화답하듯, 젤렌스키는 우크라이나 동부 돈바스 지역의 분쟁 정전협정인 민스크 협정을 지속적으로 이행하는 한편, 독일·프랑스·러시아·우크라이나의 4자 회담_{노르망디 형식 회담}을 통해 추가적인 평화협상을 추진했다.

　　그러나 러시아의 요구는 강경했다. 러시아는 도네츠크와 루한스크 지역의 자치권을 확대하라는 주장을 굽히지 않았다. 대다수 우크라이나 국민들은 이를 내정간섭으로 받아들였다. 특히 우크라이나 민족주의 세력의 반발은 거셌다. 협상을 강조하던 젤렌스키는 궁지에 몰리기 시작했다. 결국 젤렌스키의 지지율은 집권 2년 만인 2021년에 30% 이하로 떨어졌다.

3. 젤렌스키, 전쟁으로 치닫다

젤렌스키의 지지 기반은 다음과 같았다.

1. 도시의 젊은층을 중심으로 한 반부패, 반올리가르히 세력: 젤렌스키는 반부패, 개혁 공약, SNS를 통한 선거운동 등과 참신한 이미지로 이들을 지지 기반으로 확보했다.

2. 러시아계의 비중이 높은 남동부 지역: 젤렌스키는 러시아어가 자신의 모국어라는 점을 내세우고, 러시아와의 협상을 강조함으로써 이들을 지지 기반으로 끌어들였다.

3. 낙후 농촌지역과 빈농: 농업개혁 공약으로 지지를 확보했다.

그런데 젤렌스키의 지지부진하던 개혁은 '판도라 페이퍼스'가 열리자 끝났다. 열광하던 도시의 젊은층은 등을 돌렸다. 돈바스 지역이 내전 상태로 들어가자, 남동부 지역의 주민들도 돌아섰다. 농지개혁이 실패로 돌아가자, 농촌지역의 지지 기반도 날아갔다. 젤렌스키의 손을 잡아줄 세력은 아무도 없어 보였다. 이때 그의 손은 잡아준 것이 나타났다. 바로 미국이었다.

미국, 특히 네오콘은 2013년 11월부터 2014년 2월까지의 유로마이단 혁명에 적극적으로 개입한 바 있다. 당시 미국의 대외정책을 주도하던 존 매케인, 힐러리 클린턴 등은 유로마이단 혁명에 대해 지지 발언을 하고 경제적 지원도 아끼지 않았다. 특히 당시 미국 국무부 차관보였던 빅토리아 눌런드는 직접 우크라이나 수도 키이우의 마이단 광장을 방문하여 시위대에게 지지를 표명하기도 했다. 결국 유로마이단 혁명은 성공했다. 하지만 미국의 입장에서는 그 결과가 만족스럽지 못했다.

"Fuck the EU" 발언으로 유명한 대표적인 네오콘 빅토리아 눌런드를 통해 당시 미국의 입장을 유추해 보자. "러시아 세력의 약화를 위해 내가 직접 마이단 광장까지 가서 지지를 표명했는데, 유로마이단 혁명으로 정권이 바뀐 후 러시아에 크림반도를 빼앗기다니. 그런데도 러시아와 싸우기는커녕 독일, 프랑스와 함께 러시아와 협상을 하다니. 거기에 참여하는 독일과 프랑스는 뭐지? Fuck the EU." 2014년

"게다가 이제는 대러시아 온건 노선을 표명하는 젤렌스키가 대통령이 되었다고? 은근슬쩍 우리 네오콘의 도움으로 집권했으면서, 네오콘을 적대시하려는 트럼프가 한 협박[8]까지 받아들여?!" 2019년

그런데 2021년 미국과 우크라이나의 관계가 극적으로 변화했다. 2021년 '신자유주의적 패권' 정책으로 무장한 바이든 정권의 등장은 지지 기반을 상실한 젤렌스키에게는 하늘에서 떨어진 동아줄이었다.

바이든 대통령은 트럼프 대통령과 달랐다. 군사적 지원을 대폭 강화하고 실전적이고 직접적인 분야로 확대했다. 대규모 경제적 지원 최소 2억 5천만 달러로 추정을 제공했다. 또한 러시아와 대립각을 분명하게 세우면서, 우크라이나의 EU와 나토 가입을 적극 지지하며 현실화시킬 것이라고 약속했다. 젤렌스키의 목소리는 다시 커졌다. 그런데 그 방향은 올리가

---

8 트럼프는 젤렌스키와의 통화에서 바이든과 그의 아들 헌터 바이든의 부패연루 사건을 조사하라고 강요하면서, 그러지 않을 경우 4억 달러의 군사 원조를 취소하겠다고 했다. 이는 미국 하원에서 트럼프 탄핵 결의까지 이어지게 된다.

르히에 대한 개혁이 아니라 러시아에 대한 적대감이었다.[9]

2014년 러시아의 크림반도 병합 이후, 우크라이나는 군사력을 증대시켜 왔다. 미국으로부터 간접적인 군사 지원만이 아니라 실전을 위한 직접적인 군사 지원을 받음으로써 군사력이 질적으로 도약했다. 게다가 나토 가입 약속은 젤렌스키가 우크라이나 민족주의 세력의 지지를 단번에 끌어올 수 있는 계기가 되었다.

미국의 경제적 지원은 우크라이나의 어려운 경제에 숨통을 틔워 줄 것으로 보였고, EU 가입 약속은 지지를 철회한 도시 젊은층을 다시 지지자로 끌어와 줄 것으로 기대되었다. 젤렌스키의 입장에서는 기존의 EU를 넘어서는 미국의 전폭적인 지지는 자신을 우크라이나를 이끌어 나갈 위대한 지도자로 만들어 줄 것 같았다.

그러나 상황은 여의치 않았다. 미국의 경제적 지원에도 불구하고, 우크라이나 경제는 돈바스 내전의 격화, 반러시아 정책에 따른 러시아 측의 제재, 디폴트 위기에 따른 환율 및 물가 상승, 그리고 결정적으로 코로나 팬데믹 사태로 인해 더욱 어려워졌다. 역설적으로, 미국의 경제적 지원은 우크라이나의 부패 관료들에게는 좋은 떡밥이 되었다. 미국으로

---

9   2021년 젤렌스키의 대러시아 강경 발언이 이어졌다. 러시아를 침략자로 규정하면서 "우리는 러시아 침략자들에게 단호히 맞서야 한다"고 했다. 직접적인 전쟁 불사 발언도 이어나갔다. "러시아는 우리가 우리의 땅을 되찾고자 하는 것을 막는다. 그렇다면 우리는 모든 조치를 염두에 두어야 한다."

부터 대규모 경제적 지원을 받아오는 젤렌스키는 부패 관료들에게 더 이상 자신들을 척결하려는 공포의 대상이 아니었다. 그들의 수입과 일자리를 보장해 주는 사람이 되었다.

미국의 전폭적 지지에도 불구하고, 젤렌스키의 지지율은 좀처럼 올라가지 못했다. 아니, 오히려 더 하락했다. 젤렌스키의 지지율은 2020년 중반까지 40~50%를 오르내렸으나 2021년 30%까지 떨어졌다. 미국의 지원에도 불구하고 악화되는 경제, 부패심화, 러시아와의 긴장 고조에 따른 불안이 지지율 반등을 막아섰다.

*
**

이제 어떻게 할 것인가? 젤렌스키가 선택한 것은 러시아를 악마로 만드는 것이었다. 이에 우크라이나 내의 러시아계 주민들을 적으로 돌렸다.

젤렌스키 정권을 파시즘으로 볼 수 있는가에 대해서는 논쟁이 많다. 젤렌스키 정권을 함부로 파시즘으로 규정할 수는 없다고 생각한다. 집권 초기에 젤렌스키 정부는 파시즘적 성격이 없었으며, 전시 이후에는 전쟁을 치르는 정부로서 파시즘적 외향을 띠었지만, 그것만을 가지고 파시즘이라고 규정할 수는 없다고 본다. 하지만 전쟁 직전인 2021년에 젤렌스키 정부는 분명 파시즘적 성격을 띠기 시작했다.

파시즘은 쉽게 말해, 강력한 지도자 중심의 권위주의 체제로서 국가나 민족의 우월성을 강조하며, 개인의 자유와 다양성을 억압하는 정치

이념이다. 파시즘은 기본적으로 자기 집단을 규정할 때, 먼저 악마화된 상대 집단을 '적'으로 설정하고, 그 적을 막는 존재로 자기 집단을 정의하는 데서 출발한다. 그런데 이때 설정되는 적은 자신보다 강한 상대가 아니라, 오히려 약하거나 단지 '다른' 사람일 뿐인 경우가 많다. 그리고 그들을 제거하기 위해서 모든 수단을 정당화한다.

예를 들어 보자. 히틀러와 나치 독일은 유대인, 공산주의자, 장애인, 집시, 성소수자, 지식인 등을 '독일을 위협하는 적'으로 규정했다. "그들이 독일을 약하게 만들었다"고 주장하며 국민들의 분노를 이들에게 집중시켰다. 히틀러는 자신이 그런 '적들'로부터 국민들을 지키는 강력한 지도자임을 내세웠다. 그 결과 나치를 따르는 많은 자들이 차별과 박해, 심지어 유대인 600만 명을 포함해 1,100만 명 이상의 학살마저 당연하게 받아들였다. 파시즘은 이렇게 '다름'을 악으로 규정하고, 그것을 제거하는 과정을 정당화한다.

젤렌스키는 미국의 지원으로 가지게 된 강력한 군사력, 나토와 EU 가입의 가능성을 열어서 확보한 민족주의 세력의 강력한 지지, (눈엣가시인 올리가르히를 척결하겠다는 속셈으로 변질된) 올리가르히에 대한 개혁 명분, 미국의 경제적 지원으로 부패 관료들과 결탁했다. 그리고 본격적으로 반러시아 감정을 불러일으키기 시작했다. 일차적인 타깃은 우크라이나 동남부 지역에 주로 거주하는 러시아계 우크라이나 주민들이었다.

2021년 들어 러시아를 향한 젤렌스키의 발언은 거칠어졌고, 친러시아 성향 정치인들의 체포와 추방이 이어졌다. 친러시아 미디어와 방송을 제재하고, 러시아어 사용을 더 강력하게 금지했다. 결정적으로 도네츠크와 루한스크에서 군사작전을 통해 주민들을 통제했다.[10] 이는 돈바스 지역 주민들의 무장투쟁으로 이어졌고, 러시아는 이들을 간접적으로 지원하다가 여러 여건이 변하자 직접적 지원으로 돌아섰다.

동부 돈바스 지역은 실질적인 내전 상태에 접어들었다. 어제까지만 해도 같이 살아가던 동부 우크라이나 주민들이 서로에게 총구를 겨누게 되었다. 그들의 머릿속에선 자신들이 모두 슬라브 민족이며, 러시아어와 우크라이나어를 모두 구사할 수 있다는 사실은 잊혀졌다. 그렇게 돈바스는 지옥으로 변해갔다.

젤렌스키는 대통령 선거에서 공약으로 돈바스 지역의 내전 종식, 푸틴과 협상, 평화 제안에 대한 국민투표 실시를 내세웠다 "내 스스로를 가장 똑똑한 사람으로 만들지 않겠다. 나는 국민 밑에 있겠다". 하지만 그의 공약은 하나도 지켜지지 않았다.

돈바스 지역의 분쟁은 내전으로 이어졌고, 결국 국제전으로 확대되었으며, 무고한 자국민들을 죽음으로 몰아넣었다. 전쟁을 멈추기 위해

---

10 2021년 우크라이나 정부는 '군사 작전(Operation Joint Forces)'을 진행했다. 러시아의 지원을 받는 동부 분리주의자들을 절멸시키겠다는 게 목표였다. 먼저 분리주의자들의 군사적 거점을 타격하고, 동부지역의 통제권을 완전히 회복하고자 했다. 이 과정에서 특히 군은 무차별적 포격을 했으며 수많은 민간인 피해가 발생했다. 이런 반인도주의적 만행에 서방 언론은 침묵했다. 키이우(우크라이나 수도)의 밤은 점점 더 어두워져 가고 있었다.

푸틴과 협상을 하라고 주장하는 사람들을 처벌하는 법을 만들어 반대세력의 입을 틀어막았다. 실질적으로 합의된 평화협상안도 영국 총리 보리스 존슨이 방문하자, 입장을 바꾸어 전쟁 지속을 결정했다. 이유도 모르는 채로 너무나 많은 젊은이들이 죽어나갔다. 그리고 젤렌스키는 임기가 끝났음에도 불구하고, 전쟁 중이라는 이유로 선거를 부정하고 여전히 국민 위에 군림하고 있다.

1장에서는 미국 대외정책의 변화를 알아봄으로써 신자유주의적 패권주의를 내세운 바이든 정권이 어떻게 전쟁 가능성을 높였는지 살펴보았다. 2장에서는 우크라이나의 젤렌스키 정권이 어떻게 동부지역의 러시아계 주민들에 대한 탄압과 반러시아 입장을 강화함으로써 전쟁을 코앞으로 앞당겼는지에 주목했다. 이제 3장에서는 러·우전쟁을 시작한 푸틴이 이끄는 러시아를 보자. 1장의 주인공은 바이든, 2장의 주인공은 젤렌스키였다면, 3장의 주인공은 푸틴이다.

3장 러시아

푸틴,
전쟁을 결심하다

푸틴, 친서방에서
반서방으로 바뀌다

러시아와 일부 반서방적인 견해를 가진 사람들은 러시아의 우크라이나 침략은 미국과 서유럽이 독일 통일 이후의 약속을 어기고 행한 나토 확장을 저지하기 위한 불가피한 조치였다고 한다. 이들은 만일 쿠바가 소련과 군사동맹을 맺고 미사일 기지를 설치하려고 했다면, 미국은 쿠바를 침공하지 않았겠느냐는 논리를 펴면서, 러시아 역시 우크라이나의 나토 가입을 보고만 있을 수는 없었을 것이라고 한다. 또는 우크라이나가 자국 영토에 살고 있는 러시아계 사람들을 부당하게 탄압했기에, 러시아의 침략은 불가피했다고 주장한다.

101

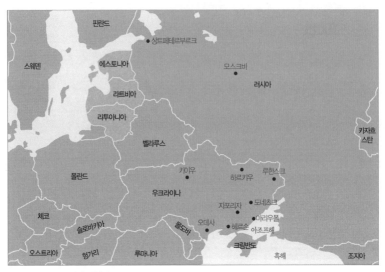

발트 3국과 우크라이나, 러시아

하지만 이들의 주장은 러시아의 침공을 정당화하는 논리일 뿐, 러·우전쟁 발발의 정확한 원인을 설명할 수 없다. 왜냐하면 러시아는 이전에도 이런 일을 겪었지만, 그때는 침략을 하지 않았기 때문이다. 예를 들어 2004년 발트 3국의 나토 가입을 들 수 있다.

발트 3국 중 에스토니아와 라트비아는 러시아와 직접 국경을 맞대고 있다. 라트비아의 국경에서 모스크바까지 거리는 우크라이나 국경에서 모스크바까지 거리와 비슷하다. 특히 에스토니아 국경에서 러시아의 상트페테르부르크까지의 거리는 150km에 불과하다.

또한 에스토니아와 라트비아는 전체 인구의 4분의 1 정도가 러시아계이다. 그런데 발트 3국 정부는 러시아계 주민들을 차별 탄압했다.[1] 당시 러시아는 외교적으로는 강력하게 항의했으나 군사적 침략을 하지는 않았다. 심지어 나토와도 일정한 협력을 유지했다.

혹자는 러시아가 그때는 힘이 약했기 때문에 참은 것이고, 지금은 국력을 키웠기에 참지 않는 것이라고 할 수도 있을 것이다. 그러나 이 역시 잘못된 주장이다.

당시 러시아가 발트 3국에 군사적 침략을 하는 것은, 지금 우크라이나에 군사적 침략을 하는 것보다 더 쉬웠다. 그때나 지금이나 나토는 핵전쟁으로 인한 공멸을 각오하지 않는다면, 러시아와 직접적인 충돌을 할 수 없으며, 게다가 발트 3국의 인구는 다 합쳐도 겨우 600만 명 남짓이다. 만일 발트 3국이 2004년이 아니라 이번에 나토 가입을 시도했다면, 러시아는 발트 3국을 침공했을 수도 있다고 생각한다.

*
* *

2002년 나토는 프라하 정상회의에 발트 3국을 초청했다. 러시아는 발트 3국의 나토 가입을 우려했지만, 러시아의 반발은 외교적 수사에 머물렀다. 하지만 그로부터 20년이 지난 뒤, 러시아는 똑같은 사태를 맞이하자, 미국에 사전고지까지 해가면서 우크라이나를 침공했다. 도대

---

1 에스토니아나 라트비아는 소련 시절에 이주한 러시아계 주민들에게는 시민권을 자동적으로 주지는 않았다. 즉, 소련 시절 이전부터 살았던 사람들만 에스토니아나 라트비아 국민이라는 논리였다. 결국 소련 붕괴 후 수많은 러시아계 사람들은 졸지에 무국적자가 되어 여러 제약을 받으며 살아가야 했다. 또한 우크라이나가 그랬던 것처럼, 발트 3국의 정부도 러시아계 주민들의 러시아어 사용에 대해 각종 제약을 가했다.

체 20년 동안 러시아에 어떤 변화가 있었던 것일까?

푸틴의 발언을 보자.

"나토 가입을 두려워할 이유가 없다. 하지만 러시아의 나토 가입은 현재 논의 의제가 아니다." 2000년

"미국과 러시아가 서로의 생각을 공유할 수 있다." 2001년

"러시아는 미국의 동맹국이자 파트너로서 미국의 대테러 작전에 적극적으로 협력하겠다." 2001년

지금은 상상할 수 없지만, 푸틴은 집권을 시작한 2000년 초반 확실하게 친서방 노선을 취하고 있었다. 냉전 붕괴 후 푸틴은 미국의 일극 체제라는 세계질서 속에서 집권했다. 그는 러시아의 경제재건을 위한 서구 자본 유치, 나토와의 협력과 관계개선을 통한 안보질서 유지, 에너지 수출을 위한 서유럽과의 관계 개선 등을 이유로 친서방 정책을 취했다. 이러한 정책의 배경에는 냉전 패배 이후 서구화를 러시아의 유일한 대안으로 여겼던 당시 러시아 지도층과 국민들의 생각이 뒷받침되어 있었다.[2]

---

2 '서구화가 러시아의 발전모델인가, 아니면 러시아만의 독자적인 발전모델을 채택해야 하는 가?'는 러시아 내부의 오랜 논쟁이었다. 예를 들어 상트페테르부르크를 건립한 표트르 대제는 대표적인 서구화론자였다고 할 수 있다. 19세기에 들어서면 이 둘의 대립은 서구화파(Westernizers) 와 슬라브주의자(Slavophiles)의 대립으로 전개된다. 또한 사회주의 수립 단계에서도 이러한 대립 은 지속되었다. 서구와 같은 점진적 공산주의 진행 단계를 따라야 한다는 멘셰비키, 그리고 서구와는 다른 위로부터의 러시아식 사회주의 혁명을 해야 한다는 볼셰비키의 대립 역시 이런 맥락에서 볼 수 있다.

그런데 푸틴은 2000년대 초반 두 가지 사건을 계기로 변화하기 시작했다. 나토는 1994년 동유럽 국가들을 대상으로 회원국 가입의 문을 여는 '열린 문 정책Open Door Policy'을 발표했었는데, 2002년 프라하 정상회담에서 이를 공식적으로 재확인했다. 민주주의와 시장경제 질서를 채택하고 군사적 준비만 갖추고 있다면, 언제든지 나토의 신규 가입국으로 받아들이겠다고 했다. 이에 따라 발트 3국인 에스토니아·라트비아·리투아니아, 그리고 루마니아·불가리아·슬로바키아·슬로베니아 등 7개국이 2004년에 새로운 나토 회원국이 되었다. 러시아 입장에서는 설마설마 하던 일이 현실화되었던 것이다.

또한 2004년 우크라이나의 오렌지 혁명또는 장미혁명도 푸틴이 변한 계기가 되었다. 대통령 선거에서 친러파인 야누코비치와 친서방파인 유셴코가 맞붙어 친러파인 야누코비치가 승리했다. 그런데 곧바로 부정선거 논란이 발생했고, 이는 대규모 시위로 이어졌다. 친서방파인 유셴코는 서방의 전폭적인 지원과 엄호를 받았으며, 대법원이 부정선거를 인정함에 따라 재선거 끝에 집권했다. 러시아 입장에서는 과거에 소련 연방 국가였고 슬라브계인 우크라이나에까지 서방이 개입하여 정권을 바꾸었다는 것이 큰 충격으로 다가왔다.

푸틴은 (한편으로는 미련을 가지면서도) 반서방적 입장을 띠기 시작했다. 2007년 뮌헨 안보회의에서 한 발언을 보자.

"나토가 우리의 국경으로 가까이 다가오고 있습니다. 우리는 이것을 심각한 도발로 간주합니다."

조지아와 남오세티야, 러시아

"우리는 서방이 민주주의와 자유를 이야기하면서도, 실제로는 특정 국가들에는 반대되는 방식으로 개입하는 것을 지켜보고 있습니다."

"우리는 '일극 체제' 속에서 살고 있습니다. … 그러나 그것은 위험하고 불가능하며, 오늘날의 세계는 이를 원하지 않습니다."

"러시아는 강대국으로서 자국의 안보를 지킬 것입니다."

하지만 푸틴은 이런 강경발언에도 불구하고, 여전히 서방과의 교류를 계속 유지했고 실용주의적 노선을 포기하지 않았다. 그러나 이러한 노력은 2008년 조지아그루지아 전쟁, 최종적으로는 2014년 크림반도 사태로 완전히 변하게 된다.

2008년 8월 1일 조지아는 자국 내의 자치공화국인 남오세티야[3]를 침공했다. 2004년 우크라이나에서 일어난 오렌지 혁명의 영향으로, 조지아에서는 친서방파인 사카슈빌리 대통령이 집권했다. 조지아는 나토 가입을 추진하는 한편, 서방의 지원 아래 국방비 지출을 GDP의 7%까지 올리며 전쟁 준비를 했다. 그런데 남오세티야에는 1991년 오세티야 내전을 종식시킨 소치 협정을 이행하기 위해 러시아 평화 유지군이 배치되어 있었다. 또한 러시아는 이미 남오세티야 사람들에게 러시아 여권을 발급했었다. 조지아가 남오세티야를 침공하자, 러시아는 자국 국민들을 상대로 전쟁을 일으킨 것으로 간주했다.

전쟁은 너무 쉽게 끝났다. 러시아는 8월 8일에 곧바로 조지아로 침공했으며, 5일 만에 사실상 항복을 받아냈다. 그런데 여기서 또 문제가 발생했다. 8월 14일, 미국이 조지아전쟁에 개입하겠다고 선언했다. 당시 부시 대통령은 기자회견장에서 "인도적 지원을 위해 … 의료장비 등을 수송하기 위해 해군을 동원할 것"이라고 했고, 이어서 휘트먼 국방부 대변인은 "초토화된 조지아군을 위해 어떤 군사적 지원이 필요한지 검토할 것"이라고 발표했다.

이는 조지아 같은 작은 나라도 서방의 지원을 받으면, 러시아와 전쟁을 불사할 수 있음을 보여주었다. 러시아는 나토와 직접적 충돌이 없이도 안보가 위협받을 수 있다고 생각했다.

---

3 남오세티야는 조지아 내 자치공화국이었다. 2004년 우크라이나의 오렌지 혁명에 영향을 받아 조지아에서 친러 정권(소련 외무장관을 지낸 셰바르드나제가 대통령이었음)이 퇴진하고, 친서방파인 사카슈빌리가 집권했다. 이에 친러 성향인 남오세티야 자치공화국은 극도의 불안에 휩싸였고, 독자적인 선거를 통해 자치권을 확대하고자 했다. 조지아는 이를 저지하기 위해 침공했다 (참고로 조지아와 남오세티야는 민족이 다름).

2004년 오렌지 혁명은 서방이 영향력을 행사해서 러시아의 안방에서 친서방 정권을 세울 수 있음을 보여주었다면, 2008년 조지아전쟁은 서방이 대리인을 통해 러시아를 전쟁으로 몰아넣을 수도 있음을 보여주었다. 푸틴과 러시아에 서방은 더 이상 동맹이 아니라 적이 되었다.

그러나 이후로도 러시아와 서방의 협력 및 교류가 단절된 것은 아니었다. 2010년에는 신전략무기감축협정NEW START을 체결했으며, 2012년 러시아는 세계무역기구WTO에 가입했다. 유럽과는 에너지 협력을 강화했다. 하지만 이때의 협상은 이전의 협상과 달랐다. 서구화는 더 이상 러시아가 가고자 하는 길이 아니었다. 단지 실용적 목적을 위한 협상 파트너에 불과했다.

그런데 서방과의 협력과 교류를 단절시킨 사건이 터졌다. 2014년 유로마이단 혁명, 그 이후 발생한 러시아의 크림반도 점령이었다.

2013년~2014년 유로마이단 혁명으로 우크라이나에 친서방 정권이 들어서자, 크림반도 주민들은 불안에 떨기 시작했다. 인구의 60%가 러시아계인 크림반도 주민들은 우크라이나에서 나날이 드세어지는 민족주의 세력이 집권을 했다는 데 충격을 받았다. 크림반도 주민들은 이러한 정치 변화에 반대하며 자치를 넘어 독립 혹은 러시아와의 합병을 주장했다.

2014년 2월 27일, 푸틴은 크림반도에 군대를 보냈고, 곧 군사시설과 정부기관을 장악했다. 3월 16일, 크림반도 주민들은 러시아와의 합병

여부를 묻는 주민투표를 실시했다. 찬성률이 96.7%에 달했으며, 즉각적으로 러시아와 합병을 선언했다.

　　서방 각국은 크림반도의 주민투표가 불법적이라고 비판하며 인정하지 않았다. UN에서도 총회 결의를 통해 러시아의 크림반도 병합은 불법적인 행위라고 선언했다. 러시아는 국제사회에서 본격적으로 고립되기 시작했다. 그리고 미국을 비롯한 국제사회의 제재가 시작되었다.[4]

　　러시아는 왜 국제법을 명백히 위반하고, 국제사회의 고립을 자초하면서 크림반도 병합에 나섰을까?

　　러시아 민족주의자들은 크림반도는 원래부터 러시아 땅이었기 때문에 되찾아 오는 게 당연하다고 주장한다. 1954년 소련 시절에 흐루쇼프 서기장이 크림반도를 행정구역상 우크라이나에 넘겨준 것일 뿐, 1783년 러시아제국이 크림 칸국 오스만제국의 속국 중 하나 을 병합한 이래 크림반도는 러시아 영토라는 것이다. 따라서 크림반도 주민들의 요청에 따라 원래 상태로 회복한 것에 불과하며, 러시아계 주민들이 인구의 60% 정도로 대다수이므로 합병이 정당하다고 주장했다.

　　어떤 사람들은 실리적 측면에서 크림반도의 전략적 가치에 주목한다. 러시아는 크림반도에 있는 흑해함대의 세바스토폴 기지를 잃으면,

---

4　2023년 9월 21일, 유엔 본부에서 베네수엘라 유엔 대표부는 〈지정학적 제재 지도〉를 발표했다. 발표에 따르면, 국제사회의 제재 건수는 6위 북한 804건, 5위 베네수엘라 930건, 4위 우크라이나 1,194건, 3위 시리아 1,343건, 2위 이란 2,474건, 그리고 1위는 러시아로 17,582건이다. 우크라이나에 대한 국제제재는 주로 부패와 무기 확산에 따른 것이다.

흑해와 지중해로 진출할 항로를 상실하기 때문에 국제제재를 감수하면서까지 크림반도를 확보한 것이라고 한다.

그런데 러시아는 왜 하필이면 2014년에 크림반도를 침공했을까? 사실 우크라이나에 친서방 정권이 들어선 것은 2014년이 처음이 아니었다. 이미 2004년 오렌지 혁명 이후 집권했던 유셴코 정권2005년~2010년도 친서방 정권이었다. 그러나 그때 러시아는 크림반도를 병합하려고 시도하지 않았다. 크림반도의 역사나 전략적 가치는 2005년이나 2014년이나 같았는데도 말이다. 왜 그랬을까?

크림반도의 인구는 250만 명 정도인데, 이 지역 주민들은 대선이든 총선이든 친러시아 후보에게 전폭적인 지지를 보냈다. 예를 들어 2004년 대선 당시 친러인 야누코비치 후보의 이 지역 지지율은 81%에 달했다.

앞에서도 말했듯, 2004년 우크라이나 대선에서 친러 성향의 야누코비치가 승리했지만, 부정선거라고 본 사람들의 대규모 시위와 대법원의 선거 무효 선언이 이어졌고, 재투표 결과 친러 성향의 야누코비치는 패배했다. 이는 2014년 대선에서도 되풀이되었다.

러시아는 당시 우크라이나의 경제위기 극복을 위해 서유럽보다 훨씬 좋은 금융 지원 조건을 제시했는데, 친러 정권이 EU가 아닌 러시아의 조건을 받아들였다는 이유로 반대하다니 어이없어 했다. 러시아는 서방 세력이 유로마이단 혁명을 지원했다고 생각했다.

러시아는 서방, 특히 미국의 개입이 존재하는 한, 우크라이나에서 친러 정권 수립과 유지는 불가능하다고 생각했을 수 있다. 푸틴은 결국 선을 넘었다. 무력을 사용하여 크림반도를 러시아의 영토로 병합한 것이다.

2014년 서구의 제재,
러시아를 변화시키다

2014년 3월 러시아가 크림반도를 병합하자, 국제사회의 대러시아 제재가 시작되었다. 제재의 규모와 강도는 러시아의 예상보다 강력했다. 러시아에 가장 치명적이었던 것은 유화적이었던 미국 오바마 정권의 예상 밖 강경 노선이었다.

먼저 러시아는 G8 정상회담의 회원국에서 축출되었다. 이로써 G8은 다시 G7이 되었다. 물론 다른 여러 강력한 제재들이 있었지만, 러시아를 기껏 G8로 초청하더니 다시 탈락시킨 사건은 서구를 따라가야 할 존재로 막연히 여기고, 자신들을 서구의 한 구성원으로 인식하던 러시아 국민들에게는 큰 충격으로 다가왔다.

국제제재는 경제적 영역으로도 확대되었다. 크림반도 내의 원유·가스 탐사 개발이 금지되었고, 크림반도에서 생산한 상품에 대한 전면 수입금지 조치가 떨어졌다. 러시아와 관련된 무기 수출입이 전면 금지되었고, 결정적으로 서방 기업들의 러시아 직접투자와 러시아 기업의 국제금융시장 접근이 차단되었다.

크림반도 병합 이후 러시아의 경제성장률은 2014년에는 겨우 0.7%, 2015년에는 마이너스 성장률인 −2.0%를 기록했다.

러시아는 경제적 어려움 속에서 민족주의적 의식과 더불어 반서방 의식이 높아졌다. 서방과의 경제적 교류를 통해 경제발전을 이루어야 한다는 친서방 노선은 몰락했다. 서구에 맞서 정치적·경제적으로 자립해야 한다는 주장이 주류로 자리잡았다.

사실 그전만 해도, 러시아 국민들 사이에서는 우리도 노력해서 서구처럼 민주적이고 잘사는 나라를 만들어야 한다는 논리가 지배적이었다. 소련 붕괴 후 러시아 국민들에게 서구는 모범국가였고, 러시아는 실패한 국가였다. 하지만 2014년 크림반도 사태는 모든 것을 바꾸었다.

러시아 사람들 입장에서 우크라이나 정부는 동남부 지역의 러시아계 주민들을 탄압했지만, EU와 미국은 아무런 조치를 취하지 않았고, 오히려 주민들의 저항을 도우려는 러시아의 개입을 부당하다고 비판했다. 게다가 세르비아계가 주도하던 유고슬라비아는 국내의 모순과 서구의 개입으로 7개의 나라로 분열된 바 있었다.[5] 러시아 국민들은 자신들도 유고슬라비아처럼 서구에 의해 여러 나라로 분열되는 전철을 밟을 수도 있다는 공포를 가지게 되었다. 이러한 서구에 대한 반발과 공포심을 정치적 기반으로 삼은 것이 바로 푸틴이었다.

러시아에서는 '크림나슈', 즉 "크림반도는 우리 것"이라는 슬로건이 뒤덮였다. 러시아 정부와 그에 편승한 언론들은 역사적으로 크림반도

---

5   유고슬라비아는 1990년대 초반 내전과 분리독립운동을 거치며 세르비아·크로아티아·슬로베니아·보스니아·헤르체고비나·몬테네그로·북마케도니아·코소보로 나누어진다. 여기서 다른 나라들은 유고슬라비아 연방 성립 당시 각 국가연합의 주체였으나, 코소보는 세르비아의 한 지방이었다. 세르비아는 아직도 코소보의 독립을 인정하지 않고 있다.

는 자신들의 땅이라고 역설했고, 서구가 부당하게 간섭한다고 비판했으며, 이를 막을 지도자는 푸틴이라고 강조했다.

　푸틴 역시 러시아를 "소련 붕괴 후 서방에 의해 무너지는 나라가 아니라, 불사조처럼 일어서서 다시 강대국으로 부활하는 러시아 민족의 국가"라고 주장했다. 그리고 그 외피에는 러시아 정교회가 자리를 잡았다.

　푸틴은 2014년 이후 미국의 러시아 고립화 전략을 자신의 집권을 정당화하는 논리로 삼았다. 그 기반은 바로 대러시아 민족주의였다. 이제 푸틴은 러시아의 수장에서 제국주의적 서방으로부터 러시아를 구원할 리더로 자리잡았다.

　주목할 점은, 푸틴이 내세우는 러시아 민족주의는 다른 민족주의

들보다 강한 국가주의적 성격을 가지고 있다는 것이다. 러시아는 단일 러시아계 슬라브 민족 국가가 아니다. 전체 인구의 80%를 러시아계 슬라브 민족이 차지하며, 그 외 다양한 민족들로 구성되어 있다.

이에 푸틴의 러시아 민족주의는 단일 슬라브 민족주의가 아니라, '부당한 서구에 맞서는 통일된 러시아의 민족 구성원들'이라는 성격을 띠고 있다. 또한 그 통합의 정점에 푸틴이라는 카리스마를 가진 리더가 자리잡고 있다. 이는 푸틴이 수도 없이 행한 소수민족 지역 방문 및 지도자 접견 행보에 잘 나타나 있다.

정리하면, 크림반도의 병합과 이에 따른 서구의 제재는 러시아 내 민족주의 성향을 강화하는 한편, 푸틴의 집권 정당화 논리를 강화했다. 이제 러시아와 푸틴의 입장은 서구는 모범이 될 수 없으며, 거꾸로 서구에 맞서야 한다는 것으로 바뀌고 있었다. 이때 우크라이나가 도발했다.

우크라이나, 전쟁의 명분을 제공하다

소련이 사회주의 이념을 기반으로 하는 다민족 연합국가였다면, 러시아는 소련 해체 이후 러시아 민족을 중심으로 수립된 국가이다. 소련의 정체성이 사회주의 이념이었다면, 러시아의 정체성은 러시아 민족주의이다. 보리스 옐친이 국가의 정체성이 이념에서 민족으로 넘어가던 시기의 지도자였다면, 푸틴은 국가의 정체성이 완전히 민족으로 넘어간 시기의 지도자이다.

소련 붕괴 이후에도 러시아 인구의 20%는 비러시아계였는데, 푸틴은 러시아 민족주의를 내세우면서도 어떻게 비러시아계 국민들을 통합할 수 있었을까? 이 문제를 해결할 힌트를 준 것은 젤렌스키의 우크라이나였다.

앞에서도 말했듯, 젤렌스키는 러시아와의 평화협상을 공약으로 당선되었으나, 러시아의 강경한 입장으로 협상이 지지부진하고 개혁 추진이 지리멸렬해 지지기반을 잃자, 미국의 지지를 통한 대러시아 강경정책으로 이를 풀어 나가고자 했다. 이는 뜻밖에도 푸틴 등 러시아 집권세력에 호재가 되었다.

푸틴은 장기집권에 따른 민주주의 침해와 리더십에 대한 반대파의 불만과 비판을 돌리기 위해 러시아의 민족주의 정서를 이용했다.

러시아 민족주의는 기본적으로 슬라브주의라는 인종주의와 정교회라는 종교적 기반 위에 있다. 푸틴은 경제발전, 슬라브족의 영광 재현, 정교회 수호를 통해서 권력 기반을 강화하고자 했다.

푸틴은 반서방 노선으로 돌아서며, 소련 연방국, 유고슬라비아 연방국이 해체되는 과정에서 서방의 지원이 결정적이었으며, 이제 서방은 슬라브 민족과 정교회마저 해체하려고 하며, 우크라이나의 젤렌스키가 서방의 앞잡이가 되어 슬라브 민족을 배신하고 정교회를 분열시키려 한다고 주장했다.

그런데 젤렌스키가 돈바스 지역 주민들에게 러시아어 사용을 제한한 조치는 명백히 잘못된 것이지만, 러시아가 이를 명분으로 우크라이

115

나를 침공한 것은 잘못이다. 특히 역사를 잘 알고 있다고 자부하는 푸틴[6]은 "내로남불"이라는 비판을 받아 마땅하다.

과거 소련도 소수민족의 언어 사용을 강하게 제한하고 러시아어를 공용어로 쓰도록 강압했다. 이는 과거 소련 연방에 속했던 나라의 사람들이 자국 언어와 러시아어를 함께 쓰는 이중언어 사용자가 되었다는 점에서 잘 드러난다. 특히 1930년~1940년대 러시아는 튀르키예 문자를 러시아의 키릴 문자로 강제로 바꾼 바 있다. 하지만 이러한 역사는 푸틴에게는 중요하지 않았다.

또한 젤렌스키의 러시아 정교회 탄압도 푸틴에게 침공의 명분을 제공했다. 이미 2019년 1월 우크라이나 정교회는 포로셴코 정권 아래에서 러시아 정교회로부터 독립교회의 지위를 얻었는데, 젤렌스키 정부는 노골적으로 우크라이나 정교회를 공식 지지했고, 러시아 정교회 소속 성직자들을 조사, 기소하여 처벌했으며, 러시아 정교회의 미디어 방송을 폐지했고, 교육과정에서도 러시아 정교회에 대한 부분을 축소했다.

특히 전쟁 발발 이후 2023년 3월에는 우크라이나에서 가장 중요한 정교회 수도원 중 하나인 키이우 페체르스크 수도원에서 모든 성직자들을 퇴거시켰으며, 이어 12월에는 러시아 정교회 금지 법안을 통과시켰다.

---

6 2024년 2월, 푸틴은 크렘린궁에서 미국의 유명한 보수 논객이자 전 폭스뉴스 앵커인 터커 칼슨과 2시간에 걸친 인터뷰를 했다. 푸틴은 이 인터뷰에서 러시아 역사에 대한 설명으로 시작해 러·우전쟁 발발 이유에 대해 역사적 사례를 들어 지루할 정도로 오래 설명했다.

이제 러시아 정교회의 수호자로 나선 푸틴에게 이 전쟁은 성전 Holy War이 되었다. 푸틴은 이 전쟁을 통해서 슬라브 민족의 영웅이자 러시아 정교회의 수호자가 된 것이다. 이제 민주주의는 부차적인 문제로 전락했다.

푸틴의 입장으로 가보자. 민주주의가 아니라 민족주의가 러시아의 정답이라는 결론에 도달했는데, 문제는 '러시아 민족의 정체성과 자부심을 강화하는 가장 강력한 무기가 무엇이냐'는 것이었다. 푸틴은 역사에서 답을 찾았다. 2차 세계대전에서 러시아가 파시즘으로부터 세계를 구했다며 '대조국전쟁 Great Patriotic War'을 호출해 국민들에게 각인시켰다.

2차 세계대전 당시 소련은 나치 독일과 격렬한 전쟁을 벌였다. 1941년 6월 독일은 소련을 기습 침공했고, 상트페테르부르크 등 주요 도시를 향해 빠르게 진격했다. 소련은 초기에 큰 타격을 입었으나, 1945년 5월 2일 4년여의 전쟁 끝에 결국 독일의 수도 베를린을 점령했다. 소련은 이 전쟁에서 군인 및 민간인 사망자가 2,400만~2,700만 명에 이르는 것으로 추정된다. 서방에서는 이 전쟁을 '동부전선 Eastern Front', 또는 '독·소전쟁'이라고 하는데, 소련에서는 '대조국전쟁'이라고 한다.

푸틴이 '대조국전쟁'을 호출한 것은 두 가지 측면에서 러시아 민족주의를 강화하는 기반이 되었다.

먼저 반서방의 명분을 만들어 주었다. 서방은 2차 세계대전에서 파시즘을 물리친 주역이 미국과 영국으로 대표되는 서방이라고 주장해왔는데, 사실 이는 러시아 사람들에게는 매우 불쾌한 주장이었다. 러시아는 2차 세계대전에서 가장 큰 희생자를 낸 나라는 소련이었으며, 베를린을 함락한 것도 자기들이라고 주장한다. 위기에 몰린 서구를 구한 러시아를 서구가 잊었다는 것이다. 푸틴은 이것이야말로 서방의 위선적 태도를 보여주는 것이고, 서방이 주장하는 인권·민주주의·자유 같은 민주주의적 보편가치 역시 '내로남불'에 불과한, 서방의 패권을 강화하려는 주장이라고 비판했다.

푸틴이 '대조국전쟁'을 소환한 또 다른 이유는 파시즘과의 전쟁이었기 때문이다.

2차 세계대전 때 가장 핵심적 사안은 파시·나치즘 타도였다. 당시 자유민주주의 진영과 공산주의 진영의 차이는 중요한 문제가 아니었다. 실제로 미국은 독·소전쟁 당시 소련에 암묵적으로 군사적·경제적 지원을 아끼지 않았다. 또한 당시 소련 내부의 인종적 갈등은 중요하지 않았고, 오로지 단결하여 파시즘을 물리치는 것이 중요했다. 스탈린이 독재자로 얼마나 많은 사람들을 숙청하고, 전쟁 지도자로서 얼마나 무능한지는 부차적 문제에 불과했다. 슬라브 민족, 소수민족 등 소련 연방 구성원들이 하나가 되어 나치에 맞서는 것이 최대 당면과제였다.

푸틴에게 우크라이나에 존재하는 나치 세력과 그들의 부활은 러시아의 다수인 슬라브계 주민들과 소수민족들을 단결시키는 중요한 명분이 되었다. 우크라이나 내부에 친나치 극우 민족주의 세력이 있었고, 지금도 존재하는 것은 사실이긴 하다. 그리고 그들의 역사는 길다.

기원은 1929년에 설립된 OUN_{우크라이나 민족주의자 조직}으로 거슬러 올라갈 수 있다. 우크라이나는 폴란드와 러시아라는 양 강국으로부터 민족적 독립을 추구했다. 1940년대 초 OUN은 두 파로 나뉘었으며, 그 중 한 분파의 리더로 유명한 스테판 반데라[7]가 등장한다. 반데라는 극단적이고 강력한 리더로, (나중에는 불화를 겪지만) 우크라이나 독립을 위해서 반공, 반소련 노선이라는 공통점을 기반으로 독일 나치와 결탁했으며, 폭력적인 수단도 불사하고 유대인과 폴란드인에 대한 학살을 자행했다.

우크라이나의 극우 민족주의 세력은 러시아의 크림반도 병합 이후 비약적으로 커졌다. 대표적인 조직이 바로 아조프_{아조우} 연대였다. 이들은 이전의 극우세력과 달리 독자적 무장을 갖추었으며, 공식적으로 나치의 상징을 연상시키는 '볼프상겔wolfsangel' 문양(ᛉ)을 사용했다. 이 외에도 프라비 섹토르Pravy Sector 등 다양한 극우단체들이 거리를 활보했다.

젤렌스키는 초기에는 이들과 거리를 두었지만, 우크라이나 민족주의에 기대어 미국과 손잡은 이후에는 적극적으로 지원했다. 특히 아조프

---

7   스테판 반데라(1909년~1959년)에 대한 평가는 극단적으로 갈린다. 우크라이나 민족주의자들에게는 독립영웅이다. 나치에 협력했으나 독립을 추구하다가 나치에 의해 구금되어 감옥살이를 했다는 점, 1959년 KGB에 의해 암살당했다는 점은 그를 민족의 영웅으로 만들었다.
    하지만 그는 1943년 볼히니아 학살에서 5만에서 10만 명으로 추정되는 폴란드 민간인을 학살했고, 나치즘을 공개적으로 추앙했다. 따라서 폴란드와 러시아에서는 나치의 변종으로 취급된다.

연대를 정규군에 편입시켰다. 이는 이후에 푸틴이 전쟁의 명분을 강화하는 데 크게 기여했다. 특히 푸틴은 2022년 이들이 대거 참전한 우크라이나 남동부의 항구도시 마리우폴 전투에서 항복을 받아냄으로써 전쟁 명분을 러시아 국민들에게 더욱 각인시켰다.

이제 슬라브족과 소수민족의 차이와 대립은 사소한 일이 되었다. 러시아는 다시 조국을 분열시키려는 서구 세력과 그 앞잡이가 된 우크라이나 나치 세력과 맞서는 조국 수호전쟁과 성전을 수행해야 하는 합일체 다민족 국가로 변모하게 되었다. 그리고 그 합일체 다민족 국가는 다시 인류를 파시·나치즘에서 구할 운명을 부여받게 되었다.

3장에서는 푸틴이 이끄는 러시아가 우크라이나를 침공하게 된 과정을 살펴보았다. 러·우전쟁은 독재자 푸틴과 침략적 속성을 가진 제국주의 국가 러시아가 벌인 모험전쟁이 아니며, 일방적으로 서방의 나토 확장 전략에 의해서 일어난 것도 아님을 보여주고자 했다.

특히 푸틴 집권 이후 친서방 노선에서 반서방 노선으로 바뀌는 과정, 그 과정에서 러시아·조지아 전쟁과 유로마이단 혁명이 얼마나 중요했는지를 살펴보았다. 그리고 두 나라에서 일어난 민족주의가 어떻게 러시아의 우크라이나 침공을 정당화했는지를 역동적으로 보여주고자 했다.

자, 지금까지 러·우전쟁의 발발 원인을 알아보기 위해 미국, 우크라이나, 러시아를 살펴보았다. 이제 마지막 남은 주체인 EU로 넘어가 보자.

메르켈과 함께 사라진
독일의 리더십

메르켈은 민스크 협정을 어떻게 이끌었는가?
_메르켈에 대한 두 가지 비판의 오류

2014년의 크림반도로 가보자. 유로마이단 혁명 이후 크림반도 의회는 러시아와의 합병을 위한 주민투표를 승인했고, 3월 16일 주민투표를 실시했다. 합병안은 전체 투표자 중 96.7%의 찬성으로 통과되었다. 그리고 3월 18일 푸틴은 크림반도를 러시아 연방에 공식적으로 편입한다고 선언했다.

서구와 우크라이나는 즉각적으로 이에 반발했다. 그런데 우크라이나 동부의 돈바스 지역에서 더 큰 문제가 불거졌다. 크림반도의 병합에 자극을 받은 돈바스 지역에서 친러시아 분리주의 세력과 우크라이나 정

121

부군 사이에 군사적 충돌이 시작되었다.

유럽은 안보의 위기를 느꼈다. 이에 독일 총리 앙겔라 메르켈2005년~
2021년은 EU 국가들의 실질적 리더로서, 프랑스의 올랑드 대통령과 함께
러시아의 푸틴과 우크라이나의 포로셴코 대통령을 만났고, 같은 해 9월
우크라이나와 돈바스 반군, 러시아 간의 민스크 1차 협정을 이끌어냈다. 그
러나 양측의 군사적 충돌이 지속됨에 따라 휴전이 제대로 되지는 못했다.

메르켈은 다시 한번 프랑스와 협력해 러·우 양국을 협상 테이블로
끌어들였다. 그리고 2015년 2월 우크라이나 동부에 특별 자치권을 부여
하는 것을 골자로 하는 2차 민스크 협정을 이끌어냈다.

러·우전쟁이 일어난 후인 2022년 12월, 이제는 독일 총리직에서
물러난 메르켈이 독일의 대표 시사지 〈슈피겔〉과의 인터뷰에서 놀랄 만
한 발언을 했다. "민스크 협정은 실제로 우크라이나와 러시아 간의 평
화를 위한 해결책이 아니라, 우크라이나가 군사적 재편성을 할 시간
을 벌어주는 역할을 했다." 자칫 오해를 살 만한 발언이었다.[1]

---

1   사실 이 인터뷰에서 메르켈이 발언한 맥락을 보면, 민스크 협정이 우크라이나의 재무장을
위한 것이 아니라, 결과적으로 그런 결과를 가져왔다는 것이었다.
    메르켈은 이 인터뷰에서 "국내적으로 독일에선 선거가 있었고, EU 차원에서는 그리스에
서도 무엇인가가 벌어지고 있었으며, 개인적으로 나는 꼬리뼈가 골절되었다. 이런 어려운 환경
에서도 최선을 다했다. 하지만 이러한 노력에도 불구하고, 푸틴은 모스크바에서 있었던 마지막
회담에서 나를 더 이상 대화 파트너로 인정하지 않았다. 아마 그는 내가 총선에서 패할 것으로
예상했기 때문인 것 같다"고 말했다. 즉, 민스크 협정이 여러 상황으로 인해 제대로 이행되지 않았
으며, 결국은 우크라이나가 재무장을 할 시간을 벌어준 결과를 가져왔다는 것을 이야기한 것이다.

러·우전쟁 초기만 해도 러시아는 우크라이나와 그를 배후 조종한다고 생각한 미국에 대해서는 대단히 적대적이었지만, EU를 이끄는 독일에는 적대적이지 않았다. 이는 러시아와 독일이 천연가스 수출국과 수입국이라는 경제적 관계와 더불어, 메르켈이 동독 출신의 러시아어를 유창하게 구사하는 지도자라는 점이 작용했다. 특히 메르켈은 2005년~2021년 16년 재임기간 중에 푸틴과 60여 차례나 만남을 가진 바 있다.

메르켈의 인터뷰는 러시아에 큰 충격을 주었다. 미국과 마찬가지로 독일, 그리고 EU 역시 믿을 수 없다는 불신이 팽배했다. 이러한 분위기는 푸틴의 발언에서도 드러났다.

푸틴은 메르켈의 발언에 실망감을 표하고, 러시아가 '특별군사작전'이라고 부른 러·우전쟁을 좀더 일찍 실행했어야 했으며, 서방과의 협상을 더 이상 신뢰할 수 없다고 주장했다. 참고로, 러시아는 2022년 2월 우크라이나를 침공한 뒤 '전쟁'이란 용어 대신 '특별군사작전'이라고 불렀으며, 전쟁을 시작한 지 2년이 지난 2024년 3월에야 '전쟁'이란 용어를 사용했다.

한편 친우크라이나와 친서방 진영에서도 메르켈에 대한 비판이 쏟아졌다. 메르켈이 러시아로부터 싼 에너지 자원을 확보하기 위해 안보를 무시한 채 일방적으로 대러시아 유화정책을 썼다고 비판했다. 심지어 메르켈이 발트해 해저를 통해 독일과 러시아를 직접 연결하는 노르트스트림-2 천연가스관 프로젝트를 실행함으로써 독일 경제를 완전히 러시아에 종속시키려 했다고 주장했다. 결국 메르켈이 러시아의 확장주의를 간과하여 러시아 팽창주의에 기여했다는 것이다. 한마디로 메르켈 집권 때 일찍부터 러시아에 대한 강경책을 썼어야 했다는 것이다.

메르켈에 대한 푸틴과 우크라이나 및 서방의 비판 중 어느 입장이 옳을까? 양쪽 모두 잘못되었다. 왜냐하면 어느 쪽의 주장을 따르든, 러시아와 우크라이나가 더 일찍 전쟁을 했어야 한다는 주장으로 이어지기 때문이다. 러시아 입장에서는 "왜 민스크 협정을 했어? 서방의 개입이 더 노골화되기 전에 무력을 동원해서 돈바스 지역은 물론 우크라이나 전역을 우리의 영토로 만들었어야지"라는 주장으로 연결될 수 있다. 반대로 우크라이나 입장에서는 "러시아가 더 강력해지기 전에 서방의 전폭적인 무력적 지원을 받아서 돈바스 지역을 넘어서 크림반도까지 장악했어야지"라는 주장으로 연결될 수 있다. 그런데 차라리 전쟁을 더 일찍 했어야 한다는 주장은 결코 용납될 수 없다.

전쟁은 참혹한 비극이다. 누구든 전쟁을 끝까지 막기 위해 노력해야 하며, 그럼에도 불구하고 불가피하게 일어난 전쟁의 결과 때문에 그 노력이 비판받아서는 안 된다. 메르켈에 대한 평가 역시 마찬가지다.

2014년 러시아의 크림반도 병합 당시, 메르켈은 러시아의 군사적 조치에 강력히 반대했으며, 경제제재를 강화해 러시아 경제에 큰 압박을 가했다. 우리는 메르켈이 당시 군사적 대립이 아니라 외교적 노력을 기울였으며, 러·우 양국에 '경제적 이익'이라는 당근과 '제재'라는 채찍을 활용해서 민스크 협정이라는 평화협정을 이루어냈다는 것에 주목해야 한다.

전쟁의 코앞에서 '외교술'을 동원해 평화를 이루어낸 것이다.

하지만 메르켈의 이러한 노력은 러·우전쟁 발발 후 양쪽 진영에서 모두 평가절하된다. 서방의 입장에서는 러시아의 팽창주의를 경제적 입장 때문에 간과했다고, 러시아의 입장에서는 러시아 편인 척하면서 서방의 입장만을 대변했다고 말이다.

당시 민스크 협정을 이끌어낸 메르켈의 논리는 다음과 같았다.

1. 크림반도 문제가 유럽 전체의 문제로 확장되어서는 안 된다.

2. 크림반도 문제가 전쟁으로 연결되어서는 안 된다.

3. 따라서 크림반도 문제는 평화적으로 유럽 내부에서 해결해야 한다.

메르켈은 이것을 위해 프랑스와 함께 중재자 역할을 자처했다. 큰 틀에서는 우크라이나의 주권과 영토보전을 지지하면서도, 러시아와 대화를 계속하려는 균형 잡힌 접근을 했다. 이를 관철하기 위해 독일·프랑스·러시아·우크라이나가 참여한 4자 협의체 노르망디 포맷를 만들었고, 러시아와 우크라이나에 대한 당근과 채찍을 지속적으로 사용했다.

러시아에는 일차적으로 국제법을 위반했다는 이유로 외교무대에서 고립시키는 한편, 경제적으로는 러시아 은행, 에너지기업, 국방산업에 대한 제재를 통해 타격을 주었다. 러시아는 정치적·경제적 타격을 상당히 받았다.

당시 메르켈이 러시아에 던진 최고의 당근은 대화의 창을 열어둔 것이었다. 그 무렵 중국은 G2로 불리며 미국과 우호적인 관계를 가지고 있었다. 게다가 다른 나라들 역시 러시아에 우호적이지 않았다. 이런 상황에서 국제적 고립이 심화되는 것은 러시아에 큰 부담이었다. 메르켈은 이러한 러시아의 상황을 읽고, 우크라이나에 폭넓은 자치권을 돈바스 지역에 부여하라고 제안함으로써 러시아와의 협정을 이끌어내고자 한 것이다.

우크라이나에 대한 채찍은 일차적으로 군사적 지원에 난감을 표명한 것이었다. 이를 통해 우크라이나 정부가 어쩔 수 없이 동부 돈바스 지역에 완전한 자치권을 부여하도록 유도했다. 대신 우크라이나에 대한 대규모 경제적 지원, 우크라이나 영토에 대한 영구적 보장, 그리고 결정적으로 2014년 EU·우크라이나 연합협정[2]을 지지하고 보장하는 한편, EU 가입에 대해 유연한 태도를 보였다. 결국 메르켈의 이러한 노력은 두 차례에 걸친 민스크 협정을 이끌어냈다.

2021년 메르켈의 퇴임 때 전 세계에서 찬사가 쏟아졌다. '무티Mutti, 독일어로 '엄마''로 불리는 메르켈의 리더십을 잊지 못할 것이라고 했다. 부드럽지만 강한 엄마처럼 권력을 과시하지 않고, 다른 의견을 포용하면서도 힘 있게 정책을 펴는 무티 리더십 덕분에, EU가 여러 위기를 돌파했으며, 그녀는 세계 평화와 번영에 기여했다고 평가했다. UN 사무총장 구테흐

---

2 EU·우크라이나 연합협정은 둘 사이에 포괄적인 자유무역지대를 도입하여 무역장벽을 제거하는 것이었다. 우크라이나는 EU 시장에 대한 접근기회를 보장받고, 대신 EU의 경제규범과 표준을 수용하기로 했다. 이는 유로마이단 혁명 이후 야누코비치 정권이 붕괴된 후 논의가 급속히 진행되어, 당시 우크라이나 대통령 포로셴코가 협정에 서명함으로써 체결되었다.

스는 "다자주의의 모범", 미국 바이든 대통령은 "역사상 가장 훌륭한 지도자 중 한 명", EU에서 독일의 라이벌인 프랑스의 〈르 몽드〉는 "유럽의 수호자", "유럽의 나침반 역할", 마크롱 대통령은 "유럽의 강력한 주춧돌"이라고 치켜세웠다.

특히 메르켈은 독일 내에서도 독일을 유럽의 민주적 리더로 만들었다는 점에서 환호를 받았다. 독일은 19세기 들어 유럽에서 우뚝 섰지만, 독일의 지도자들은 높은 평가를 받지 못했다.

독일인들이 가장 존경하는 19세기 후반의 비스마르크 재상은 세계인들에게는 '철혈 재상'으로서 목적을 위해서는 수단과 방법을 가리지 않는 정치인으로 알려졌다. 그다음으로 세계적으로 알려진 독일의 지도자는 1차 세계대전을 일으킨 빌헬름 2세, 2차 세계대전을 일으킨 히틀러였다.

반면 메르켈은 EU의 리더로서 민주주의와 포용의 정신을 바탕으로 EU의 번영을 이끌었다. 특히 EU를 미국의 하위 동맹에서 대등한 파트너로 만든 사람으로 평가받았다. 2차 세계대전 이후 유럽, 특히 서유럽의 미국에 대한 태도는 이중적이었다. 미국이 2차 세계대전 때 도와주고 전후 마셜 플랜으로 경제적 부흥으로 이끌어 주었지만, 어느새 정치적·경제적·군사적으로 유럽을 깔보는 나라라고 생각했다. EU가 탄생한 배경에는 이러한 미국에 맞서고자 했던 유럽의 의도도 있었다는 것은 널리 알려진 사실이다.

이런 와중에 메르켈은 이전의 유럽 지도자들과는 달리 당당하게

2018년 캐나다에서 열린 G7 정상회의에서 독일 메르켈 총리와 미국의 트럼프 대통령

미국에 맞서는 모습을 보여주었다. 역대 최강으로 불리는 트럼프 대통령과의 정면 충돌도 서슴지 않았다. 나토 방위금 분담금 문제, 관세분쟁, 파리기후협약 등을 둘러싸고 둘은 사사건건 부딪혔다. 2018년 G7 정상회의 당시 트럼프가 보호무역을 주장하며, 다른 정상들과 대립하는 과정에서도 당당하게 맞선 것으로 알려져 있다.

　　다음은 민스크 협정 당시의 사진이다. 누가 없는가? 미국이 없다. 메르켈은 유럽의 일은 유럽에서 대화와 외교적 해법으로 해결하겠다는 논리를 관철시켰다. 그런데 대화와 외교적 해법이 사라진 순간, 그 자리에 미국이 들어왔다. 지금 러·우전쟁의 평화협정이 이루어진다면 그 주체는 누가 될 것인가? 유럽의 지도자가 낄 자리가 있을까?

　　유럽에서 벌어진 전쟁의 평화협상에서 당사자 중 하나인 유럽

민스크 협정을 위해 모인 정상들. 왼쪽부터 벨라루스, 러시아, 독일, 프랑스, 우크라이나 정상.

은 낄 자리가 없고, 러시아와 미국이 평화협상을 하고 있다. 유럽의 일을 결정하는 데 유럽이 없다. 이것이 유럽의 현실이다. 도대체 10년 사이에 EU에서 무슨 일이 발생한 것일까?

독일은 왜 EU 리더에서 미국의 하위 섹터가 되었나?
_반러시아 노선의 리더가 된 숄츠

1. 대외 환경 변화: EU에서 나토로

EU는 독일이 주도하는 유럽 경제공동체이고, 나토는 냉전 당시 소련의 위협에 맞서기 위해 미국이 주도하여 서유럽을 이끌어 만든 군사동맹체이다.

EU는 1993년 정치적으로는 유럽 내부 국가 간에 다시는 1차, 2차 세계대전 같은 전쟁이 발발하지 않도록 하고, 경제적으로는 유럽 국가들이 단합하여 미국과 일본에 맞설 수 있는 경쟁력을 확보하려는 목적으로 탄생했다. 특히 '유로'라는 새로운 화폐를 통해 기축통화인 미국의 달러에 맞서야 한다는 점이 크게 작용했다. 이는 1999년 1월 1일, 유로화 출범 당시 유로화의 가치를 1유로당 1.1743달러로, 달러보다 강하게 정해 시작한 것에서 잘 드러난다.

EU는 이처럼 미국과 경쟁하기 위한 유럽의 경제공동체였고, 유럽에서 가장 경제규모가 큰 독일이 리더국으로 자리를 잡았다. 하지만 독일은 두 차례의 세계대전을 일으킨 나라였기에, EU에서 앞장서서 정치적 리더 역할을 하기는 힘들었다. 그래서 프랑스가 정치적 리더 역할을 했다. EU는 암묵적으로 경제적으로는 독일, 정치적으로는 프랑스가 이끄는 이중적 질서를 가지고 있었다.

그런데 EU에서 중대한 변화가 일어났다. 메르켈이 이끄는 독일이 경제적 영역을 넘어서 프랑스를 제치고 정치적 리더 역할까지 하게 되었다. 그 계기는 시간순으로 2008년 금융위기, 2010년 유로존 위기, 시리아 사태, 브렉시트로 볼 수 있다.

1. 독일은 2008년 금융위기 때 상대적으로 경제적 타격을 덜 받았다. 독일은 1차 세계대전 후 1921년~1924년 1마르크였던 빵 가격이 수천억 마르크로 치솟는 끔찍한 하이퍼인플레이션을 겪었기에 전통적으로 재정 건전성을 강력하게 유지해 왔다. 또한 금융위기에서 상대적으로 자유로운 제조업 중심 국가였기에 금융위기의 충격을 덜 받았다. 독일은 2008년 금융위기 이후 EU에서 재정과 경제정책을 주도하는 위치로 올라서게 되었다.

2. 2009년 말 시작된 유로존 위기로 그리스·아일랜드·포르투갈·스페인·이탈리아 등이 국가 부도에 가까운 재정위기에 내몰리자, 독일은 유럽중앙은행과 EU 집행기구를 통한 구제금융에서 핵심적 역할을 했다. 당시 프랑스는 유로존 위기의 영향으로 성장둔화와 재정악화를 겪느라 상대적으로 적극적으로 나서지 못했다. 이는 독일이 EU에서 프랑스로부터 정치적 주도권마저 가져오는 계기가 되었다.

3. 메르켈은 2015년 시리아 내전으로 인한 난민 등에 대해 개방정책을 취했다. 이로써 EU 내부에서 도덕적 우위를 가질 수 있었다. 독일은 2015년~2016년 약 100만 명에 달하는 난민을 수용했다. 지금은 난민 수용정책에 대한 평가가 달라졌지만, 당시에는 찜찜하게 남아 있던 '독일 하면 나치'라는 이미지를 씻어버릴 수 있는 계기가 되었다.

4. 2016년 영국이 EU 탈퇴를 선언한 브렉시트는 프랑스에 결정타가 되었다. EU에서는 '독일 vs 프랑스+영국'의 구도가 자리잡고 있었는데, 영국의 EU 탈퇴로 프랑스는 더 이상 정치적 영역에서도 독일에 맞서기가 버거워졌다.

독일의 메르켈 총리는 이런 EU의 변화 속에서 유럽 문제의 해결사가 되었다. 그리고 앞에서도 잠깐 말했듯, 이 과정에서 미국과의 충돌도 피하지 않았다.

2013년 미국국가안보국NSA 전 직원인 에드워드 스노든이 미국국가안보국이 독일을 포함한 EU 지도자들을 도청한 사실을 폭로했다. 메르켈은 미국 정부에 해명을 요구하고 독일 내 미군기지의 활동을 제한했다. 2016년 트럼프가 집권한 후 EU 국가들에 GDP의 2% 이상을 국방비로 지출하라고 하자 설전을 주고받았다. 또한 2018년 트럼프가 이란 핵합의를 파기하자, EU 차원의 독자적 금융 시스템을 만들어 이란에 대한 제재 대열에서 벗어나려고 했다. 그리고 독일과 러시아 사이의 직통 천연가스 파이프라인인 노르트스트림-2 프로젝트를 추진함으로써 미국과의 관계 악화는 최고조에 달했다.

그러나 메르켈이 이끌던 EU 리더국 독일의 위상은 그녀의 퇴임과 더불어 급속히 쇠락하기 시작했다.

대외적으로 가장 큰 변화는 탈냉전 이후 지속되었던 '평화의 시대'가 끝나가기 시작했다는 것이다. 유럽에서는 2014년 크림반도 사태가 일어나고, 메르켈의 적극적인 중재로 민스크 협정이 이루어졌지만, 러시아의 위협이 현실화되기 시작했다. 이는 역설적으로 EU의 확대에도 원인이 있었다.

EU는 자본은 서유럽, 노동은 동유럽이라는 분업질서를 강화하고, EU의 외형을 키우기 위해 동유럽 국가들을 한꺼번에 많이 편입했다. 그런데 이 과정에서 문제가 발생했다. 냉전시대에 소련은 바르샤바 조약기구라는 군사동맹의 리더국으로 서유럽에 직접적인 군사적 위협이 되었지만, 탈냉전시대에 러시아는 소련과 달리 더 이상 군사적으로 위협적인 존재가 아니었다. 또한 탈냉전시대에 동유럽은 러시아의 영향력으로부터 벗어나 서유럽과의 전략적 완충지대 역할을 했다.

그런데 역설적으로 동유럽 국가들이 대거 EU에 가입하자, 러시아와의 전략적 완충지대가 사라졌다. EU는 다시 힘을 키워가는 러시아의 군사적 위협에 직면하게 되었다. 또한 반러시아 정서가 강한 동유럽 국가들은 러시아의 위협을 강조했다. 이에 미국을 중심으로 한 군사동맹인 나토가 강화되었다.

그런데 메르켈이 미국과 대립했던 것이 후유증을 낳았다. 트럼프는 독일 주둔 미군을 1만 명이나 철수시켰으며, 폴란드와 발트 3국 등 동유럽 국가들에 미군 병력을 늘리고 기지를 신설했다. 유럽 안보를 책임지는 게 독일이 아니라 미국이라는 사실이 명백해지기 시작했다.

미국은 적극적으로 동유럽 국가들을 나토에 가입시켰다. 유럽에서 안보는 미국, 경제는 독일이라는 논리가 자리잡기 시작했다. 그리고 러·우전쟁이 터지자 자연스럽게 안보가 경제보다 더 중요해졌다. 그때 마침 독일 경제에 빨간불이 들어오기 시작했다. 독일 경제의 빨간불은 러·우전쟁을 통해 더 커졌다. 유럽의 리더로서 독일의 지위가 뿌리째 흔들리기 시작했다. 그 바람 앞에는 미국이 있었다.

사실 러·우전쟁 이전에도 이미 유럽의 리더로서 독일의 위상은 흔들리기 시작했다. 코로나 팬데믹 사태와 G2 체제의 붕괴 때문이었다.

코로나 팬데믹 때, 수출 중심의 독일 경제는 무역축소로 인해 충격을 받았다. 게다가 독일은 마스크 등 의료장비 수출을 EU 국가들에까지

금지함으로써 반발을 샀다.

미국과 중국이라는 G2 체제의 붕괴도 독일에는 큰 시련이었다. 중국의 급부상과 미국의 본격적인 견제가 시작되자, 독일의 입지는 더욱 좁아졌다. 미국은 독일과 중국의 경제협력을 끊임없이 견제했으며, 독일에 대중국 포위 노선에 참여하라고 노골적으로 요구했다. 하지만 독일은 러시아, 중국과 우호적 관계를 유지하면서 러시아와 대화 채널을 열어두려 했다.

영국 등 서유럽 국가들이 대중국 포위 전략에서 미국 편에 서고, 동유럽 국가들이 대러시아 강경 노선인 미국 편으로 돌아서자, 독일은 점차 EU에서 고립되기 시작했다. 여기에 2021년 메르켈 총리의 퇴임은 결정타가 되었다. 이제 안보와 정치가 경제를 압도했고, 그나마 경제 분야에서도 독일은 예전의 위상이 흔들리게 되었다.

2. 국내 환경 변화: 2021년 적·녹연정 등장

2021년에 실시된 독일 총선 결과 적·녹연정이 등장했다. 당의 색깔이 적색인 독일 사민당의 올라프 숄츠가 총리, 녹색당의 안날레나 베어보크가 외무장관이 되었다. 결론적으로 독일은 이 적·녹연정으로 EU에서 이미 줄어든 주도적 역할을 미국에 자발적으로 넘겨주게 된다.

독일 사민당의 숄츠 총리는 러·우전쟁 과정에서 미국 주도 정책에 반대 목소리를 내지 못하고 끌려다녔다. 심지어 2022년 9월 노르트스트림 가스관 폭파 사건의 범인으로 초기에 러시아가 지목되었을 때도 항

의는커녕 침묵했다. 후에 미국이나 우크라이나 관련 설이 보도되었을 때
도,[3] 독일은 미국에 변변한 항의 한번 못했고, 우크라이나에 대한 전폭적
인 지원을 계속했다.

독일이 러·우전쟁에 깊숙이 개입하는 것은 독일 경제에 치명적인
영향을 줄 수 있었다. 독일은 일찌감치 원자력 발전을 포기하고 생태에너
지 정책으로 돌아섰는데, 생태에너지 정책의 한계로 인해 러시아의 천연
가스에 많이 의존할 수밖에 없었다. 또한 저렴한 천연가스는 독일 경제의
튼튼한 받침목이기도 했다.

독일은 제조업 중심, 수출 중심의 경제여서 다른 나라들과의 단가
경쟁이 중요했다. 러시아로부터 공급되는 저렴한 천연가스는 절대 버릴
수 없는 카드였다. 하지만 독일은 그것을 버렸다. 물론 그것이 독일 경제
쇠락의 모든 이유는 아니지만,[4] 독일 경제 쇠락의 분기점이 된 것만은 분
명해 보인다.

---

3   지금까지도 어느 나라가 노르트스트림 가스관을 폭파했는지에 대해서는 논란의 여지가
있다. 그러나 초기에 러시아를 범인으로 몰았던 나라와 언론도 더 이상은 그러지 않는다. 러시
아가 폭파했다고 하기에는 동기가 없기 때문이다.
    2023년 2월, 퓰리처상 수상자인 시모어 허시 기자는 가스관 폭파가 미국 주도 아래 노르
웨이와의 연합으로 이루어졌다고 발표했다. 반면 2023년 독일의 제1공영방송인 ARD는 친우
크라이나 그룹이 가스관을 파괴했다고 보도했다. 다만, 우크라이나 정부의 직접 개입 여부에
대해서는 직접적 언급을 피했다. 그럼에도 독일은 우크라이나 정부에 지원을 계속했다.

4   2022년 강의에서도 다루었지만, 당시 독일은 이미 생산성 하락, 관료주의로 인한 지나친 규
제, 정부의 첨단산업 육성책 부재, 고령화와 이민자 문제로 인해 구조적인 경제침체의 길로 들
어서고 있었다.

독일의 숄츠 총리가 러·우전쟁에 초기부터 적극적으로 개입한 것은 아니었다. 전쟁 초기에 숄츠 정부는 다른 서방 국가들로부터 '헬멧 정부'라는 비아냥을 들었다. 미국과 다른 서유럽 국가들이 우크라이나에 무기를 제공할 때, 독일 정부는 헬멧 5천 개만 보냈기 때문이다. 그런 비아냥에는 독일이 2차 세계대전 때 히틀러가 이끄는 나치의 나라였고, 소련에 의해 패전했다는 점도 작용했다.

　　하지만 전쟁에서는 양자택일을 강요하는 법, 독일도 친러냐, 친우냐는 선택을 강요받기 시작했다. 유럽의 친우크라이나, 반러시아 정서가 독일을 압박했다. 특히 동유럽과 영국 양쪽의 맹렬한 비판은 독일에 자칫 EU 리더국의 지위를 잃을 수 있다는 위협이 되었다.

　　미국의 압박도 이어졌다. 미국은 적극적으로 동참하지 않으면, 독일을 빼고, 우크라이나에 대한 지원과 대러시아 제재를 할 것이라고 경고했다. 독일이 더 이상 EU 리더국이 아니라는 것을 전 세계에 선포하겠다는 것과 다를 바 없었다. 결국 숄츠 총리는 굴복했다. 숄츠 총리는 2022년 8월 27일 '시대전환Zeitenwende'[5]을 선언하고, 러·우전쟁에 적극적으로 개입하게 된다. 그리고 독일은 우크라이나에 이어 러·우전쟁 최대의 피해자를 자처하게 된다.

5　'시대전환' 선언은 러·우전쟁에서 독일이 반러시아, 우크라이나 전폭 지원으로 전환하겠다고 선언한 것이다. 국방예산 증가, 나토 내 역할 증대, 1천억 유로 규모의 특별군사기금 마련, 우크라이나 지원 강화 방안 등이 포함되었다.

숄츠의 시대전환 선언은 미국과 다른 서방 국가들의 압력 때문만은 아니었다. 독일 국내의 정치상황이 오히려 더 큰 역할을 했다. 바로 유럽에서 커지고 있던 극우와 극좌의 영향력 때문이었다.

먼저 극우정당[6]의 문제를 보자. 최근 유럽의 전통적인 좌우 양 정당'기독' 혹은 '자유'라는 이름으로 시작되는 우파정당, '사회' 혹은 '노동'이라는 이름으로 시작되는 좌파정당에 가장 큰 문제는 극우세력의 등장이다. 유럽의 극우정당들은 이민자 문제로 호소력을 얻어가고 있는데, 이들을 어떻게 견제할 것인가가 큰 문제이다. (독일의 경우 우파인 기독민주당의 메르켈 총리가 전폭적인 난민 수용정책을 펼치기도 했지만,) 이는 특히 일반적으로 이민자 수용정책에 좀더 개방적이었던 유럽의 좌파정당에 더욱 심각한 문제였다.

유럽의 전통적인 좌우 정당들은 기본적으로 극우정당을 비민주적이고 비도덕적이며 인종주의에 기반을 둔 극단세력으로 몰아붙였다. 이러한 대응에 힘을 실어준 것이 바로 러·우전쟁이다.

서유럽의 극우정당들은 반이민정책으로 뭉쳤지만, 그 기저에는 민족주의 혹은 국가주의가 자리잡고 있었다. 이들은 기본적으로 러·우전

---

6 유럽에서 세를 넓혀가고 있는 강한 우파 성향의 정당을 '극우정당'으로 볼 것인가에 대해서는 논쟁의 소지가 크다. 마치 트럼프 정권을 극우정당 정권으로 볼 수 있는가 하는 문제와 유사하다. 지금 유럽에서 일반적인 극우정당들은 2차 세계대전 때처럼 강력한 파시즘이나 나치즘 성향을 가지고 있지는 않다. 반이민정책도 인종주의에 기반하기보다는 정책적으로 접근하는 편이다. 기본적으로 그들의 정책은 반이민, 반EU, 반정치적 올바름(Opposition to Political Correctness, 반PC주의), 민족주의, 근본적으로는 능력주의의 신화에 기반한다. 이 책에서는 그냥 '유럽 극우정당'으로 칭하겠다.

을 민족적 혹은 국가적 이해관계의 관점에서 바라보았기에, 러·우전쟁에 개입할 명분을 찾지 못했으며, 오히려 경제적 이해득실에 따라 러시아와의 관계 유지 혹은 개선을 요구했다. 이에 유럽의 전통적 좌우 정당들은 러·우전쟁에 대해 민주-독재, 자유-비자유, 침략-방어의 논리를 가지고 극우정당을 견제하고자 했다. 이는 초기에는 어느 정도 설득력을 가지고 극우정당을 견제하는 카드로 작용했다.

숄츠 총리의 시대전환 정책도 이러한 맥락 아래 놓여 있었다. 실제로 독일의 극우정당인 '독일을 위한 대안AfD, Alternative für Deutschland'은 나토가 동진해 러시아를 자극한 것이 러·우전쟁의 중요 요인이라고 주장했다. 그리고 우크라이나에 대한 지원도 독일 국민들의 부담을 가중시킨다는 이유로 반대했다. 또한 러시아 제재 역시 오히려 독일의 이익을 침해한다는 이유로 비판했다.

이런 상황에서 유럽의 전통적인 좌우 정당이 선거에서 반이민자 문제를 쟁점화하는 것은 자살골과 다를 바 없었다. 유럽은 이민자 수용 결과, 점차 기회비용이 편익보다 크다는 것이 사실로 드러나고 있었기 때문이다.

유럽의 전통적인 좌우 정당, 특히 좌파정당은 러·우전쟁을 하나의 기회로 생각했다. 러·우전쟁은 평화세력 vs 침략세력, 서방 vs 동방, 자유진영 vs 독재진영, 민주주의 vs 권위주의 대결로 인식되었고, 극우세력을 친러시아를 주장하는 극단주의 세력으로 몰아가기에 좋은 기회로 여겼다.

하지만 전쟁이 장기화됨에 따라 경제적 고통이 예상외로 심각해졌다. 에너지 가격은 상승했고, 우크라이나에 대한 지원은 '밑 빠진 독에 물 붓기'로 느껴지기 시작했다. 러시아에 대한 제재는 부메랑이 되어 돌아왔고, 점차 우크라이나는 민주국가도 자유수호 국가도 아닌 부패한 권위주의 국가로 인식되기 시작했다. 또한 우크라이나가 일방적으로 침략을 당한 국가가 아니라는 점이 차츰 드러났다.

이에 서유럽에서 전통적인 좌우 정당의 러·우전쟁을 평계로 한 극우세력 견제는 실패로 돌아가기 시작했다. 오히려 극우세력의 목소리가 점점 더 강해졌고 동조하는 이들이 늘어났다. 우크라이나를 전폭적으로 지원한 서방 지도자들의 지지율이 하락하기 시작했고, 선거 결과 이들이 실각하는 '젤렌스키의 저주'[7]가 시작되었다.

숄츠 총리가 태도를 바꾼 데는 녹색당도 한몫을 했다. 서유럽 대부분의 나라들은 내각책임제를 채택하고 있는데, 내각책임제에서는 다수당이 의회의 과반을 차지하지 못하면 연립정부를 구성해야 하고, 연립정부를 구성한 소수당의 의사를 무시할 수 없다. 독일 사민당은 의회의 과반수를 차지하지 못함에 따라 녹색당과 연립정부를 만들고, 녹색당의 당수인 베어보크에게 외무장관 자리를 주었다. 그리고 문제가 시작되

---

7 '젤렌스키의 저주'라는 말은 처음에는 러·우전쟁 당시 젤렌스키가 방문해서 군인들을 격려하고 간 지역이 얼마 안 가서 러시아에 넘어가면서 시작되었다. 그러다 차츰 젤렌스키와 악수를 한 서방 정치인들이 지지율이 급락하거나 실각하면서 일반화된 표현이 되었다.

었다.

녹색당 같은 급진 진보정당은 친환경, 정치적 올바름Political Correctness, 포용적 LGBTQ다양한 성적 지향과 정체성, 반권위를 모토로 하며, 러시아의 우크라이나 침략을 도덕적·정치적으로 절대 용서할 수 없는 행위로 보았다. 아니, 녹색당 같은 유럽의 급진 좌파정당에는 화석연료 중심 국가이자 동성애를 불법화하고 정치적 올바름에 대한 기초적인 지식도 없는 권위주의 국가인 러시아는 절대 같은 하늘을 이고 살아갈 수 없는 나라였다.

게다가 독일의 비극은 녹색당 당수인 베어보크가 외무장관 자리를 차지했다는 것이었다. 녹색당은 2021년 독일 서부 대홍수로 기후환경에 대한 관심이 커진데다가 청년층의 전폭적인 지지로 총선에서 118석을 차지하는 비약적인 승리를 거두었다67석→118석. 러·우전쟁 초기, 독일의 주요 도시에서는 청년층을 중심으로 반푸틴, 친우크라이나 시위가 대대적으로 벌어졌다. 독일의 적·녹연정 내에 반러시아 정서가 커졌으며, 이에 녹색당 외무장관 베어보크는 '가치외교'를 들고나왔다.

사실 '가치외교'라는 말은 모순된 용어라고 생각한다. 외교란 기본적으로 국익을 목표로 하는데, '가치외교'라는 말은 이미 가치를 위해서는 실리를 포기하는 것을 전제로 하고 있기 때문이다. 이는 곧 가치를 위해서는 외교를 하지 않겠다는 것과 유사하다고 할 수 있을 것이다. 역사적으로도 '가치외교'가 성공한 적이 거의 없다. 최근 가치외교를 내세웠던 대표적인 인물로는 캐나다의 트뤼도 전 총리를 들 수 있다. 트뤼도 총리는 재임 시절에 '가치'를 위해서 강대국이든 약소국이든 가리지 않고 설전을 주고받았으며, 결국 중국, 인도와 마찰을 일으켜 캐나다의 이익을 손상시켰다. 마찬가지로 녹색당의 가치외교도 러시아와의 마찰을 불러일으켜 독일의 이익을 훼손했다.

이미 녹색당은 러시아와의 직통 천연가스 파이프라인 노르트스트림-2 건설을 반대한 전력도 있었다. 에너지 안보와 독립성을 강조하면서 재생에너지 확대를 주장했지만, 그 주장은 비현실적이라는 비판을 받았다. 하지만 연정의 파트너인 사민당은 이러지도 저러지도 못했다.

녹색당은 러시아에 대한 제재를 강조했으며, 베어보크 외무장관은 러시아 제재를 위해 유럽을 누비고 다녔고, 사민당을 압박했다. 아이러니하게도, 극좌와 극우는 일맥상통한다는 말처럼, 러·우전쟁에서 가장 극렬하게 반러 입장을 취한 것은 극좌와 극우, 즉 독일의 녹색당과 미국의 네오콘이다. 어찌 보면 극과 극인 두 세력이 가장 앞장서서 우크라이나 지원과 러시아와의 중단 없는 전쟁을 요구한 것이다.

"우크라이나에 대한 크렘린의 공격은 단순히 우크라이나에 대한 공격이 아니다. 그것은 서구 민주주의에 대한 근본적인 침략이다."

"우크라이나가 러시아 본토를 타격할 장거리 미사일 사용을 허가한 것은 매우 중요하고 탁월한 결정이다." 2024년 11월

위는 미국 네오콘의 대표주자 빅토리아 눌런드의 말이고, 아래는 독일의 외무장관 베어보크의 발언이다. 하지만 그 반대라고 해도 믿을 수 있을 것이다.

극좌와 극우가 서로 통하는 이유는 눈앞의 현실이 아니라 자신이 생각하는 상상의 세계에 머물러 있기 때문일 것이다. 그 상상의 세계에는 우리와 적만이 존재한다. 가끔 우리는 서로 달라도, 우리의 적은 같을 수 있다. 그때 극좌와 극우가 통하는 것이다.

결국 독일의 숄츠 총리는 러·우전쟁에서 첨병이 되었고, 그 결과는 실각으로 이어질 것이다. 이러한 결과를 예상할 수 있었음에도, 숄츠는 독일 극우세력에 대한 견제, 연정의 파트너인 녹색당의 요구, 미국의 압박에 의해 입장을 '전환'했다. 그리고 메르켈 총리 재임 시절, 독일이 EU에서 누렸던 리더국의 지위는 봄볕에 눈 녹아내리듯 사라져 버렸다.

이제 1부의 마지막 주제로 넘어가 보자. 서방에 수백 년 동안 잠재되어 있는 '루소포비아'이다.

러시아와 서방의 전쟁을 이해하는
영원한 키워드

루소포비아는
단순한 러시아 혐오주의가 아니다

러·우전쟁의 발발 원인을 살펴보기 위해서 앞에서는 직간접적인 당사자 4개국의 정치적 지형 변화를 알아보았다. 이들 국가의 정치지형 변화와 이에 따른 외교전략의 변화를 살펴봄으로써, 민스크 협정이 이루어진 2014년까지만 해도 풀릴 수 있었던 실타래가 그 이후 어떻게 얽혀 들어갔는지를 보여주고자 했다.

그 결과, 미국 바이든 정부의 신자유주의적 패권 전략, 우크라이나 젤렌스키 정부의 무능과 한계, 러시아 푸틴의 반서방 노선으로의 전환,

독일의 EU 리더십 소멸 등 여러 변수들이 합쳐져 전쟁이 발발했음을 알수 있었다.

그렇다면 러·우전쟁에서 예전과 변화되지 않은 상수constant는 무엇일까? 정치지형이 변하면 사람들의 마음도 변한다. 하지만 정치지형의 변화와 상관없이 개인적 차원을 넘어 역사적·사회적 차원에서 구성된 공통된 사고가 있는데, 이는 역사적 사건을 설명하는 주요한 키워드가 된다.

한일관계에서 발생하는 일을 설명하기 위해서는 두 나라 정부의 정치적 지형 변화와 지도자의 성향 등을 분석해야 한다. 그러나 그것만으로는 부족하다. 더불어 오랜 역사적 관계 속에서 한국인과 일본인에 내재한 상대국에 대한 인식을 분석할 필요가 있다. 러시아와 서구의 전쟁도 마찬가지이다.

역사적으로 서구와 러시아의 전쟁을 이해하기 위한 상수는 루소포비아Russophobia, 즉 러시아 혐오주의이다. 그러나 루소포비아를 단순히 '러시아 혐오주의'라고 번역하면 사태의 본질을 제대로 보기 어렵다. 사실 포비아Phobia는 혐오보다 공포에 가깝다. 사전을 찾아보면, "불안장애의 한 유형으로 예상치 못한 특정한 상황이나 활동, 대상에 대해 공포심을 느껴 높은 강도의 두려움과 불쾌감으로 인해 그 상황을 피하려고 하는 것"이라고 되어 있다. 우리가 여기서 주목할 단어는 혐오, 공포, 불안장애이다.

혐오: 일반적으로 혐오는 자기 혹은 우리들만 못한 것들을 싫어하고 기피하는 것을 말한다. 혐오는 기본적으로 자기만 못한 존재에게 투영되며, 상대가 마치 자기와 동일한 급인 것처럼 행동할 때 극대화된다. 일본의 혐한을 생각해 보면 쉽게 이해할 수 있을 것이다. 일본은 한국이 한 수 아래인 나라, 심지어 자기들의 식민지배를 받았던 나라로 보는데, 어느덧 대등한 지위를 가지기 시작하자 혐한 정서가 짙어졌다. 반면, 증오라는 감정은 때로는 자기보다 강자에게도 적용된다. 일제강점기에 많은 조선인들은 일본인들을 '증오'했을 것이다.

　　루소포비아는 러시아를 유럽의 구성원이 아니라, 겉으로는 유럽 구성원 같지만 본질적으로 '아시아적 전제주의'인 나라로 본다. 이는 서구 중심주의적인 오리엔탈리즘에 기반한다. 한국에서도 루소포비아를 가지고 있는 사람들을 종종 볼 수 있는데, 그들은 자신들을 서구와 동일시하거나 그렇게 되기 위해 노력하는 이들이다.

공포: 그런데 중요한 것은 그 혐오의 대상이 동시에 공포의 대상이라는 것이다. 모든 혐오의 대상이 공포의 대상은 아니지만, 혐오의 대상이 공포의 대상이 되면 사람들은 극도의 공격성을 가지게 된다.

　　혐한이 공격적으로 변한 것은 한국이 일본의 전반적인 산업에 위협이 된다고 느꼈기 때문이다. 아랍에 대한 혐오가 9·11 테러를 만나면서, 미국이 얼마나 아랍 세계에 대해 공격적으로 변했는지를 보면 쉽게 이해할 수 있다.

　　루소포비아에 사로잡힌 서구인들에게 러시아는 야만적인 아시아의 전제주의 국가이다. 늘 팽창주의를 꿈꾸는 나라이다. 야만적이지만 강력한 힘을 가지고 있고, 또 평상시에는 서구인 척하면서 그들을 안심시키려는 존재이다.

이제 볼쇼이 발레나 톨스토이 문학 역시 다를 바 없는 것이 된다. 볼쇼이 발레는 대한민국 국민이 보아서는 안 되는 것이 되고, 노벨문학상은 당대의 대문호 톨스토이에게 돌아가서는 안 되는 것이 된다.[1] 결국 서구는 톨스토이에게 노벨문학상을 주지 않았다.[2]

불안장애: 혐오의 대상에 대한 공포는 불안장애를 가져온다. 혐오의 대상이 언제, 어디서나 나에게 상상할 수 없는 피해를 줄 수 있다는 공포가 늘 현실에 존재하며, 혐오와 공포의 대상이 없어지지 않는 한 불안장애는 사라지지 않는다. 또한 상대방이 완전히 무력화되거나 제거될 때까지

---

1 2024년 3월 '볼쇼이의 여왕'으로 불리는 스베틀라나 자하로바의 내한공연이 "러시아의 부당한 침략을 정당화할 수 있다"는 이유로 취소되었다. 이어 4월에는 볼쇼이 발레단의 공연이 세종문화회관의 대관 심의에서 부결되어 취소되었다. 러시아 발레 역사상 처음으로 동양인으로서 놀라운 성공을 거두며, '마린스키의 왕자'로 불리는 김기민 씨가 한국에 와서 공연을 한다면 그것도 취소시켜야 할까?

2 톨스토이는 노벨평화상에 4번, 노벨문학상에 16번이나 후보에 올랐지만 끝내 수상하지 못했다. 당시 노벨상의 기준은 '고결하고 건전한 이상주의의 구현'이었는데, 톨스토이의 소설은 그런 기준에 부합하지 않았던 모양이다. 톨스토이의 삶이 가장 고결하고 건전한 이상주의를 구현하고자 했던 것이 아니었던가?

노벨문학상을 처음으로 수상한 러시아 문학가는 1917년 러시아 사회주의 혁명 후 볼셰비키에 대해 비판하다가 파리로 망명한 이반 부닌이었다. 개인적으로 이반 부닌의 문학세계를 무척 좋아한다.

불안장애를 겪고 있는 사람에게서 공격성이 없어지지 않는다. 서구인의 불안장애는 바로 루소포비아이다.

혐오의 대상이 공포로 다가와서 불안장애 상태가 지속되면, 이제 광기에 사로잡히게 된다. 이성을 잃고 배타성과 극도의 폭력성이 나타나며 도덕심_{윤리의식}을 잃게 된다. 개인이 혐오에 대한 공포, 불안장애로 광인이 된다면, 집단은 '파시즘'으로 귀결된다.

파시즘은 기본적으로 자아집단의 성격을 그들이 적대시하고 혐오하는 다른 집단의 반대되는 집단으로 규정하면서 발생한다.

여기서 주목할 것은 적대시하고 혐오하는 집단이 일반적으로 자기들보다 약한 집단이라는 것이다. 무솔리니가 선택한 다른 집단은 공산주의와 마피아였고, 히틀러가 선택한 다른 집단은 공산주의와 유대인이었다. 그리고 대영제국의 전성기에 영국이 채택한 대외정책 분야의 다른 집단은 러시아였다.

루소포비아의 유래는 1054년 러시아 정교회와 가톨릭의 분리에서 찾기도 하고, 몽고의 침입으로부터 찾기도 한다. 하지만 필자가 보기에는 루소포비아가 전 서방에 영향력을 미치고, 전 세계로 투영되게 만든 것은 대영제국 시기의 제국주의자들이었다.

대영제국은 식민지 확대를 통해 성립되고 발전했다. 식민지는 산업혁명 이후 과잉 공급되는 제품의 수요처이자 값싼 원료의 공급지로서 대영제국의 효자 노릇을 톡톡히 했다. 게다가 대영제국은 세계의 패권국이었고, 세계의 경찰이자 기축통화국으로서 정치적·경제적으로 시뇨리지 효과[3]를 한껏 누렸다. 대영제국의 해는 영원히 지지 않을 듯했다.

　그러나 달도 차면 기우는 법, 대영제국도 19세기 후반부터 흔들리기 시작했다. 사실 해가 지지 않는 대영제국의 해가 저물게 되는 결정적인 이유는, 역설적으로 해가 지지 않는 나라였기 때문이다. 즉, 식민지가 주던 순편익_{편익에서 비용을 뺀 나머지}이 점차 마이너스로 바뀌고 있었다. 그 원인은 다음과 같았다.

식민지 국가의 역량 강화와 관리비용 증가: 식민지들이 변화했다. 식민지 모국과 오랜 교류를 통해서 지식인들을 중심으로 근대화 의식이 싹텄으며, 일방적인 식민지 정책을 거부하게 되었고, 때로는 근대적 무기와 국제 언론을 통해 식민 지배 세력을 괴롭혔다. 1857년 인도에서 벌어진 세포이 항쟁은 영국에 치명상을 입혔다. 영국은 동인도회사를 해체하고 직접적인 식민지 지배를 시작했다. 영국 정부의 식민지 관리비용이 기하급수적으로 증가하기 시작한 것이다.

붕괴되는 농민과 노동자─내수 위축: 식민지에서 들어오는 값싼 농산물은 영

3　시뇨리지 효과란 정부나 중앙은행이 화폐를 발행할 때 얻는 경제적 이익을 말한다. 예를 들어 화폐의 액면가가 1만 원, 주조 비용이 1,500원이라면 시뇨리지 효과가 8,500원만큼 발생한다. 기축통화국이 되면 시뇨리지 효과는 전 세계에서 생긴다.
　또한 세계의 경찰 국가가 되면, 일반적으로 국제규범을 정하거나 국제분쟁을 중재하여, 세계 경찰 역할 비용을 초과하는 큰 이익을 가져올 수 있다. 필자는 이처럼 세계 경찰의 역할을 담당함으로써 가져오는 초과이익을 '정치적 시뇨리지 효과'라고 정의했다.

국의 농민계급에 치명상을 입혔다. 또한 영국의 노동자들은 식민지의 값싼 노동력과의 경쟁으로 인해 실질임금이 상승하지 못했다. 이로 인해 영국의 내수는 점점 위축되고 있었다.

양극화에 따른 기층 민중 저항: 식민지 개척을 통해서 이득을 보는 계층은 제품을 식민지에 판매하는 자본가, 해외의 값싼 자원을 수입하는 무역업자, 그리고 군사적 팽창의 혜택을 보는 군인과 관료집단이었다. 이들이 막대한 부를 쌓는 동안 서민들의 삶은 더 열악해졌으며, 결국 극단적인 양극화를 가져왔다.

반식민지 여론 증가: 서유럽에서 노예법이 하나둘씩 사라진 것에서 알 수 있듯, 유럽의 지식인들을 중심으로 식민지 지배의 도덕적 정당성에 대한 회의가 커지기 시작했다.

세계 경찰 역할에 따른 비용 증가: 세계는 팽창했으며, 다른 제국주의 국가들과 경쟁에서 승리해야만 세계 경찰 지위를 유지할 수 있었다. 영국은 아프리카·아시아·오스트레일리아 대륙에 걸쳐 세계 경찰 역할을 하는 한편, 유럽 내부의 경쟁에도 힘써야 했다. 영국의 세계 경찰로서의 비용은 급속도로 늘어났다.

하지만 영국에는 식민지 확장 정책을 통해서 이득을 보는 제국주의적 세력이 있었다. 독점자본가, 해외 무역상, 그리고 군부와 행정 세력 등이었다. 그들은 식민지가 점차 영국에 부담이 되어감에도 식민지 팽창 정책을 유지하고자 했다.

그들은 한때 모험정신으로 식민지를 개척하여 국가의 부를 증진시키던 진보적 세력이었지만 식민지 주민들에게는 잔혹했지만, 이제 국가의 발전은 안중에도 없이 자신들만의 이익을 추구하는 수구 세력이 되었다. 노동자, 농민의 반발을 밖으로 돌리고, 지식인들의 비판을 반애국주의로 몰아세우기 위해 그들은 식민지 팽창주의 정책을 정당화하기 위한 가상의 적이 필요했다.

그런데 가상의 적을 고르기가 쉽지 않았다. 프랑스는 이미 영국의 맞상대가 아니었고, 아직 독일은 유럽 대륙 내부에 머무르고 있었다. 둘 다 식민지 쟁탈전에서 경쟁상대가 아니었다. 급부상하고 있던 미국은 너무 멀리 떨어져 있었고, 그들은 영국과 같은 앵글로·색슨족이었다.

영국의 제국주의자들은 가상의 적을 만들기 위해 '허수아비 때리기 Straw man fallacy'를 시작했다. 그 허수아비에 종이를 붙이고, '그레이트 게임 The Great Game'[4]이라는 거창한 이름을 써놓았다.

이제 러시아는 더 이상 산업혁명에 뒤처진 농업 후진국, 변변한 해군력이 없어서 해상 패권을 다툴 수 없는 나라, 아직 식민지 하나 없는 변변찮은 나라여서는 안 되었다. 졸지에, 러시아는 대영제국과 맞설 힘을 숨

---

4   그레이트 게임(The Great Game)은 1813년 러시아·페르시아 사이의 굴리스탄 강화조약에서부터 1907년 영러협상까지 이어진 대영제국과 러시아제국 간의 전략적 경쟁을 말한다.

기고 있는 거대한 북극곰이 되어야 했다. 세계에서 가장 넓은 영토에도 만족하지 못하고 야금야금 하나씩 넓혀 나가는 나라, 부동항을 확보하면 당장 영국의 목에 칼을 들이댈 수 있는 곰 말이다.

이제 대영제국은 서구의 민주주의와 자유의 가치를 지키기 위해 야만의 러시아와 세계의 운명을 건 결전을 벌여야 했다. "영국의 노동자, 농민들이여, 힘들어도 참자. 여기서 진다면 우리 대영제국의 구성원 모두는 전멸한다. 영국의 지식인들이여, 지식인답게 애국심을 발휘하라." 이제 남은 것은 광기였다.

앞에서 제국주의 영국에 의해서 루소포비아가 본격적으로 어떻게 형성되었는지를 보았다. 영국의 사례를 미국으로 바꾸면, 지금 발생한 루소포비아를 이해하는 힌트를 얻을 수 있을 것이다.

탈냉전 이후 1990년대 미국은 세계화를 추진하고, 그 세계화를 보장하는 세계 경찰국의 지위를 확보했다. 이는 미국에 막대한 이익을 가져왔다. 세계화는 자본과 노동, 특히 자본의 이동을 원활하게 만들어 주었다. 그리고 미군이 이를 보장해 주었다. 미국 자본은 자원을 가진 제3세계 국가들에 마음 놓고 직접 진출해서 자원을 개발할 수 있었다. 석유를 비롯한 국제 원자재 가격이 안정되었다.

이를 넘어 미국은 과잉 생산되는 제품을 해외에 수출하는 것이 아니라, 아예 공장을 뜯어서 중국 등 제3세계에 가져다 놓았다. 미국의 자본은 막대한 부를 축적했다. 값싼 물가는 미국 사람들에게도 이익을 주었다. 미국은 세계 경찰로서 국제규범을 만들어내고 국제분쟁에 개입해서 부수적 이익도 챙겼다. 마음에 안 드는 나라는 제재를 통해서 제압했다. 모든 것이 잘 돌아가는 듯했다.

그런데 역사는 반복된다고 했던가? 2010년대를 넘어서면서 미국과 서방은 19세기 후반 영국이 겪었던 것과 유사한 문제들에 직면하게 되었다.

앞에서도 말했듯, 해가 지지 않는 나라였던 대영제국은 19세기 후반부터 다음과 같은 문제가 발생했다. 1. 식민지 국가의 역량 강화와 식민지 관리비용 증가, 2. 붕괴되는 농민과 노동자-내수 위축, 3. 양극화에 따른 기층 민중 저항 증가, 4. 반식민지 여론의 증가, 5. 세계 경찰로서의 역할에 따른 비용 증가 등이다.

이것을 이렇게 바꾸어 보자. 2010년대를 넘어서면서 미국과 서방에는 1. 중국 및 제3세계 국가의 역량 강화 및 관리비용 증가, 2. 붕괴되는 농민과 노동자-내수 위축, 3. 양극화에 따른 기층 민중 저항 증가, 4. 반세계화 여론의 증가, 5. 세계 경찰로서의 역할에 따른 비용 증가 등의 문제가 발생했다.

앞에서 보았듯이, 대영제국에는 식민지 확장 정책을 통해서 이득을 거두는 제국주의 세력이 존재했다. 독점자본가, 해외 무역상, 군부와 행정 세력 등은 가상의 적이 필요했다.

이것을 오늘날로 바꾸어 보자. 세계화 확장 정책을 통해 이득을 얻는 제국주의적 세력이 서방에는 존재했다. 독점자본가, 다국적 기업, 군산복합체와 네오콘을 비롯한 일부 정치인들이다. 그들은 가상의 적이 필요했다.

그런데 아직 중국은 군사적으로 상대가 아니었다. 이제 다시 러시아는 가상의 적인 허수아비가 되어야 했다. 푸틴은 과거 소련의 영토와 영향력을 재건하려는 '대러시아주의Greater Russia'적 노선을 추구하는 독재자이며, 반인권·반민주주의·반자유의 화신이 되었다. 드디어 러시아는 러·우전쟁을 통해 발톱을 드러냈으며, 이 전쟁에서 막지 못하면 과거 소련 영토의 완전한 회복을 위해 나토 국가들을 곧 침범할 나라가 되었다.

역사는 반복된다. 루소포비아는 폴란드를 비롯한 가톨릭이 러시아로 대표되는 정교회를 견제하기 위해 시작되었으며, 제국주의 영국에 의해 본격화되었고, 21세기 서방에 의해 부활했다. 이렇듯 러시아와 서방의 관계, 특히 둘 사이의 전쟁을 이해하기 위해서는 루소포비아에 대한 이해가 필요한 것이다.

루소포비아로
러·우전쟁 읽기

루소포비아를 전제하고 바라보면, 러·우전쟁을 이해하는 3가지 키워드를 찾아낼 수 있다. 이는 루소포비아를 전제하지 않고서는 도무지 이해할 수 없는 것들이다.

　1. 러·우전쟁은 왜 이렇게 장기화되었을까?

　2. 영국이 왜 러·우전쟁에서 가장 반러시아적인 입장을 보였을까?

3. 서구와 비서구가 러·우전쟁을 바라보는 시각이 왜 이렇게 다를까?
하나씩 살펴보자.

1. 러·우전쟁은 왜 이렇게 장기화되었을까?

사실 우크라이나도 서구인들에게 러시아처럼 루소포비아의 대상이었다.
2021년 영국에서 제작된 〈무법자들The Outlaws〉이라는 드라마에는 우크
라이나 출신의 올가라는 여대생인 척하는 불법 체류자가 나온다. 나중에
는 좀 변하지만, 금방 들통날 거짓말을 천연덕스럽게 하고, 자신의 이익을
위해서는 무엇이든 할 수 있는 정체를 알 수 없는 여자로 묘사되었다. 지
나친 일반화일 수 있으나, 이것이 바로 영국인이 보는 우크라이나였다. 그
런데 이러한 우크라이나인들이 러시아와 전쟁을 벌이자, 이제 더 이
상 슬라브인이 아닌 유럽인으로 취급되었다.

필자는 러·우전쟁이 일어나던 2022년 동유럽에 머물고 있었다. 발
칸반도의 몬테네그로라는 나라의 커다란 카페에서 매년 열리는 '유로비
전 송 콘테스트'를 우연히 손님들과 야외 TV를 통해 봤는데, 우크라이나
대표의 순서가 되자 공연장과 내가 있던 카페에서 우크라이나를 연호하
는 함성이 터져나왔다. 그해 우승은 〈스테파니아Stefania〉라는 노래를 부
른 우크라이나의 아티스트들에게 돌아갔다. 아니, 이는 당연한 것이었다.
이미 시작 전에 우승국은 당연히 우크라이나일 것 같은 분위기였다. 그것
을 보면서 '아, 이 전쟁이 오래가겠구나' 생각했다.

전쟁이 이해관계 때문에 일어났어도, 전쟁이 지속되는 동안 감정

이 쌓이면 문제가 해결되어도 끝나지 않는 경우가 종종 있다. 기원전 5세기 페르시아 전쟁은 애초에 그리스와 페르시아 사이에 에게해의 주도권을 둘러싸고 시작되었지만, 명예심과 복수심을 위한 전쟁으로 변했다. 14세기에서 15세기에 걸친 영국과 프랑스의 백년전쟁 역시 초창기에는 왕위 계승과 영토 문제가 핵심이었지만, 잔 다르크의 순교 이후 민족감정이 전쟁을 백년으로 이끌어 갔다. 이스라엘·팔레스타인 혹은 하마스의 전쟁은 이제 왜 싸우는지조차 모르게 지리한 전쟁과 평화를 이어가고 있다. 전쟁은 이처럼 서로의 적대적 감정을 높여가는 촉매제가 된다.

애초에 러·우전쟁도 커다란 이해관계에서 출발한 것은 아니었다. 우크라이나 동부지역 4개 주의 자치권이 어느 정도 보장되고, 우크라이나의 나토 가입만 보류된다면 얼마든지 협상의 가능성이 있었다. 그러나 앞에서 소개한 4개국의 정치지형이 변하면서 이러한 이해관계를 넘어서는 전쟁이 되었다.

서방에서는 자유주의와 전체주의, 평화주의와 침략주의라는 구도의 전쟁이 되었고, 러시아에서는 루소포비아를 바탕으로 자기 나라를 해체하려는 서방에 맞서는 전쟁이 되었으며, 우크라이나에서는 슬라브의 주도권을 러시아에 빼앗기고 오히려 점령당해 탄압을 받았던 역사의 기록이 상기되었다. 특히 과거 소련 시기 홀로도모르Holodomor[5]에 의해 죽어

---

5 우크라이나는 곡창지대였음에도 불구하고, 스탈린 시대인 1932년~1933년 무모한 강제적 국유 집단농장화와 러시아 본토 주민을 위한 곡식 징발로 수백만 명이 굶어죽었다. 우크라이나인들이 소련에 대해 근본적인 불신과 반감을 가지게 된 사건으로 평가된다.

간 우크라이나인들의 명예와 상처를 회복하는 전쟁이 되었다.

　　이제 협상의 명분은 사라졌다. 어느 한쪽이 일방적인 승리를 거둘 때까지 계속되는 전쟁이 되었다. 결국 이 전쟁은 러시아가 일방적인 승리를 거둘 때까지 지속될 것이고, 러시아는 자국의 목적이 달성될 때까지 전쟁을 계속할 것이다. 우크라이나는 패배할 것이고, 미국은 어떻게든 명분을 챙기려 할 것이며, 유럽은 그저 바라만 보게 될 것이다. 막바지에 이른 러·우전쟁은 그렇게 진행되어 왔고, 그렇게 될 것이다.

2. 영국은 왜 러·우전쟁에서 반러시아 전선에 가장 앞장섰을까?

러·우전쟁에서 영국이 왜 그렇게 반러시아 전선에 앞장섰는지를 이해하는 것은 쉽지 않다. 우크라이나가 승리한다고 해서 영국이 거둘 수 있는 이익이 그렇게 컸을까? 영국은 EU에서 탈퇴한 브렉시트로 인해 안 그래도 경제가 힘들었는데, 우크라이나에 전폭적인 지원을 할 정도로 여유가 있었을까?

　　하지만 영국은 정말 러·우전쟁에 진심이었다. 우크라이나에 대한 무기 및 경제 지원, 영국 내 러시아 자산동결과 경제제재 등…. 심지어 2022년 4월 보리스 존슨 총리는 우크라이나로 날아가 러시아와 우크라이나의 평화협상 결렬에 일조한 것으로 알려져 있다물론 당사자는 부정하고 있다. 왜 그랬을까?

　　영국이 우크라이나를 지원함으로써 얻을 수 있는 이익은 기껏해야 국제적 영향력 강화, 자유와 민주주의 수호의 유럽 대표국으로서 자리매김, 군사적 경험과 준비 강화, 지정학적 안정 등 당장 눈에 보이지 않는 추상적인 것에 불과했다. 또한 영국 국민들의 러·우전쟁에 대한 지지도는 다른 서구 국가들에 비해 높은 편이긴 했지만, 북유럽이나 동유럽 국가들에 비해서는 높은 편이 아니었다. 결국 이를 이해할 수 있는 열쇠는 영국에서 '루소포비아'의 역사에 있다.

영국의 루소포비아가 일으킨 대표적인 전쟁은 2차 영국·아프가니스탄 전쟁이다. 19세기 중반 영국과 러시아는 중앙아시아에서 영향력을 확대하기 위해 경쟁했는데, 이를 이른바 '그레이트 게임The Great Game'이라고 한다.

영국은 러시아가 부동항을 찾기 위해 남쪽으로 내려올 것이며, 결국 영국의 최대 식민지인 인도를 빼앗는 것이 목적이라고 선전했다. 러시아가 팽창주의적 전략을 취하고 부동항을 찾고 있긴 했지만, 인도를 무력으로 빼앗으려 한다는 것은 당시 러시아의 국력을 고려하면 사실상 소설에 가까웠다.

1878년 러시아가 아프가니스탄에 사절단을 파견하자, 영국은 이를 위협으로 판단해 아프가니스탄에 영국 사절단의 입국을 받아들이라고 했다. 하지만 아프가니스탄 국왕은 이를 거부했다. 1차 영국·아프가니스탄 전쟁 당시 영국이 쳐들어와서 기존 국왕을 내쫓고, 친영파 국왕을 세운 데 대해 반영 감정이 강했기 때문이다. 이에 영국은 그해 11월 아프가니스탄에 전쟁을 선포하고, 무려 5만 명의 대군을 동원하여 진격해 1880년 승리를 거두었다.

영국은 러시아의 남진을 저지할 목적으로 아프가니스탄에 쳐들어

157

갔지만, 당시 러시아군은 2,000km 바깥에 있었다. 심지어 일설에 의하면, 아프가니스탄 국왕이 지원을 요청하자, 러시아는 거절하고 영국에 항복할 것을 권유했다고 한다.

그런데 이 전쟁에서 승리한 영국이 얻은 것은 아무것도 없었다. 아프가니스탄은 지하자원도 없었고 대단한 전략적 요충지도 아니었다. 게다가 아프가니스탄 국민들이 거세게 반발했다. 결국 영국은 직접 통치를 포기하고, 압둘 라흐만 칸을 새 국왕으로 임명하고 보호령으로 만드는 데 그쳤다.

이제 영국은 중앙아시아까지 관할하는 세계의 경찰이 되었다. 하지만 중앙아시아는 영국을 비롯한 당시 제국주의 국가들에 이해관계의 대상이 아니었다. 영국은 러시아의 남진을 막았다는 명분을 얻었을 뿐, 세계 경찰 역할을 위한 비용만 늘어났다. 그나마 1919년 3차 영국·아프가니스탄 전쟁으로 아프가니스탄은 독립국이 되었다. 이후 아이로니컬하게도, 아프가니스탄은 영국·소련·미국 등 당대 최강국의 무덤이 되었다. 이처럼 루소포비아라는 이념의 과잉은 실제로 전쟁의 도화선으로 이어졌으며, 제국의 쇠락을 앞당기는 촉매제가 되기도 했다.

루소포비아가 영향을 준 또 다른 전쟁은 2차 세계대전이다. 1차 세계대전 후 1919년 승리한 연합국들과 패전국 독일은 베르사유 협정을 맺었다. 독일은 유럽에서 자국 영토의 13%와 대부분의 식민지를 잃었고, 막대한 전쟁 배상금이 부과되었으며, 군비를 제한하고 징병제를 폐지해야 했다.

그런데 1935년 독일은 베르사유 조약을 정면으로 위반하며 징병제를 실시하고 공군을 창설했다. 그러나 영국은 해군협정을 통해 독일이 영국 해군의 35%까지만 해군을 보유할 수 있도록 하고 재무장을 허용했다. 이후 1938년 독일이 오스트리아를 병합하여 '대독일'을 선언했지만, 역시 아무런 조치를 취하지 않았고, 같은 해 체코슬로바키아의 일부 영토를 독일에 할양하도록 승인하는 뮌헨 협정을 맺었다.

1차 세계대전 승전국인 영국은 왜 패전국 독일의 재무장을 허용했을까? 이에 대해서는 여러 가지 설명이 있다. 나름 근거가 있는 설명들이지만, 영국이 왜 그랬는지를 설명하는 데는 부족하다. 일단 하나씩 살펴보자.

1. 1929년 대공황 이후 영국은 경제난으로 군사적 개입에 소극적일 수밖에 없었다는 것이다. 하지만 대공황은 영국만 겪은 것이 아니다. 그리고 대공황 당시 각국은 경제위기를 타개하기 위한 정책 중 하나로 군수산업을 육성했다. 대공황은 공급 과잉으로 발생했는데, 군수산업은 다른 산업과 달리 경기침체에도 불구하고 수요를 기하급수적으로 늘릴 수 있다. 한 가구의 자동차 구매 대수는 한정적이지만, 탱크는 다르다. 탱크는 적국보다 무조건 많아야 한다, 아니, 압도적으로 많아야 한다.

2. 영국이 1차 세계대전 이후 전쟁을 회피하고자 하는 노력이 지나쳐서 독일에 너무 양보를 했다는 설명이다. 하지만 영국은 1차, 2차 세계대전 사이에도 많은 전쟁을 도발하고 일으켰다. 아일랜드 독립전쟁, 3차

아프가니스탄 전쟁, 팔레스타인 내전 개입, 인도와 이라크 반란 진압 등. 당시 제국주의 영국의 지배층은 전쟁을 끊임없이 찾아나섰다. 심지어 러시아 내전에도 적극 개입했다.

3. 영국은 독일이 소련 공산주의의 팽창을 막는 방어벽 역할을 할 것으로 기대했기 때문이라는 설명이다. 나름 설득력이 있는 주장이다. 대부분의 역사학자들이 영국은 소련이 공산주의 혁명을 유럽 전역으로 확대하려는 의도가 있다고 판단했고, 소련에 대한 공포 때문에 독일의 재무장을 허용 또는 묵인했다는 것에 동의한다. 하지만 여기에는 몇 가지 부족한 점이 있다.

우선 실제로 소련이 공산주의 혁명을 유럽 전역으로 확대하려는 의도가 있었을까? 1930년대 소련은 국제혁명주의자인 트로츠키파가 숙청당하고, 일국 사회주의 우선 혁명론을 주장한 스탈린이 집권했다. 이것을 모를 리 없는 영국이 소련의 공산주의 혁명이 유럽 전역으로 확대될까 봐 독일의 재무장을 허용했다는 것은 앞뒤가 안 맞거나 부족한 설명이다. 이는 당시 영국 내부의 상황을 고려하면 더욱 그러하다.

영국은 독일과 달리 일찍이 공산주의 세력이 사회민주주의 세력으로 바뀌었으며, 온건화되어 노동당으로 흡수되었다. 강경 노선의 영국 공산당은 사실상 원내정당과 원외정당을 오가는 정도의 변두리 정당에 머물렀다. 실제로 영국에서 공산화의 위험은 존재하지 않았다. 당시 유럽은 공산화보다 파시즘화가 더 무서운 것으로 나타나고 있었다. 이탈리아와 독일에 이어 스페인과 포르투갈까지 파시즘 정권이 들어선 상황이었다. 이런 상황에서 영국이 유럽의 공산화를 막기 위해서 독일 나치·파시즘의 무장을 허용했다는 것은 부족한 설명이다.

앞에서 말했듯이, 루소포비아는 19세기 후반 식민지 경쟁과정에서 영국의 제국주의 지지 세력들에 의해 부활했다. 이미 식민지 경쟁에서 탈락한 프랑스, 유럽 대륙에 머물고 있던 독일, 그리고 너무 멀리 있는 미국 대신 러시아를 자신들이 때릴 허수아비로 만든 것이다.

그런데 독일이 차츰 라이벌로 떠올랐다. 독일은 아프리카 동쪽과 서쪽에 식민지를 확보하기 시작했고, 태평양 쪽으로는 마셜 제도와 뉴기니를 독일령으로 만들었으며, 중국의 산둥반도까지 진출하여 칭다오를 근거지로 삼았다. 1896년 독일은 제철 생산능력에서 영국을 제쳤고, 허수아비인 러시아와 달리 실질적 위협이 되었다. 1907년 영국은 독일을 견제하기 위해 영국·러시아 협정을 맺었다.

그리고 1차 세계대전이 끝났지만, 식민지 제국주의 시대는 여전히 계속되고 있었다. 패전국 독일의 식민지는 영국이나 프랑스의 보호령이 되었다. 1차 세계대전의 주요 전쟁터였던 프랑스는 막대한 전쟁 피해로 힘을 더 잃었다. 한편 미국은 윌슨 대통령의 민족자결주의에 기반한 고립주의 외교 노선으로 치닫고 있었다. 영국은 또 허수아비가 필요했다. 다시 '루소포비아'가 등장했다.

그런데 이제 러시아는 예전의 러시아가 아니라 공산주의 혁명을 한 소련이었다. 안 그래도 혐오스러웠는데, 빨간 복면을 하고 한 손엔 낫,

한 손엔 망치를 들고 있었던 것이다. 1차 세계대전에서 보인 소련의 허술한 군사력 따위는 중요하지 않았다. 루소포비아는 영국의 지배층을 위해서는 만병통치약 같은 존재였다. 영국의 제국주의 세력은 다시 한번 목청을 높일 수 있었다. 이러한 역사적 배경은 왜 유럽 국가들 중에서 영국이 러·우전쟁에 가장 앞장섰는지 이해하는 실마리가 될 것이다.

3. 서구와 비서구의 러·우전쟁에 대한 시각이 왜 이리 다를까?

인도 외무장관인 수브라마냠 자이샨카르는 러·우전쟁에 대한 인터뷰에서 이렇게 말한 바 있다. "서방은 서방에서 일어난 일은 지역적 사건도 세계적 사건으로 취급하지만, 서방 바깥에서 일어난 일은 세계적 사건도 지역적 사건에 불과한 것으로 취급한다."

대부분의 서구인들은 러·우전쟁 초창기에 비서구인들이 우크라이나의 편을 들지 않는 것을 이해하지 못했다. 러시아의 도발 행위에 대해 비서구 국가들이 생각 외로 뜨뜻미지근한 반응을 보였기 때문이다. 러시아의 군사적 침략을 비판하면서도 제재에는 동참하지 않거나, 더 나아가 서구가 이중적 기준으로 러·우전쟁을 재단하고 있다고 비판하거나, 심지어 서구에 보란 듯이 러시아의 천연가스와 원유를 수입하는 나라들도 있었다. 미국을 중심으로 한 서방의 단일 대오에 비서방 국가들이 이렇게 비협조적으로 나온 것은 이전에는 찾아보기 힘든 일이었다.

특히 비서구 국가들의 언론과 방송에서는 러·우전쟁에서 미국과 서유럽의 태도가 '루소포비아'에 기반한다는 비판을 공공연하게 했다. 사실 의구심을 가지게 된 역사적 사건이 있었다. 2004년 9월 체첸반군이 러시아의 자치 연방 주였던 북오세티야의 학교를 점령해 1,300명의 학생과 교사를 인질로 잡았는데, 진압과정에서 300여 명의 학생과 교사가 희생되었다. 서구 언론은 테러리스트들을 비판하기보다는, 푸틴이 테러리스트들과 대화를 거부한 채 무모한 진압작전을 폈다고 비난했다. 러시아에서 체첸인들의 자유로운 활동을 제한했다고 비판했고, 심지어 테러의 책임을 푸틴에게 돌린 바 있었다.

21세기 비서구 국가들은 냉전시대와 탈냉전시대를 겪으면서 정치적 의식이 상당한 수준으로 높아졌다. 비서구 국가들은 언제든지 러시아를 향한 '루소포비아'에서 '러시아' 대신에 '자기 나라의 이름'이 들어갈 수 있다는 것을 역사적 경험을 통해 잘 알고 있었다. 언제든 인디아포비아Indiaphobia, 차이나포비아Chinaphobia 혹은 브라질포비아Brazilphobia가 될 수 있다는 사실 말이다. 따라서 이전의 국제정세에서 보였던 것과는 뚜렷이 구별되는 태도를 취했다. 어느 편도 들지 않는 균형적인 모습을 보이려 했다.

서구가 '루소포비아'라는 색안경을 쓰고 러·우전쟁을 바라보고 있을 때, 비서구는 제3자의 시각에서, 그리고 자기 나라의 이해관계 속에서 이 사태를 바라보고 있었다. 이것이 서구 진영, 특히 미국에 준 충격은 엄청났다. 그리고 비서구 진영에 내재된 이러한 의식은 러·우전쟁을 통해 새로운 세계질서를 싹트게 했다. 이는 3부에서 자세히 다루겠다.

2부

러시아가 왜, 어떻게 승리했는가?

외교와 전쟁

우리는 전쟁에서 승리한 장군은 기억하지만, 외교에서 승리한 외교관은 잘 알지 못한다. 외교는 기본적으로 타협에 기반한다. 일반적으로 하나를 내주고 다른 하나를 받아오는 것이다. 다만, 내어준 하나보다 받아온 하나가 더 클 수 있도록 노력하는 것이 외교관의 책무일 것이다.

　여기서 하나 조심해야 할 것은 '실패한 외교'와 '외교 자체가 존재하지 않는 상황'을 구별해야 한다는 것이다. 우리가 하나를 내어주고 다른 하나를 받아왔는데, 내어준 하나보다 받아온 하나가 작을 때 실패한 외교라고 한다. 하지만 상대편에게 내주는 것에만 관심이 있고 받아오는 것에는 관심이 없거나, 아예 내주기만 하는 행위를 외교라고 불러서는 안

될 것이다. 그것은 그저 사대주의적 행위에 불과하기 때문이다. 우리나라에서도 외교 실패를 넘어 외교의 실종이 벌어진 적이 없는지 되새겨 볼 일이다.

반면, 전쟁은 외교와는 전혀 다르다. 전쟁은 외교가 실종되어 주고받는 것을 거부하는 상황에서 발생한다. 그야말로 승자독식을 전제로 해서 발생하는 사건이다. 따라서 전쟁은 일반적으로 승자가 결정될 때까지 계속된다. 필자가 기억하는 전쟁 가운데 승자가 결정되지 않은 채 멈추거나 종결된 것은 한국전쟁과 이라크·이란전쟁 정도이다. 그 외의 전쟁은 일방적으로 승자와 패자가 결정되었다. 승자가 모든 것을 가져가는 것Winner takes it all이 전쟁의 속성이다.

러·우전쟁의 승자인 러시아는 무엇을 가져가고, 패자인 우크라이나와 서방은 무엇을 잃은 것일까? 왜 러시아가 이기고, 우크라이나와 서방이 패했을까?

이 책이 출간될 쯤이면 휴전이 이루어질지, 아니면 휴전이 이미 이루어졌을지 모르겠지만, 러·우전쟁은 러시아의 승리로 결론이 날 것이다. 사실 지금 휴전이라는 형식만 남았지, 이미 실질적으로 러시아가 승리했다.

전쟁의 승패는 전쟁 당사자 중 어느 쪽의 목표가 달성되었느냐가 결정한다. 우크라이나가 내세웠던 기본 목표는 크림반도를 포함한 완전한 영토 회복, 나토 및 EU 가입, 러시아의 영향으로부터 완전히 벗어난

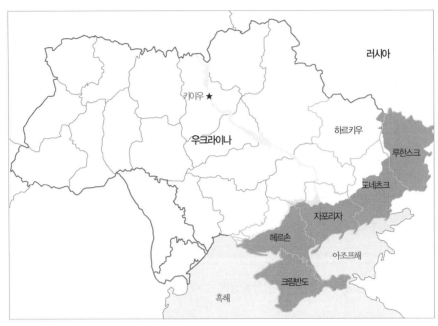

러시아가 점령한 우크라이나 4개 주와 크림반도(2025년 4월 현재)

주권 국가 수립 등이었다. 러시아의 목표는 우크라이나 동부 4개 주의 러시아 편입, 우크라이나의 영구적 나토 불가입, 중립화와 실질적 비무장화, 그리고 우크라이나 내부의 나치 세력 청산이었다.

러·우전쟁은 러시아의 목표가 이루어질 때까지 계속될 것으로 보인다. 결국 러·우전쟁은 우크라이나의 최소 4개 주의 러시아 병합, 미국이 어떤 형태로든 보장하는 우크라이나의 나토 불가입, 그리고 우크라이나의 비무장화가 보장되면서 끝날 것이다. 물론 미국의 체면을 차릴 정도의 양보안이 나올 수도 있겠지만, 결국 러시아의 주장이 관철되며 이 전쟁은 끝날 것이다.

트럼프의 당선 및 재집권은 이러한 시기를 앞당길 뿐이다. 이 전쟁에서 러시아가 승리했기 때문이다. 물론 우크라이나가 실질적으로는 이겼다고 정신승리를 하는 언론들과 사람들도 나오겠지만, 이는 설득력이 없는 주장이다.

1부에서는 러·우전쟁 당사국들과 지도자들 사이의 역학관계를 총체적으로 살펴봄으로써 전쟁의 발발 원인을 규명하고자 했다. 이제 2부에서는 당사국들의 전쟁전략과 내재적 역량을 비교·분석함으로써 러시아가 전쟁에서 승리한 원인을 찾아보기로 하겠다.

"상대 없는 전쟁은 없다." 전쟁에서 승리의 원인을 찾는 것은 곧 패전의 원인을 찾는 것과 마찬가지다. 러시아가 어떻게 승리했는가를 추적하는 과정은, 우크라이나와 서방이 어떻게 패배했는가를 살펴보는 것과 마찬가지다.

처음에는 러시아가 어떻게 승리했는가를 다룰 것이다. 특히 현대전에서 승리는 군의 전략과 전술보다는 오히려 국가의 경제력과 국민 역량을 포함하는 총체적 국력에 의해서 결정된다. 그래서 여기서는 양쪽의 무기체계나 전략과 전술을 검토하기보다는, 러시아가 가진 내재적 역량과 전쟁 준비과정을 분석함으로써 승리의 원인을 찾아보기로 하겠다.

두 번째는 미국이 러시아를 상대로 승리하지 못한 이유를 다룰 것이다. 여러 정황 등을 통해 알 수 있듯이, 미국, 특히 바이든 정부는 러·우전쟁에 진심이었으며 최선을 다했다. 그럼에도 불구하고 미국은 러시아를 상대로 승리를 거두지 못했다. 그 이유를 분석하기 위해서 2차 세계대전 이후 미국이 벌인 전쟁들의 성격과 이번 전쟁의 성격을 비교·분석하고, 한해 국방비 예산이 무려 1천조 원에 육박한다고 해서 요샛말로 '천조국'으로도 불리는 미국의 군사력이 탈냉전 이후 약화되는 과정과 그 원인을 추적하겠다. 이 점은 매우 중요하다. 러·우전쟁이 세계질서의 변화를 가져온 가장 중요한 포인트가 바로 여기에 있기 때문이다. 미국은 더 이상 세계 경찰이 아니며, 더 중요한 것은 이를 전 세계 사람들이 알게 되었다는 것이다.

마지막으로는 우크라이나가 왜 이 전쟁에서 승리하지 못했는지를 다룰 것이다.

약소국의 외교는 끊임없이 눈치를 봐야 한다. 약소국의 외교는 두 가지 측면에서 강대국의 외교와 다를 수밖에 없다. 약소국의 외교는 늘 승자의 편에 서야 한다. 강대국의 외교가 승자가 되기 위한 외교라면, 약소국의 외교는 승자가 될 나라를 정확히 파악하여 그 편에 서거나, 아니면 기다렸다가 승자의 편에 서야 하는 것이다.

또 다른 하나는 강대국은 한 번쯤의 외교 실패로 나라가 망하지는 않지만, 약소국의 외교는 단 한 번의 실패로도 나라가 망할 수 있다는 것이다. 멀리 갈 것도 없다. 조선시대에 인조와 서인의 외교 실패가 조선을 멸망시킬 뻔했다는 사실을 우리는 이미 잘 알고 있다.

가장 최근의 예는 우크라이나가 될 것이다. 우크라이나는 멀리 떨어져 있는 강력한 외세의 지원을 믿고, 바로 옆에 있는 또 다른 강력한 외세와 무모한 전쟁에 돌입했다. 강력한 외세의 지원을 배경으로 이루어 졌다는 점에서 이 전쟁은 대리전의 성격을 가질 수밖에 없다. 2부의 마지막에서는 대리전의 한계에 주목하면서 우크라이나가 패배한 원인을 찾아보기로 하겠다.

승자의 입장에서 승리의 원인을 찾아나가는 과정은 그나마 가끔 감탄도 하게 되는 과정이겠지만, 패자의 입장에서 패배의 원인을 찾아나가는 과정은 말로 표현할 수 없는 고통의 과정일 것이다. 특히 대리전에 참전하여 패배한 나라의 입장은 더욱 비극적일 수밖에 없다.

제3자의 입장에서도 패배한 나라의 패배 원인을 찾아나가는 것은 고통스러운 과정일 수밖에 없다. 전쟁은 하루에도 수많은 청춘이 이유도 모른 채 죽어나가기 때문이다. 이를 감정을 배제한 채 이성적으로만 분석하는 것은 쉬운 일이 아니다.[1] 하지만 지난 일에 대한 분석이 없이는 미래가 없다. 시작해 보자.

---

1 이 책에서는 사망자 수나 부상자 수, 민간인 학살의 실재 여부, 2004년 우크라이나 대선이 부정선거였는지 여부, 유로마이단 사태가 혁명인지 쿠데타인지, 아조프 연대가 정말 네오나치 세력인지 아닌지 등은 되도록 다루지 않는다. 이러한 주제는 이성적 접근보다는 감정적 판단이 우선하기 때문이다. 쉬운 일을 먼저 해결하다 보면 어려운 일도 결국 해결할 수 있듯이, 합의하기 쉬운 일부터 분석하는 것이 사회현상을 분석하는 한 방편일 수도 있다고 생각한다.

러시아,
십 년을 기약하게 만든 2014년

2014년의 국제제재,
러시아를 벼랑 끝까지 몰고가다

러시아가 2014년 크림반도 점령 이후 국제사회로부터 받은 제재가 가져온 충격은, 우리가 IMF 외환위기 때 겪은 충격과 유사할 만큼 컸다. 한국무역협회stat.kita.net 의 러시아 수출액 통계 자료IMF 세계통계 연동를 보자.

2013년 러시아 수출액   5,263억 달러

2015년 러시아 수출액   3,370억 달러

2016년 러시아 수출액   2,655억 달러

일부 반박이 있을 수 있다. "우리는 수출 주도형 경제지만, 러시아는 아니지 않나?" 그러나 2014년 러시아는 원유, 천연가스, 석유제품 등의 에너지 관련 수출이 전체 수출의 60% 이상GDP에서는 25% 이상을 차지했으며, 그 외 금속과 무기산업을 중심으로 한 수출 주도형 국가였다. 게다가 우리나라의 경우 IMF 외환위기 당시 어찌되었든 국제사회가 구원의 손길을 내밀어 기회를 주려고 했지만, 러시아의 위기는 국제사회의 제재로부터 촉발되었다는 점에서 더 큰 위기였다고 볼 수 있다. 그 외의 러시아와 관련된 지표를 보자.

2015년 경제성장률: −2%

환율: 크림반도 사태 전인 2014년 초 1달러당 35루블 내외

　　　　→ 2014년 말 1달러당 70루블 내외

기준금리: 17% 2014년 12월 기준

인플레이션: 15.5% 2015년 연평균

러시아에 대한 외국인 직접투자 추이

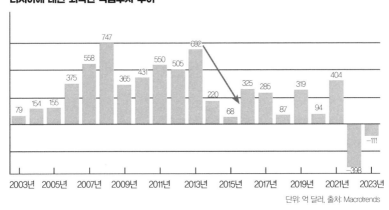

단위: 억 달러, 출처: Macrotrends

결정적인 것은 앞의 그래프에서 보듯이, 2014년 국제제재 이후 외국인 직접투자가 급격히 감소한 것이었다.

러시아는 1990년 소련 붕괴 이후 계속 나락의 길을 걷고 있었으나, 앞의 그래프에서 보듯이 2000년대에 들어서면서 기회가 찾아오기 시작했다. 중국이 세계의 공장으로 자리매김을 시작하자, 전 세계의 에너지 수요가 급증했으며 원자재 가격이 상승했다. 러시아에 이전에는 볼 수 없었던 달러가 몰려들어 오기 시작했다.

푸틴은 2000년에 집권했는데, 때마침 운이 트였는지 국제 에너지 가격이 상승함에 따라 러시아 경제가 호전되기 시작했다. 푸틴의 정책이 이러한 경제성장을 뒷받침한 측면도 있었다. 푸틴은 러시아 최대 에너지 회사인 가즈프롬 등[1] 에너지 부문을 국유화함으로써 에너지 수출로 들어오는 돈을 일부 올리가르히가 독점하는 것이 아니라 국가 전체의 것으로 만들었다. 이는 중산층이 등장하고 서민들의 삶의 질이 향상되는 기반이 되었다. 이에 따라 러시아의 내수시장이 커졌다. 또한 에너지 수출대금으로 대외부채를 상환함에 따라, 국가채무는 한때 GDP 대비 100%에 가까웠던 수준에서 실질적으로 0%에 가깝게 떨어졌다.

---

1 러시아 최대 에너지 회사인 가즈프롬은 1989년 설립되었는데, 1992년 옐친 정부 때 국유재산의 민영화 정책에 따라 민영화되었으나, 2005년 최종적으로 정부가 50.1%의 지분을 차지하면서 다시 국유화되었다. 민영화 시기 가즈프롬을 지배하던 로만 아브라모비치 등의 올리가르히들은 당연히 큰 부를 쌓았다. 푸틴은 올리가르히들의 반발을 무릅쓰고 가즈프롬을 국유화했다. 이는 지금도 강력한 푸틴의 지지기반이 되고 있다.

이러한 경제 선순환이 지속되기 위해서 가장 중요한 것은 외국인 투자였다. 당시 러시아는 소련 붕괴의 충격에서 갓 벗어났을 때였다. 사회주의 경제체제가 자본주의 시장경제체제로 변하는 것은 그렇게 만만한 일이 아니었다. 당시 러시아의 기초과학은 세계 최고 수준이었지만, 그것을 시장경제에서 응용할 수 있는 능력은 전무했다. 석유를 파서 국내에 조달하는 것에는 문제가 없었지만, 국제사회에서 석유를 외국에 수출하는 것은 다른 문제였다.

먼저, 석유는 있어도 그것을 팔 수 있는 금융 시스템이 없었다. 석유를 시추하여 정제하고 운반하기 위한 현대화된 기술도 없었다. 내수를 촉진할 유인책을 가진 기업도 없었다.[2] 에너지 수출로 달러를 벌어들이고 있었지만, 대규모 자본투자를 할 만한 여력은 아직 없었다. 이러한 문제를 해결해 준 것이 외국인 직접투자Foreign Direct Investment였다. 외국인 직접투자는 러시아 경제를 이끌고 가던 '보이지 않는 손'이었다. 그런데 2014년 국제제재로 이 모든 것이 달라졌다.

---

2 1970년~1980년대 러시아는 유럽 내 최대 자동차 생산국이었다. 가장 유명한 자동차는 라다(Lada)라는 브랜드의 차였다. 1991년 소련 붕괴 이후 러시아의 자동차 생산량은 거의 반토막 이하로 떨어졌다. 러시아 사람들이 보기에도, 라다 자동차는 르노나 GM이 만드는 자동차와 같은 자동차라고 말하기도 민망할 정도였기 때문이다. "복권에 당첨되는 것보다 겨울에 라다의 시동을 거는 것이 더 어렵다", "라다의 목적지는 언제나 정비소이다", 또는 "시속이 100km가 넘으면 차보다 영혼이 더 떨린다" 등 라다에 대한 조롱이 회자되었다. 1991년 소련에 갔을 때, 가장 많이 보았던 차가 라다였다. 특히 출시 초창기 이후 자동차 디자인이 변하지 않아, 모든 라다 자동차가 똑같은 모습을 하고 있었던 것이 특이했다.

2014년 2월 러시아가 크림반도를 점령하자, 미국과 서방의 주도로 국제제재가 시행되었다. 제재의 속도가 빨랐고 범위가 넓었으며 규모와 강도도 컸다. 2000년대 중반 이후 서방이 푸틴의 권위주의적 정책과 조지아 전쟁에 대해 국제제재를 한 적이 있었지만, 그때의 제재는 사실상 제재라고 하기에는 낯부끄러운 수준이었다. 일부 군 관계자에 대한 개인 제재나 무기 수출 제한에 머물렀다. 그러나 이번엔 달랐다. 개인 제재나 무기 수출 제한은 물론 금융, 무역 등 전방위적 제재가 시행되었다. 더 나아가 다른 나라들이 러시아와 거래를 할 경우도 제재하는 '2차 제재'도 실시되었다. 러시아는 허를 찔렸다. 이런 대규모의 제재가 시행되리라고는 예상하지 못했기 때문이었다.

A국이 B국을 제재하기 위한 전제조건은 무엇일까? A국의 제재로 인해 B국이 중대한 타격을 받을지 아닐지는 두 번째 문제이다. 가장 중요한 것은 A국이 먼저 제재를 하더라도, 상대적으로 B국의 반격에 의해 A국이 심대한 타격을 받지 않을 것이라는 확신이 있어야 한다. B국이 반발해 전쟁을 일으키지는 않을 것이라는 확신, 혹은 B국이 전쟁을 일으키더라도 손쉽게 무력으로 제압할 수 있다는 자신감 같은 것 말이다. 이런 차원에서 미국의 기존 제재 대상은 북한·이란·쿠바 등 상대적으로 약소국들이었다. 그러나 러시아는 세계 2위의 군사대국을 넘어 미국과 더불어 초핵강국이었다.

서방이 러시아가 제재에 대항해 전쟁을 일으키지 않을 것이라는 확신이 있었다고 하더라도, 어쨌든 러시아는 UN 상임이사국이었다. UN의 주요한 동의는 상임이사국들의 만장일치가 필요했다. 따라서 UN에 의한 국제제재는 5개 상임이사국들이 동의한 것이며, 이는 국제사회에서 상당한 정당성을 가지고 있었다.[3] UN의 제재를 받는 나라는 국제사회의 보편적인 규범을 침해하는 비정상 국가로 취급되었으며, 이전에 UN의 제재를 받았던 북한·이란·쿠바 같은 나라들은 국제사회에서 고립되었다. 그런데 이번의 제재는 핵강국이자 UN 상임이사국인 러시아를 대상으로 한 것이었다.

게다가 서방과 러시아는 경제적으로도 끈끈하게 연결되어 있었다. 유럽은 천연가스의 약 40%, 원유의 약 30%를 러시아에 의존하고 있었다. 특히 서유럽 중에서 독일과 이탈리아의 의존도가 높았다. 영국은 세계 금융의 허브인 런던을 중심으로 러시아 올리가르히의 사금고 역할을 하고 있었고, 러시아 기업과 정부와도 밀접한 관계를 가지고 있었다. 런던이 '런던그라드Londongrad'라는 별칭으로 불릴 정도였다. 프랑스는 러시아와 군사적 교류에 열심이었다. 2011년 12억 유로 규모의 미스트랄급

---

3 예를 들어 UN 안전보장이사회는 2006년 이후 5차례에 걸쳐 대북 제재를 결의했다(미국의 독자 제재도 있었다). 러시아와 중국이 제재에 동참했으며, 북한은 국제사회에서 완벽하게 고립되었다. 이는 두 가지를 의미했다. 하나는 중국, 러시아 역시 북한의 핵개발을 반대했다는 것이며, 다른 하나는 당시만 하더라도 중국과 러시아 역시 미국의 외교정책에 대해 공공연한 반발을 금기시하고 있었다는 것이다.

강습상륙함 두 척을 러시아에 공급하는 계약을 체결했을 정도였다.[4] 러시아 에너지 산업에는 미국의 엑손모빌, 영국의 BP, 프랑스의 토탈, 독일의 지멘스 등이 뛰어들었으며, 러시아의 내수시장이 성장하자 맥도날드·스타벅스·코카콜라 등 무수한 미국과 서유럽 기업들이 진출했다. 현대와 삼성, LG도 함께했다. 그런데 강력한 경제제재라니, 러시아는 경악했다.

게다가 소프트웨어 부문도 규제 대상이 되었다. 먼저 국제 송금 및 금융거래 시스템SWIFT에 대한 접근이 제한되었다. 이로 인해 러시아의 원자재 수출, 그리고 서구 자본의 러시아 투자가 어려워졌다. 이에 러시아 루블화의 가치가 폭락했다. 러시아에 대한 해상 탐사 및 생산기술 수출도 금지되었다. 석유 에너지 수출 의존도가 높은 러시아에는 치명적인 조치였다. 또한 러시아의 항공·방위·통신산업 등에 필수적인 부품과 기술 수출도 원천 차단되었다. 러시아는 소련 붕괴, 1998년의 러시아 금융위기를 넘어서는 최대의 위기에 봉착하게 되었다.

---

4 프랑스 해군의 중요한 전략적 자산인 미스트랄 강습상륙함은 길이가 약 200m에 달하며, 21,000톤 이상의 배수량을 가지고 있고, 16척의 상륙정과 6~8대의 헬리콥터를 동시에 수송할 수 있다. 프랑스는 이 강습상륙함을 러시아 해군에 맞춰 개조해 두 척을 건조했다. 그러나 러시아의 크림반도 병합으로 프랑스는 이 계약을 취소했고, 건조된 두 척은 이집트에 판매했다. 이에 러시아는 자체 개발에 들어갔다.

달라진 러시아,
백신 맞은 러시아

2022년 러·우전쟁이 터지자, 미국을 비롯한 서방의 제재가 봇물처럼 밀어 닥쳤다. 그 범위와 내용은 2014년 크림반도 침략 당시와 비교할 바가 아니었다. 2014년의 제재는 러시아에 대한 경고가 목적이었다면, 이번에 미국이 주도하는 서방 세계가 실시한 제재의 목적은 러시아 경제 붕괴를 통해 군수산업과 국방력을 약화시켜 러·우전쟁에서 패배하게 하는 것이었다.

제재의 내용은 다음과 같았다. 국제 송금 및 금융거래 시스템 SWIFT에서 러시아를 완전히 제외했으며, 러시아 주요 은행들에 대한 국제 금융거래를 제한 혹은 금지했고, 러시아중앙은행의 외환보유고6천억 달러 추정 중 서방의 금융기관에 예치된 것을 동결했으며, 석유 및 가스 수출을 제한하고, 글로벌 기업들이 러시아에서 철수했다. 러시아 정치인을 비롯한 올리가르히 개인들에 대해서도 제재를 했다. 무기 수출도 제한되었다. 만일 2014년에 국제제재가 이 정도로 강력했다면, 아마 러시아는 디폴트를 선언할 수밖에 없었을 것이다.

그러나 이번에는 달랐다. 2021년 이후 러시아의 수출액을 보자.

2021년 러시아 수출액　4,920억 달러 세계은행

2022년 러시아 수출액　5,724억 달러 OECD World

2023년 러시아 수출액　4,161억 달러 글로벌 시장 조사기관 스태티스타(Statista) & 로이터

2024년 러시아 수출액　4,372억 달러

러시아의 물가상승률은 러·우전쟁 전의 8~9%에서 전쟁 발발 후 16~17%까지 치솟았으나, 2023년 상반기에는 5%대로 떨어졌으며, 2025년 즈음엔 10% 내외에서 유지되었다. 환율 역시 전후 달러당 130루블까지 치솟았다가, 2025년 상반기에는 전쟁 전 수준인 80~90루블 사이에 머물렀다. 가장 중요한 경제성장률은 2022년에는 −1.2%의 마이너스 성장률을 기록했지만, 2023년에는 3.6%, 2024년에는 4.1%의 놀라운 성장률을 기록했다.[5] 여기서부터 서방의 전략이 틀어지기 시작했다.

서방은 애초에 세계 최강의 핵무장국인 러시아 본토까지 진격해서 승리를 거둘 계획은 당연히 세우지 않았다. 세계적인 핵전쟁 위험 때문이었다.

서방의 기본적인 전략은 우크라이나에 막대한 군사적 지원을 해서 장기적인 재래전을 벌임으로써 러시아의 군사력을 소모시키고, 전방위적인 경제제재를 통해 러시아 내부에서 반푸틴 정서와 세력을 확산시키는 것이었다. 또한 국제적 고립을 통해 궁극적으로 러시아가 전쟁을 수행할 동력을 잃게 만들고, 크림반도는 제외하더라도 최소한 우크라이나 동부 4개 주에서 러시아군을 축출하는 것이었다. 한마디로 러시아 정부의 실질적인 굴복, 더 나아가 잘만 된다면 푸틴의 실각과 러시아 해체가

---

5 그러나 2025년 4월 현재 러시아의 금리는 여전히 불안감을 보이고 있다. 러시아의 기준금리는 러·우전쟁 전에는 4.25~8.5% 범위에서 움직였는데, 전쟁이 발발하자 20%까지 올라갔다가 다시 10%대 아래로 내려갔다. 하지만 2025년 들어서는 기준금리가 다시 21%까지 올라갔다.

목표였다. 이런 서방의 목표는 전방위적 경제제재가 실효성을 거둘 것이라는 대전제를 바탕으로 했다.

그런데 그 일차적 전제가 깨졌다. 여기서부터 러·우전쟁은 꼬여가기 시작했다. 그렇다면 서방의 전방위적 경제제재가 2014년보다 훨씬 강력했음에도 불구하고, 왜 러시아에 타격을 주지 못했을까?

우선 2014년 경제적 제재가 러시아에 백신 역할을 했기 때문이다. 또 하나 기본적으로 러시아에 대한 경제제재는 한계를 가질 수밖에 없다는 점을 서구가 간과했다. 하나씩 살펴보자.

러시아에 대한 서방의 경제제재는 크게 해외자산 동결, 무역제재, 기술제재의 3가지 축으로 이루어졌다.

먼저 해외자산 동결을 보자. 러·우전쟁이 발발하자, 서방은 약 3천억 달러 규모의 러시아 해외자산을 동결했다. 하지만 2014년 서방의 일부 자산동결에 쓴맛을 본 러시아는 나름 철저하게 대비하고 있었다.

우선 외환보유고를 늘렸다. 2014년 서방의 제재로 러시아의 외환보유고는 3,500억 달러까지 줄어들었으나, 2022년 러·우전쟁 전에는 6천억 달러 이상으로 늘었다. 이는 세계 5위권으로, 세계 3위인 스위스를 제외하고는 GDP 대비 외환보유고가 다른 나라들에 비해 압도적인 규모였다.

또한 이미 외환준비금의 다변화를 시도하고 있었다. 달러 일변도에서 벗어나 다양한 통화로 준비금을 쌓고 금 보유량을 늘려나갔다.

그뿐만 아니라 2014년 서방의 제재에도 불구하고, 서구 자본의 국내 진출에 제한을 두지 않았다. 이에 따라 2016년 경제제재가 약화되면서 서구의 러시아 투자는 다시 늘어나기 시작했다.

한편, 러시아는 자산 몰수라는 맞불을 준비하고 있었다. 이는 특히 독일에는 치명적이었다. 독일은 러시아에 가장 많은 투자를 하고 있었다. 수많은 기업들이 러시아에 진출해 있었고, 그 기업들이 투자한 금액을 제대로 평가·계산조차 못하고 있을 정도였다. 더 결정적인 것은 만일 독일이 러시아 자산을 동결한다면, 러시아로부터 독일이 아직도 제대로 배상하지 못한 2차 세계대전 전범에 따른 배상청구서가 쏟아질 것이 불을 보듯 뻔했다.

한편 서방은 러시아의 국제적 고립을 위해 무역제재를 하고 국제 송금 및 금융거래 시스템SWIFT에서 완전히 차단했는데, 당시 우리나라와 세계 언론의 동향을 보면 러시아는 곧 파멸할 것처럼 보였다. '마스터나 비자 카드를 쓸 수 없다면, 누가 러시아를 갈 것이며, 러시아와 거래를 할 것인가?', 더 나아가 '국제 송금 및 금융거래 시스템이 막혔는데, 러시아가 어떻게 에너지 자원을 수출할 수 있겠는가?' 그러나 현실은 다르게 전개되었다.

2014년 이후 러시아는 국제 송금 및 금융거래 시스템에서 차단될 것을 대비해 자체적인 결제 시스템인 SPFS를 개발했다. 국제거래에서 사용하는 루블의 비율을 높이려고 노력했고, 민간기업들도 자국 통화인 루블을 통한 결제방안을 확대했다. 결정적인 것은 국제정세의 변화였다. 중국은 더 이상 G2 국가라는 호칭에 만족하는 미국의 하위 파트너가 아니었다. 중국은 눈치를 보지 않고 러시아에 손을 내밀었다. 게다가 인도가 성장하고 있었다.[6]

러시아와 역사적으로 관계가 깊었던 인도는 미국을 거의 무시하다시피 하면서 러시아에 손을 내밀었다. 2022년의 국제사회는 2014년의 국제사회가 아니었다. 러시아의 에너지 수출을 제약하려는 서방의 시도는 좌절되었다. 결제 시스템이 국제무역을 결정하는 것이 아니라, 국제무역 구조가 결제 시스템을 결정한다는 당연한 논리가 부각되었다.

돌이켜보면, 금융제재를 한다면서 마스터나 비자 카드가 러시아에서 나오고, 코카콜라나 스타벅스 같은 소비 기업들이 철수를 선언하고, 언론들이 이러한 결정이 러시아에 큰 타격을 줄 것이라고 연일 보도한 것은 우스운 일이었다. 한국에서 해외 카드사나 음료업체, 커피 프랜차이즈가 철수한다고, 그게 한국 경제에 얼마나 타격이 되겠는가?

서방은 자기 발등을 자기가 찍었다. 일부 평가에 의하면, 서

---

6 2021년 중국과 러시아 간의 교역규모는 약 1,465억 달러였다. 러·우전쟁 발발 이후 양국의 교역규모는 대폭 증가하여 2022년에는 1,900억 달러를 넘어섰으며, 2023년에는 2,400억 달러를 돌파했다.

인도와의 교역규모 변화는 더욱 극적이었다. 2021년 러시아의 대인도 수출은 83억 달러, 수입은 33억 달러였다. 2022년 교역액은 수출이 340억 달러, 수입이 29억 달러였다. 그런데 2023년에는 수출이 606억 달러, 수입은 41억 달러로 늘었다. 서구로 가던 석유와 천연가스가 어디로 갔는지 명확히 보여주는 지표이다.

방의 기업들은 이 결정으로 3,000억 달러에 달하는 피해를 입었다고 한다. 지금 서방의 기업들은 미국과 러시아 정부의 눈치를 보면서 다시 러시아로 진출할 기회를 엿보고 있다. 현대와 LG도 예외가 아니다.[7]

마지막으로 더 심각한 것은 기술제재였다. 사실 역사적으로 기술제재는 성공한 적이 거의 없었다. 왜냐하면 기술제재는 기본적으로 하드웨어 분야가 아니라 소프트웨어 분야의 제재라는 한계가 있기 때문이다. 예를 들어 토지나 자원이 없는 나라에 농산물이나 광물 수출을 제한한다면, 제재를 당한 나라는 이를 극복하기가 굉장히 어려울 것이다. 이는 국제사회의 제재가 북한에 준 충격을 보면 쉽게 이해할 수 있다. 실제로 북한은 석기시대의 나라로 돌아갔으며 수백만 명이 굶어죽었다고 알려지기도 했다. 그러나 기술제재의 경우 자체적으로 기술을 개발하거나 우회전략을 펼 수 있다. 2019년 7월, 일본의 반도체 핵심 소재 수출 제한 조치가 한국의 부품 소재 산업의 자생력을 강화시킨 사례, 미국의 반도체 기술제재가 중국의 반도체 자생 역량을 강화시킨 사례에서 이런 예를 쉽게 찾아볼 수 있다.

---

7 2023년 12월 현대자동차는 러시아 공장을 1만 루블(한국 돈 15만 원)에 매각했다. 2년 이내에 다시 사들이는 바이백을 할 수 있는 조건을 달았다. 바이백 가격은 옵션 행사 시점의 시장가격에 따라 결정하기로 했다. 이 공장의 장부가액은 현재 약 2,873억 원으로 추산된다. 15만 원에 판 공장을 2년도 안 되어 3천억 원을 주고 사야 하는 상황이 되고 있다. 이미 현대자동차는 공장 철수로 1조 원 이상의 손실을 본 것으로 추정되고 있다.

특히 지금 세계는 글로벌 공급망이 복잡하게 얽혀 있기 때문에 완벽한 기술제재는 불가능하다. 게다가 상대방은 세계적인 기초과학 강국인 러시아다. 2014년 이후 러시아 정부는 기업에 전폭적인 보조금을 지급해 외국인 투자와 기술을 대체할 국내 기업들의 성장을 지원했다. 특히 방위산업, 자동차 및 기계산업 등에 초점이 맞추어졌다. 항공분야에서는 항공기 시스템과 엔진을 국산화하여 수호이Sukhoi 는 PD-8을, 통합 엔진 개발사인 UEC United Engine Corporation 는 PD-14 엔진을 독자적으로 개발했다. 러시아 국영 원자력 회사인 로사톰Rosatom 은 독자적 핵발전소를 설계, 건설했으며 해외 수출도 했다. 다카르 랠리 16회 우승으로 유명한 트럭 제조업체인 카마즈KAMAZ 는 연간 10만 대를 생산하는 중형 트럭 회사로 변신했다. 국영 통신기업 로스텔레콤Rostelecom 은 서방의 기술에 의존하지 않는 독자적인 통신기술로 러시아의 통신 인프라를 구축했다. 필자는 러시아 여행 시 택시를 부를 경우 우버나 그랩이 아닌 얀덱스Yandex, 세계 검색엔진 4위를 이용하는데, 동구권 대부분의 나라들에서도 얀덱스를 이용하곤 했다. 세계는 구글이 지배하는 듯하지만, 중국에는 바이두, 러시아와 동유럽에는 얀덱스가 있다.

이렇듯 서방의 러시아에 대한 금융제재, 무역제재, 기술제재는 무력화되었고, 서방 세계에 부메랑이 되어 돌아왔다. 미국과 서구는 쿠바·시리아·이란·북한을 제재해서 국제사회에서 손쉽게 고립시켰기에 국제제재를 마법 지팡이로 여겼으며, 러시아에도 아무 생각 없이 휘둘렀다. 하지만 서방은 러시아가 기존의 나라들과 다르다는 것을 간과했다. 심지어 기존 나라들에 대한 제재도 장기적으로는 심각한 문제를 가져왔다는 사실을 놓치고 있었다.

국제제재는 국제교역이 제한되었을 때, 그 나라가 받는 타격이 크면 클수록 효과가 커진다. 그렇다면 어떤 나라가 제재에 의한 타격이 클까?

국제제재에 가장 심대한 타격을 받는 것은 식량과 에너지를 자립할 수 없는 나라이다. 식량과 석유를 자급자족할 수 없는 북한이 국제사회의 제재를 받자 어떻게 되었는지를 생각해 보면 쉽게 알 수 있다. 쿠바는 더한 경우이다. 지금 쿠바는 관광객이 가도 렌트카를 이용할 수가 없다. 주유소에 기름이 없기 때문이다. 지금 쿠바의 수도 아바나에서 비행기로 우리의 부산 격인 산티아고 데 쿠바를 가려면 캐나다를 경유해야 한다. 쿠바가 유기농의 천국이 된 것은 집집마다 텃밭에서 농사를 지어야 했기 때문이다. 이렇듯 국제사회의 제재는 식량과 에너지를 자급할 수 없는 나라에는 치명타였다.

하지만 러시아는 에너지 수출국이며, 세계에서 가장 많은 자원을 보유한 나라 중 하나이다. 그래서 서방은 에너지와 자원에 대해 수입이 아니라 수출을 규제했다.

그런데 OPEC 석유수출국기구이 단합해서 석유 수출물량을 줄일 수는 있어도, 비산유국들이 단합해서 OPEC의 석유 수출물량을 줄인다는 얘기를 들어본 적 있는가? 서방이 러시아의 에너지와 자원 수출을 규제하는 것은 애당초 가능한 일이 아니었다.

게다가 2014년 이후 러시아는 GDP에서 에너지 부문의 비중을 줄이기 위해 상당히 노력했다. 평가기관에 따라 다르지만, 2014년 이전 GDP의 25~30%를 차지하던 에너지 부문의 비중은 2023년 10~13% 정도로 낮아졌다. 그런데도 서방은 러시아에 대한 에너지 수출 제한을 감행했다. 결과적으로 중국과 인도는 값싼 에너지를 살 기회를 얻었고, 서유럽 국민들은 추위에 시달려야 했으며, 다른 산유국들은 국제 유가 상승으로 부를 더 쌓을 기회를 얻었다.

이번에는 러시아에 대한 식량 제재의 효과를 살펴보자. 2014년 러시아가 국제사회의 제재에 당황했던 주요한 이유 중 하나는 바로 식량 문제였다. 일반적인 상식과는 달리 2000년대 초반 러시아는 밀 수입국이었고, 2014년 크림반도 점령 이전에 식량 자급률은 80%대에 머물고 있었다.

러시아는 2014년 국제제재 이후 넓은 영토를 바탕으로 시베리아와 중앙아시아를 개간하기 시작했고, 소규모 농장을 합병하여 대규모 농장경영을 도입했으며, 우수한 기초과학을 바탕으로 농업 부문에서 기술혁신을 이루어냈다. 거기에 지구온난화도 한몫을 했다. 2020년대가 되자, 러시아는 세계 최대 밀 수출국이 되었다.

정리해 보자. 국제사회의 제재는 식량과 에너지를 자급할 수 없는 무역의존도가 높은 작은 나라들에게 효율적인 것이다. 그런데 서방은 이를 간과하고, 세계에서 가장 넓은 영토를 바탕으로 풍부한 자원과 에너지를 보유한 세계 최대 밀 수출국이자 기초과학 강국에 전례 없는 대규모 제재를 가한 것이다. 따라서 국제제재의 효과는 별로 없었으며, 오히려 러시아에 에너지 등을 의존한 서유럽에 치명적인 결과를 가져왔다.

지금까지 러시아에 대한 경제제재, 즉 자산동결, 무역제재, 기술제재가 왜, 어떻게 실패했는지를 살펴보았다. 이제는 러·우전쟁 자체에 주목해 보자.

강력한 러시아, 10배의 포탄을 퍼붓다

부끄럽지만 전쟁사를 강의했던 사람의 입장에서, 이번 전쟁에 대해 살펴보면서 전쟁의 사상자 수를 추정하는 것이 매우 이념적인 것임을 알게 되었다. 양측 모두 상대방의 사상자 수를 부풀리는 정도가 극단으로 치달았다.

2024년 12월 9일 젤렌스키는 러시아군의 사망자는 19만 8천 명, 부상자는 55만 명 이상인 반면, 우크라이나군의 사망자는 4만 3천 명, 부상 치료자는 37만 명 이상이라고 주장했다. 젤렌스키는 러시아군의 경우 부상자를, 우크라이나군의 경우 부상 치료자를 언급했다. 그리고 러시아군의 사망자가 압도적으로 많다며, 이는 러시아의 병력을 갈아넣는 인해전술 때문이라고 주장했다.

반면 2024년 11월 21일 러시아 국방부와 국영통신사 타스는 자국 사상자 수는 발표하지 않고, 우크라이나의 누적 사상자 수가 90만 명이 넘는다고 발표했다. 러시아의 매체들은 포로나 시체 교환비율을 보면, 러시아 측의 사상자는 우크라이나 측의 10분의 1에서 15분의 1 수준이라고 주장했다.

그런데 사상자 추측에 대한 어느 쪽 입장이 좀더 정확하든 간에, 명확한 사실은 러시아가 전쟁에서 승리했다는 것이다. 우크라이나의 동부 4개 주도네츠크, 루한스크, 자포리자, 헤르손는 대부분 러시아의 수중에 떨어졌다. 지금 상황에서는 휴전이 어떻게 이루어질지 모르겠지만, 전쟁이 지속되면 2014년에 병합한 크림반도와 동부 4개 주뿐만 아니라 오데사도 넘어갈 가능성이 있다. 그렇다면 러시아가 전쟁에서 승리할 수 있었던 전술의 핵심은 무엇이었을까?

전쟁의 역사를 하나씩 반추해 보자.

페르시아 전쟁에서 그리스가 승리한 핵심은 무엇이었을까? 가장 중요한 요인은 팔랑크스phalanx라고 불리는 강력한 밀집 중갑 보병을 갖추었기 때문이다. 처음에는 중갑 보병만 있는 그리스 군대는 기병, 보병경보병 중심, 궁병을 갖춘 페르시아군에 비해 약해 보였지만, 전쟁의 결과는 달랐다. 상대 진영의 중심을 찌르는 단련된 중갑 보병이 전쟁의 승패를 갈랐다. 십자군 전쟁은 중갑 기병전이었고, 몽고의 세계전쟁은 경 기병전이었다. 한편 대당 고구려전은 수성전이었다.

이제 현대전으로 넘어와 보자. 1차 세계대전은 참호전이었다. 길고 긴 참호를 보급을 통해 오랫동안 유지하는 나라가 승리했다. 독일은

고대 그리스의 팔랑크스 진용

참호를 더 이상 유지할 수 없게 되자 항복했다.

2차 세계대전은 기갑전이었다. 물론 공중전·해상전·보병전 등이
어우러졌으나, 가장 중요한 것은 참호를 무력화하는 기갑 전력이었다. 초
기에는 강력한 기갑 부대를 가진 독일이 승리했으나, 차츰 미국과 소련의
압도적인 기갑 무장력이 독일의 우수한 전략과 전술을 넘어섰다.

한국전쟁은 보병전이 중심인 고지전이었다. 한국은 대부분 산
악 지형이어서 기갑전은 한계를 가지고 있었다. 베트남전은 게릴라전이
었다. 밀림 때문에 기갑전을 할 수 없었다.

이제 탈냉전 이후의 전쟁을 보자. 1990년~1991년 걸프전은 폭격
장면이 전 세계에 텔레비전으로 생중계되었다. 걸프전은 정밀 타격전이
었다.[8] 미국은 압도적인 정밀 유도무기로 직접적인 충돌을 전제로 하는
기갑전이나 보병전 없이 승리를 거두었다. 미군의 사망자는 단 294명
이었다. 탈냉전 이후 천조국 미국의 위상을 보여준 대표적인 전쟁이었다.

2003년 이라크전 역시 마찬가지였다. 정밀 유도무기를 앞세운 미군은 압도적인 군사력으로 상대방을 쉽게 무너뜨렸다. 현대전, 더 나아가 미래전은 육군이 아니라 해군과 공군 중심이며, 엄청난 돈을 쏟아부은 고도의 정밀 유도무기를 이용해 압도적인 폭격으로 항복을 받아내는 것이 전쟁의 승자가 되는 지름길로 인식되었다. 당시 이것이 가능한 나라는 미국밖에 없었다.

걸프전은 이제 세계는 미국의 단일 패권에 의해 움직이는 새로운 세계질서의 시대이며, 그 새로운 세계질서는 일차적으로는 미국이 채택하고 있는 자본주의·자유민주주의·시장경제체제의 우월성에 의해 지배되고, 그 배후에는 압도적인 미국의 군사력이 자리잡고 있다는 것을 증명해 주었다.

그런데 이러한 시대에 이상한 전쟁이 하나 일어났다. 바로 아프가니스탄 전쟁이었다. 2001년 테러와의 전쟁으로 시작된 아프가니스탄 전쟁은 초기에는 정밀 유도무기 전력에 의해 쉽게 미국의 승리로 끝날 것처럼 보였다. 그러나 20년이 흘러 2021년 미군의 황급한 철수로 끝났다. 세계 최강 미국이 슬리퍼를 신고 소총을 든 탈레반에게 지다니 무슨 일이

---

8 정밀 타격전은 기본적으로 정밀 유도무기의 발전에서 비롯된다. 정밀 유도무기는 정확한 목표를 타격하기 위해 유도장치를 탑재한 무기이다. 미사일뿐만 아니라 폭탄이나 포탄의 형태도 있다. 정밀 유도무기는 효율적인 타격으로 적에게 치명상을 입힐 수 있으며, 이전의 전쟁 양식에 비해 자원을 절약하고 군인과 민간인의 피해를 최소화할 수 있다는 것이 장점이다. 이러한 이유로 정밀 타격전은 '스마트(Smart) 전쟁'으로도 불린다.

벌어진 것일까?

　아프가니스탄 전쟁은 정밀 타격전이 아니라 게릴라전으로 흘러갔다. 전쟁 초기에 몇 군데를 정밀 타격한 후, 아프가니스탄에는 더 이상 정밀 타격을 할 만한 곳이 없었다. 탈레반은 도시에 대규모 거점을 세우지 않고, 산속에 숨거나 시골 촌락에서 주민들 사이에 숨어들었다. 탈레반을 찾아 시골 구석구석을 뒤져야 했다. 그들은 항복은커녕 수가 늘어났다. 지루한 전쟁이 20년간 계속되었고, 미군은 사망자가 2천 명, 부상자가 2만 명을 넘어섰다. 게다가 처음에는 슬리퍼를 신고 소총을 들었던 탈레반이 어느새 미국이 아프가니스탄 정부군에 준 미군의 무기로 무장하고 있었다.

　2021년 아프가니스탄에서 철수한 미군은 눈을 우크라이나로 돌렸다. 아프가니스탄에서 당한 것은 특수한 지형에서 발생한 이상하고 사소한 사건임을 보여주어야 했다. 국제 경제제재라는 후원군이 있었지만, 미국은 후원군 없이도 이 전쟁에 승리할 수 있다는 확신을 가지고 있었다. 이유는 우크라이나를 충분히 무장시켰다는 자신감이 있었기 때문이다.

　러·우전쟁 초기에 많은 전문가와 일반인들은 러시아가 쉽게 우크라이나를 제압할 것으로 예상했다. 러시아와 우크라이나의 군사력이 크게 차이가 났기 때문이다. 전쟁 전 양측의 주요 군사력을 비교해 보자.

　양국의 군사력 차이를 보면, 우크라이나는 러시아의 상대가 되지 못했다. 그래서인지 우크라이나가 전쟁을 장기화시킨 원동력을 국민들의

러·우전쟁 전 양국의 주요 전력 비교

주요 전력	우크라이나	러시아
국방비	450억 달러	1,900억 달러
총 병력	50만 명	110만 명
예비군	40만 명	200만 명
탱크	2,596대	12,420대
장갑차	12,303대	30,122대
자주포	1,067문	6,574문
견인포	2,040문	7,571문
다연장 로켓	490대	3,391대
함정	38척	605척
항공기	318기	4,520기
전투기	69기	1,330기
헬리콥터	112기	1,543기
공격 헬리콥터	34기	577기

애국심과 강력한 저항정신에서 찾는 사람들도 많다. 하지만 그러한 견해
는 전쟁의 본질을 정신적인 측면에서만 찾는 단견이다.[9] 진짜 이유를 찾
아가 보자.

먼저 위의 표에서 두 나라의 군사력 비교는 두 가지를 크게 간과하

---

9 4차례의 중동전쟁에서 이스라엘이 승리를 거둔 이유는 전쟁이 터지자마자 자발적으로 돌
아와서 참전한 젊은이들의 애국심도 있었지만, 가장 기본적인 원동력은 이스라엘의 압도적인
경제력과 군사력, 그리고 미국의 전폭적인 지원과 아랍의 분열이었다.

고 있다. 우선 전쟁에서 군사력을 비교하기 위해서는 양국의 총 군사력이 아니라, 러시아가 우크라이나 침공에 동원한 군사력과 우크라이나의 총 군사력을 비교해야 한다. 마치 아프가니스탄과 미국의 군사력을 비교한 후 미군의 일방적인 승리를 예상하면 안 되었던 것과 마찬가지다. 우크라이나를 침공한 러시아군은 19만 명이었고, 우크라이나군은 50만 명, 동원 가능한 예비군을 포함하면 우크라이나군은 이미 전쟁 전에 100만 명에 가까웠던 것으로 알려져 있다.

이번에는 주요 서유럽 국가들과 우크라이나의 전력을 비교해 보자.
한마디로 우크라이나는 러·우전쟁 전에 이미 러시아를 제외하고는 유럽 최강의 전력을 가지고 있었다. 러·우전쟁은 지형적 이유로 해상 전력이 영향을 미치지 못하고, 여러 이유로 공군전이 제약된 전쟁이

유럽 국가들과 우크라이나의 전력 비교(2022년)

주요 전력	우크라이나	독일	영국	프랑스	이탈리아
국방비	450억 달러	67억 달러	75억 달러	61억 달러	30억 달러
탱크	2,596대	266대	227대	406대	200대
장갑차	12,303대	9,217대	5,015대	6,558대	6,908대
자주포	1,067문	121문	89문	109문	54문
다연장 로켓	490대	38대	44대	13대	21대
군인	50만 명	20만 명	23만 명	24만 명	19만 명
전투 가능군	25만 명	4만 명	7만 명	8만 명	5만 명

었다. 이 점을 감안한다면, 우크라이나군은 전쟁 전에 이미 주요 서유럽 국가들의 군대를 합한 것보다 강력한 전력을 가진, 러시아에 맞설 수 있는 군대였던 것이다.

게다가 러시아의 2014년 크림반도 점령 이후, 우크라이나군은 서방의 지원을 바탕으로 현대화된 군사력을 확보했다. 미국은 재블린 대전차 미사일과 스팅어 미사일로 우크라이나의 공군 방어전력을 강화시켰다. 영국은 차세대 전차와 장갑차를 제공했으며, 폴란드는 인접국으로서 우크라이나군의 서구화와 현대화를 지원했다. 우크라이나는 알려진 것처럼 러시아와 비교가 안 되는 군사적 약국이 아니었다. 철저하게 준비하고 있었고, 전쟁에서 승리를 자신하고 있었다.

그런데 왜 러시아가 승리했을까? 앞에서 전쟁의 승패를 이해하기 위해서는 전쟁 지휘부의 전략과 전술보다 기본적인 전쟁 형태에 주목해야 한다고 했다. 이것을 다르게 말하면, 군인들이 대체로 어떤 무기에 의해 사망했는가에 주목해야 한다는 잔인한 질문이 된다.

페르시아군은 그리스의 중갑 보병에 의해 전선이 붕괴되자 일방적으로 학살당했으며, 아랍의 경보병은 전쟁 초기에는 십자군의 중갑 기병의 접근전에 의해 붕괴되었다. 마찬가지로 몽고와 싸운 군대는 몽고군의 경기병에 무너졌으며, 당나라 군대는 고구려의 성벽 앞에서 죽음을 맞이했다. 1차 세계대전에서는 수많은 군인들이 참호에서 죽었으며, 2차 세계대전에서는 기갑부대의 전격전에 의해 죽음을 맞이했다. 탈냉전시대 미국의 정밀 타격전은 미군은 사망자가 거의 없었으며, 심지어 타격을 받은 나라조차도 민간인 희생자가 이전의 전쟁들에 비해 현격히 줄어들었다.

러시아와 우크라이나 양측 공히 인정하는 것이 있다. 희생당한 군인의 80%는 포격에 의해 사망했다는 것이다. 러·우전쟁은 포격전이었다. 이는 서방의 자원병과 용병들이 인터뷰 기사에서 러시아 군인과 싸워 보지도 못하고 포격만 피하는 것에 지쳐서 포기하고 돌아왔다는 발언에서 쉽게 확인할 수 있다.

러·우전쟁 초기, 양측의 디도스DDoS 공격, 인터넷 여론전과 선전전이 이루어지면서 인터넷과 통신망이 중요한 전략적 대상으로 떠올랐다. 일론 머스크가 스타링크Starlink 서비스를 우크라이나에 제공하자, 뉴스에서 이것이 전쟁의 향방을 바꿀 것이라고 이슈가 되었고, 러·우전쟁의 성격을 '첨단 정보전'으로 규정하는 경향이 나타났다. 하지만 이는 전쟁의 본질을 모르면서 하는 말이다. 앞으로 전쟁에서 인터넷이나 위성 네트워크망이 더 중요해지겠지만, 전쟁의 성격을 결정할 수는 없다. 인터넷을 이용하여 다른 무기로 군인을 죽일 수는 있지만, 인터넷으로 군인을 직접 죽일 수는 없다. 아무도 1차 세계대전을 '무전기 전쟁'이라고 하지 않는다.

그렇다면 러·우전쟁은 왜 대규모 포격전이 되었을까? 기본적으로 3가지 이유를 들 수 있다.

1. 해군과 공군의 역할이 최소화되었다

2차 세계대전 이후의 현대전은 육·해·공의 조합으로 이루어졌다. 특히 기술발전에 따라 해군과 공군의 역할이 점점 더 중요해졌다. "전쟁은 결국 보병이 가서 깃발을 꽂아야 끝난다"며 육군의 중요성을 강조하는 이야기가 전설처럼 들리기 시작했다. 여기에는 미군이 시작한 '정밀 타격전'이 큰 영향을 미쳤다.

그러나 이번 러·우전쟁은 다시 전쟁의 서사를 육군으로 돌려세웠다. 대신 예전처럼 고지가 아니라 도시의 주요 빌딩에 깃발을 꽂는 전쟁이 되었다. 러·우전쟁에서 해군이 별다른 역할을 하지 못한 것은 양국의 지정학적 위치 때문이다. 우크라이나와 러시아는 국경선이 2,300km에 달한다. 이런 사실이 보여주듯, 러·우전쟁은 일차적으로 내륙전이었다.

앞의 표에서 보았듯, 우크라이나의 해군력은 별 게 없어서 러시아는 쉽게 해상 전력에서 우위를 차지하고 해상을 봉쇄했다. 그런데 만일 대만해협, 대한해협이나 말라카 해협이 봉쇄된다면 큰 타격을 받겠지만, 우크라이나는 그렇지 않았다. 우크라이나가 흑해를 통해 무역을 하는 것은 거의 농산물밖에 없었다. 대부분의 무역은 육로를 통해 서유럽, 동유럽 국가들과 이루어지고 있었다. 게다가 농산물에 대한 해상봉쇄로 인해 국제 곡물가격이 상승하고, 제3세계 빈곤 국가들이 더욱 궁핍해졌다. 러시아로서는 국제여론을 의식해 오래 지속할 수 있는 전략이 아니었다.

또한 러·우전쟁에서는 대규모 항공전이나 폭격전이 일어나지 않았다. 왜 그랬을까? 우선 대공망의 발전 때문이었다. 현대전에서는 공중전이나 폭격전이 점점 어려워지고 있다. 방공망의 개발속도가 전투기의 개발속도를 넘어서고 있기 때문이다. 우크라이나는 서방 국가들로부터 현대적인 방공 시스템을 지원받았으며, 러시아로부터 이전에 제공받은 대공망도 갖추고 있었다 예: 미국의 NASAMS, 러시아의 S-300. 우크라이나의 대공망은 효과적으로 작동했다. 전쟁 초기, 러시아 전투기들이 격추되어 언론을 장식하는 일이 종종 발생했다. 이는 해군의 역할에도 영향을 주었다. 러시아의 해상 미사일은 우크라이나의 방공 시스템에 의해 차단되곤 했다.

특히 더욱 고가화되는 전투기를 쉽게 격추할 수 있는 저가 무기와 레이더의 개발속도가 빨라지고 있다. 이는 러·우전쟁만이 아니라 차후 전쟁에 중요한 시사점을 준다.

마지막으로는 러시아가 우크라이나 대도시에 대한 전격적인 폭격전을 자제했기 때문이다. 대규모 폭격전은 러시아와 같은 슬라브 민족이며 친인척 관계로 얽혀 있는 우크라이나에서 민간인의 대규모 희생이 발생할 수 있다. 이는 푸틴에게도 정치적으로 불리한 선택이다. 따라서 러·우전쟁은 자연스럽게 대규모 육상전으로 전개되었다.

2. 정밀 유도무기의 한계가 드러났다

이 점은 미국에는 러·우전쟁의 뼈아픈 교훈이다. 미국의 단일 패권을 보장해 주던 전쟁의 형태는 정밀 타격전이었으며, 정밀 타격전은 정밀 유도무기에 의해 이루어졌다. 미국의 정밀 타격전이 무서웠던 이유는 정밀 유도무기는 미군만이 가지고 있었고, 정밀 유도무기를 막을 수 있는 방법이 없었기 때문이다. 당시 정밀 유도무기는 그야말로 4차원 세계의 무기였고, 탱크와 전투기로 대표되는 상당한 재래 전력을 가지고 있던 이라크군이 미군을 상대로 아무것도 하지 못하고 패전한 이라크전이 그 증명이 되었다.

그러나 러·우전쟁에서는 달랐다. 먼저 정밀 유도무기를 막을 수 있는 방법이 등장했다. 전자전을 통해 유도 시스템을 방해하고 GPS 시스템을 교란했다. 전쟁 초기에 전환점이 될 줄 알았던 미국의 HIMARS High Mobility Artillery Rocket System 나 AGM-88 HARM High-speed Anti-Radiation Missile 미사일은 그 역할이 미미했다. 심지어 요격률이 5%도 안 된다는 설이 나오기도 했다.

또한 이제 정밀 유도무기는 미국만의 전유물이 아니었다. 러시아의 이스칸데르 Iskander-M, Kalibr Cruise Missiles 미사일이 우크라이나를 향해 쏟아졌다. 심지어 미국이 아직 개발하지 못한 킨잘 Kinzhal Hypersonic Missile 이라는 극초음속 유도 미사일도 등장했다.

문제는 무기의 질만이 아니었다. 전쟁 초기에 러시아가 발사한 정밀 유도무기의 양이 미국이 이라크전에서 사용한 양을 넘어섰다는 주장이 나왔다. 게다가 정밀 유도무기의 자리를 값싼 드론이 대체하기 시작했다. 드론이 참호와 빌딩을 향해 쏟아졌다.

아프가니스탄 전쟁에서 정밀 유도무기가 게릴라전 같은 전쟁에서는 효용성이 없다는 것이 드러났듯, 러·우전쟁 같은 대규모 지상 공방전에서 주도적 무기가 될 수 없다는 점이 드러났다. 넓디넓은 전쟁터의 긴 참호와 수많은 빌딩들을 향해 고가의 정밀 유도무기를 사용할 수 없다는 사실이 명확해졌다. 뒤에서도 다루겠지만, 이는 미국의 군사적 패권에 대한 중대한 위기였다.

3. 대전차무기의 소형화와 드론의 역할이 커졌다

그렇다면 공중전도 해상전도 아닌 육상전에서, 그것도 정밀 유도무기가 부차적인 무기로 전락한 상황에서 러·우전쟁은 어떻게 전개되었을까?

일단 예상할 수 있는 것은 기갑전이다. 하지만 상황이 변했다. 공중 폭격의 지원 속에서 기갑 전력을 상대방의 핵심 지역에 신속히 투입하여 승리를 거두는 전격전 방식이 더 이상 통하지 않았다. 공중 폭격의 지원은 점점 더 어려워졌으며, 특히 대전차 개인화기가 보편화되어 탱크나 자주포를 중심으로 한 전격전이 무력화되었다. 우크라이나 군인들은 미제 재블린Javelin, FGM-148을 들고, 러시아 군인들은 코넷Kornet, 9M133이나 값싼 RPG-7을 들고 상대방의 기갑 전력을 무력화했다. 게다가 하늘에서는 정밀 유도된 드론이 폭탄을 장착한 채 탱크 위로 떨어졌다.

전쟁 초기에는 심지어 탱크 무용론이 터져나왔다. 하지만 역설적으로 기갑장비의 필요성은 더 커졌다. 드론은 탱크 위만이 아니라 군인들의 머리 위에도 떨어졌기에, 기갑은 이동하는 보병을 보호하기 위한 필수 장비가 되었다.

기갑의 전격전이나 공중 폭격이 드물어지자, 군인들은 들판에서는 참호를 파고, 도시에서는 콘크리트 기둥이 버텨주는 빌딩 속으로 들어갔다. 참호전과 시가전이 다시 전개되었다. 참호와 시가의 빌딩을 어떻게 효과적으로 파괴할 것인가? 이에 전면적인 고강도 포격전이 시작되었다. 이것이 당시 뉴스에 갑자기 155mm 포탄이나 105mm 포탄이 부족하다 느니, 푸틴이 포탄을 얻기 위해 북한을 방문한다느니, 서방이 한국에 포탄을 요청한다느니 하는 시대에 뒤떨어진 소식이 나온 이유였다.

이제 포탄 생산능력, 포병 전력, 그리고 포병 전술이 중요해졌다. 전쟁의 승패가 포격 능력에 의해 결정되기 시작했다. 그런데 서방은 러시아를 포탄 생산능력, 포병 전력, 포병 전술에서 압도하지 못했고 오히려 뒤처졌다.

미국 CNN 방송에서 나토의 고위 관료는 "이 전쟁은 '생산 전쟁'"이라고 하면서 "러시아의 연간 포탄 생산능력은 300만 발인데, 서구와 미국이 제공할 수 있는 것은 120만 발에 불과"하며, "러시아는 하루 1만 발의 포탄을 사용하는 반면 우크라이나는 2천 발에 불과"하다고 전했다. 이것이 서방의 주장인 점을 감안한다면, 실제 양측의 생산능력은 더 크게 차이날 것으로 추정된다. 심지어 일부 매체는 러시아의 포탄 생산량을 서방의 10~15배로 추정하고, 실제 러·우전쟁에서 사용한 양도 그럴 것이라고 보도한 바 있다.

포병 전력 역시 마찬가지였다. 러시아는 2차 세계대전 이래 넓은 평야에서 포병 전력을 활용하는 전술을 발전시켜 왔다. 러시아 군인들이 학력 수준이 높고 과학기술에 대한 이해도가 높다는 점도 영향을 미쳤다. 러·우전쟁이 대규모 전격 포병전이 되었다는 것은 러시아군에게 날개를 달아주었다. 그리고 물량 조달에 실패한 미국은 전쟁에서 패했다. 푸틴이 트럼프의 체면을 어떻게 세워 줄지는 모르겠지만, 미국은 우크라이나를 통한 러시아와의 대리전에서 명백히 패했다. 아프가니스탄 전쟁에서 체면을 구긴 데 이어, 러시아를 상대로 한 전쟁에서 천문학적 돈을 뿌리고도 졌다. 이제 미국은 군사적으로 더 이상 단일 패권 국가가 아니다. 미국은 왕관을 내려놓았다. 전 세계는 이를 지켜보면서도 못 본 척하고 있었다.

2003년 미국의 부시 대통령은 이라크전을 43일 만에 승리로 이끈 것을 자축하며 전투기에서 내렸다. 당시 미국은 세계의 유일한 경찰이었다. 고도의 무장력과 그것을 실행할 의지를 가지고 있었다. 하지만 20년이 흐른 후 미국은 더 이상 세계 경찰이 아니었다. 그것을 증명한 것이 러·우전쟁이다. 미국은 더 이상 고강도 전면전을 할 수 없는 나라라는 것이 드러났다.

이제 2부의 2장에서는 러시아를 넘어 미국으로 가보자.

2장 미국

환상이 깨지다,
더 이상 세계 경찰은 없다

더 이상 고강도 지상전을
치를 수 없다

우리나라에서 일부 사람들은 미국을 요샛말로 '천조국'이라고도 한다. 여러 이유가 있지만, 그중 하나는 미국의 국방비가 일년에 1천조 원2024년 8,860억 달러에 달하기 때문이다. 이는 미국의 전체 예산에서 가장 큰 비중을 차지한다. 또한 2024년 기준 EU의 국방비 3,910억 달러, 중국 2,960억 달러, 러시아 1,090억 달러를 합한 것보다도 크며, 전 세계 국방비의 40%를 웃돈다. 게다가 2위인 EU 등 우호국의 국방예산을 합치면 미국의 군사적 우위는 압도적이다. 그런데 미국은 왜 아프가니스탄 전쟁에 이어 러·우전쟁에서도 패했을까? 세계는 왜 미국을 더 이상 세계 경찰로 인정하지 않게 되었을까? 단 20년 만에 무슨 일이 벌어진 것일까? 이 장에서는 탈냉전 이후 미국이 세계 경찰의 지위를 잃어가는 과정을 살펴봄으로써, 러·우전쟁에서 미국이 왜 패했는지 근본적인 이유를 찾아보겠다.

일반 사람들이 경찰의 무력을 인정하는 이유는 그들이 가진 무력이 개인보다 우월하기 때문이다. 또한 설령 개인이 가진 무력이 더 크더라도, 경찰의 배후에 있는 국가가 더 압도적인 무력을 동원하여 진압할 수 있음을 알기 때문이다. 그런데 아프가니스탄 전쟁에서 시작된 미국의 세계 경찰로서의 역할에 대한 의심은 러·우전쟁을 통해 확신으로 변했다. 지역적으로는 개별 국가의 군사력이 미국을 능가할 수 있고, 설혹 특정 지역에서 군사력이 열세여도 미국이 잠재적 총 군사력을 동원하여 그 열세를 전복할 수 없다는 것이 드러났다. 미국은 왜 세계 경찰로서의 역할을 잃어버렸을까? 이를 알기 위해서는 거꾸로 미국이 어떻게 세계 경찰의 지위를 획득하고 유지했는가를 살펴보아야 한다.

팍스 로마나, 팍스 몽골리아, 그리고 대영제국, 이 세 제국들은 모두 제국에 반발하는 세력이 있으면 어느 곳이든 신속하게 직접 군대를 이끌고 가서 진압했다. 피지배지들 간의 분쟁에도 빠르게 군대를 동원하여 적극적으로 개입해 봉합했다.
미국 역시 마찬가지였다. 냉전시대에 미국은 자유민주주의 진영의 리더로서 한국전쟁과 베트남전쟁에 참여했으며, 탈냉전시대에는 압도적인 군사력을 바탕으로 전 세계 곳곳의 전쟁과 분쟁에 개입했다. 1990년 걸프전과 2003년 이라크전에서 이라크에 승리했으며, 1998년 코소보 내전에서는 나토의 구성원으로서 공군기를 동원해 유고슬라비아를 폭격했다. 2001년에는 테러와의 전쟁을 내세워 아프가니스탄에 대규모 지상군을 파견했다. 탈냉전이 시작된 1990년대와 그 뒤를 이은 2000년대에 미국의 세계 경찰로서의 역할을 의심하는 사람은 아무도 없었다.

그런데 2010년대가 되며 이상한 조짐이 보였다. 미국이 직접적 개입을 주저하는 모습을 뚜렷하게 보이기 시작했다. 당시 중동은 미국의 세계 경찰로서의 역할이 중요했던 지역이다. 중동에서는 오랜 독재정치에 반발하여 발생한 불의 혁명2000년, 세르비아, 장미혁명2003년, 조지아, 오렌지혁명2004년, 우크라이나, 튤립혁명2005년, 키르기스스탄 같은 색깔혁명 이후 내전과 분쟁이 폭발적으로 발생했다. 하지만 미국은 예전처럼 직접적인 개입을 하지 않고 은밀하고 간접적인 방식을 동원했다.

2011년 리비아에서 40년 독재자 카다피를 축출하는 과정에서는 미국이 아니라 프랑스가 주도했다. 같은 해 시리아의 혼란스러운 과정에서도 미국은 공중 폭격과 특수작전만 수행했을 뿐 직접적 개입을 주저하는 것처럼 보였다. 2014년 이라크와 예멘에서는 이런 모습이 더욱 두드러졌다. 2014년 ISIS가 이라크의 일부 지역을 차지하며 세력을 확장하자, 이라크 정부는 미국에 지원을 요청했다. 미국은 1990년대와 2000년대에는 걸프전과 이라크전 등 전쟁을 두 번이나 치르며 이라크를 자국의 영향력 아래 두고자 했었지만, 이번에는 달랐다. 공중폭격과 지상군 지원에 머물렀다. 2014년 예멘 내전에서는 후티 반군이 본격적으로 등장했으나, 사우디아라비아에 대한 간접지원에 머물렀다. 2010년대에 미국이 직접적으로 지상군을 파견한 것은 2001년부터 시작한 아프가니스탄 전쟁밖에 없었다. 또한 미국은 러·우전쟁에서는 아예 대리전으로만 전쟁을 수행했다. 왜 그렇게 되었을까? 그 이유로 이라크전쟁과 아프가니스탄 전쟁에서 보여준 지상전의 한계, 미국 국내 여론의 악화, 동맹국들의 반발을 들 수 있다.

먼저, 2003년 일어난 이라크전쟁은 지상군 전쟁에 대한 의문을 가져왔다. 미국은 이라크전쟁에서 초기에 일방적으로 승리했지만, 점령과정에서 게릴라전에 시달렸다. 미국은 종파 갈등과 전쟁과정에서 발생한 반미 감정으로 인해 이라크를 하위 체제에 종속시키고 자유민주주의 국가로 만들고자 하는 의도가 빗나가기 시작했다. 아프가니스탄 전쟁은 더했다. 아프가니스탄 전쟁은 미국의 늪이 되었다. 9·11 테러 직후인 2001년 발발해 2021년까지 계속되었다. 지상군을 얼마나 많이 파견해 몇 년을 주둔시켜야 아프가니스탄을 굴복시킬 수 있을지 답답한 상황이었다.

미국 국내의 반발도 거세졌다. 미국이 세계 경찰의 역할을 통해서 얻는 이득이 무엇인가에 대한 의문이 커졌다. 이라크전쟁과 아프가니스탄 전쟁은 민간인과 적군의 구별이 어려운 전쟁이었다. 이런 전쟁은 수많은 사상자를 발생시킬 뿐만 아니라 군인들이 외상 후 스트레스 장애 PTSD에 시달리게 되는 경우가 많았다.[1]

미국의 지나친 독주에 대한 동맹국들의 불만도 터져나왔다. 특히 걸프전과 달리 이라크전쟁은 미국이 UN의 동의 없이 일방적으로 주도했기에 힘을 앞세운 세계 경찰의 모습으로 비춰졌다. 이처럼 미국은 지상전의 한계, 미국 국내의 반전 여론, 동맹국들의 반발로 대규모 지상전 파견을 주저하게 된 것이다.

하지만 정말 본질적인 요인은 따로 있었다. 미국은 더 이상 대규모 고강도 지상전을 해외에서 치를 돈이 없다는 사실이었다. 19세기에 일어난 남북전쟁 이후, 미국의 모든 전쟁은 미국 영토에서 일어난 것이 아니었다. 아프가니스탄 전쟁을 예를 들면, 미국이 대규모 고강도 지상전을 치르기 위해서는 미군을 비행기에 태워서 아프가니스탄까지 가야 한다. 게다가 미군의 지상전은 장비전이다. 고도화된 현대 장비는 제작비용도 엄청나게 들지만, 그 장비를 아프가니스탄까지 날라야 하며, 장비의 정비·유지를 위한 인력과 비용도 엄청나다. 게다가 미군은 월급이 비싼 군대이다. 그들의 참전 비용과 특히 사망과 부상으로 발생하는 비용은 가히 천문학적이다.[2] 전쟁비용이 기하급수적으로 증가할 수밖에 없었다.

---

1 미국 국방부와 미국 재향군인회(VA)의 자료에 따르면, 2001년에서 2020년까지 미군의 자살자 수는 대략 3만 명 이상으로 알려져 있다. 이는 이라크전쟁과 아프가니스탄 전쟁의 추정 사망자 7천 명의 4배가 넘는 숫자이다.

2 이라크전쟁 당시 미군의 기본적인 사망 보상금은 40만 달러이며, 가족에게 직접 지급되었다. 이 외에도 미군 사망자 가족에게는 여러 가지 지원과 보상 패키지가 제공되었다. 가족의 최소한의 생계유지와 심리적 지원이 포함되었다.

공식적으로 미국 정부가 의회가 승인한 5차례의 지원 패키지에 따라 우크라이나에 지원한 액수는 1,750억 달러로 알려져 있다. 우리 돈 250조 원한국의 2025년 예산은 약 673조 원에 달하는 엄청난 금액이다. 실질적으로는 그 두 배인 3,500억 달러로 추정되고 있다. BBC에 따르면, 미국은 20년이 걸린 아프가니스탄 전쟁에서 총 2조 2,600억 달러의 비용을 지출했다고 한다. 러·우전쟁의 7배에 달하는 돈이다. 단기전이었던 이라크전쟁에서도 베트남전쟁 비용과 비슷한 2조 달러 이상을 사용한 것으로 추정된다. 2008년 금융위기 이후 미국의 재정적자는 천문학적 숫자를 기록하고 있다. 이것이 미국이 더 이상 해외에서 고강도 지상전을 수행할 수 없는 근본적인 이유이다.

미국은 선배 제국들과 마찬가지로 '제국의 역설'[3]에 빠졌다. 로마, 몽고, 스페인, 그리고 영국 등 세계를 제패했던 제국들은 식민지를 확장하며 팽창할수록 국내의 빈부격차가 커지고 관리비용이 증가해 멸망으로 다가갔다.

미국 역시 예외는 아니었다. 냉전이 해체되자, 미국의 군사기지는 세계 각국으로 퍼져나갔고 비용이 천문학적으로 늘어났다. 그런데 문제는 군사기지 수의 증가가 미군의 군사전력을 약화시켰다는 것이다. 물론

---

3 '제국의 역설'이란 제국이 계속 확장함에 따라 비용과 노력이 기하급수적으로 증가하는 모순적 상황을 말한다. 제국이 외적으로 지배력을 넓히는 동안, 제국 내부는 그 지배력을 유지·관리하는 데 점점 더 어려움을 겪는 역설적인 상황에 처하는 것이다.

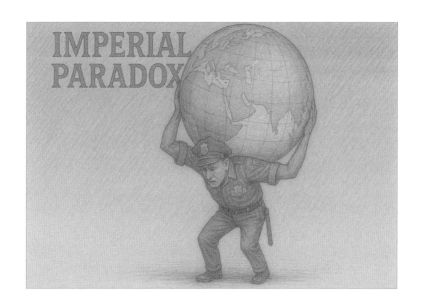

미군은 지금도 매우 강력하다. 하지만 해외에 주둔하고 있는 미군은 약 20만 명인데, 800개의 군사기지에 나누어져 있어 한 기지당 평균 주둔 병력만으로 계산하면 규모가 작은 곳도 많을 것이다. 미군 기지는 적대국에 상징적인 위협으로 자리잡을 수 있지만, 규모가 크지 않을 경우 심지어 타깃이 될 수도 있다. 만일 기지에 위협을 가해도 방어를 위해 대규모 지상군을 파견할 것 같지 않다면? 이것이 중동 곳곳에 있는 미군 기지의 현실이다.

이런 상황에서 네오콘을 중심으로 하는 미국의 지도층은 중국과의 패권전쟁을 하기 전에 러시아를 약화시키고자 했다. 하지만 핵강국 러시아를 상대로 직접적인 고강도 전쟁을 벌일 각오도 능력도 없었다. 그래서 선택한 것이 우크라이나를 이용한 대리전이었다. 하지만 그 한계는 너무나 명확했다.

미국 패권을 보장하던
무기가 효력을 잃었다

로마가 세계의 경찰 역할을 할 수 있었던 이유는 무엇이었을까? 집단 전투에 특화된, 약 60~85cm의 짧은 이중날 검인 글라디우스와 방패로 무장한 조직력이 강한 군대?

물론 그것도 하나의 답일 수 있지만 정답은 아니다. 이는 로마 군대가 강한 이유일 수는 있지만, 로마가 세계 경찰이 된 이유를 설명할 수는 없다. 제국이 세계 경찰 역할을 하려면 강력한 군대를 제국의 말단 세포까지 신속하게 보낼 수 있어야 한다. 정답은 로마의 도로이다. 몽고는 이를 역참驛站으로 해결했고, 해상강국 영국은 산업혁명으로 등장한 증기선으로 이 문제를 해결했다. 그렇다면 미국은 무엇일까? 바로 항공모함이었다.

2차 세계대전 때 미국의 항공모함은 일본의 군함과 항공모함을 압도하며 그 위력을 드러냈다. 항공모함은 미국을 대표하는 군사전력이 되었다. 미국의 항공모함 전단은 보통 항공모함, 이지스 순양함 및 구축함, 핵추진 잠수함, 군수지원함 등으로 구성되는데, 전략적 기동력을 바탕으로 한 막강한 공중 전력, 미사일 방어능력, 다목적 공격능력을 갖추고 있으며, 군사적 존재감만으로도 세계의 모든 나라들을 압도했다. 니미츠급 항공모함Nimitz-class aircraft carriers은 10만 톤의 배수량을 자랑하며, 최대 100여 대의 항공기를 탑재할 수 있다. 이는 일반적인 나라의 전체 항공 전력을 넘어서는 규모였다. 따라서 미군의 항공모함 하나하나가 어디로 가고 있느냐가 초미의 관심사가 되었다.

그런데 미국 항공모함의 위상이 예전만 못해졌다. 우선, 유도 전략무기가 국제적으로 확산되어 더 이상 미국만의 것이 아니게 되었다. 최소한 미국의 우호국은 아닌 러시아·중국·인도·튀르키예·이란이 유도 전략무기의 대량생산에 성공했으며, 파키스탄·이집트·스리랑카·인도네시아·베네수엘라 등 많은 나라들이 정밀 유도무기를 가지게 되었다.

게다가 드론이 등장했다. 2019년 4월 이란은 드론으로 걸프해역을 항해 중인 미국 항공모함을 촬영한 고화질 영상을 공개하여 미국을 멘붕에 빠뜨렸다. 드론에 고성능 폭탄을 장착해 대규모 공격을 한다면 10조 원이 넘는 항공모함이 타격을 입을 수도 있을 판이었다. 더 걱정되는 것은 이란이 이 기술을 같은 시아파 세력인, 예멘의 후티 반군[4]에게 넘겨준다면 어떻게 될 것이냐는 것이었다. 아니나 다를까, 2024년 예멘 후티 반군의 걸프전 봉쇄 전략에 대응하여 걸프만에 진출했던 미국 항공모함이 불명확한 이유로 물러났다. 항공모함이 떠다니는 표적으로 전락했다는 평가들이 나오기 시작했다.

사실 항공모함을 비롯한 미국 해군의 절대적 우위는 정밀 유도무

4　후티 반군은 예멘의 기존 정부에 반대하는 군사세력을 가리킨다. '후티(하우티)' 세력은 단순히 반군을 칭하는 것이 아니라, 예멘의 자치와 자주성을 주장한 종교적·정치적 운동이라는 점, 나름 대다수 예멘 주민들의 지지를 받고 있는 점, 그리고 예멘을 지배하는 세력이라는 점에서 여전히 반군으로 불러야 하느냐에 대해서는 논란이 있다.

기 전력과 비례해서 강화되었다. 앞에서도 말했듯, 미군만이 가졌던 정밀 유도무기는 미군의 주도권을 대표했다. 1990년 걸프전에서 미 해군이 발사하는 토마호크 미사일이 정확히 목적지에 탄착되는 과정이 생중계되었을 때의 충격은 대단했다. 하지만 그것은 이제 30년도 넘는 예전 일이 되었다. 지금은 다른 나라들도 그것을 할 수 있게 되었다. 더 충격적인 것은 토마호크 미사일을 요격할 수 있게 되었다는 것이다. 정밀 유도무기에 의해 항공모함과 함정이 침몰할 가능성이 높아졌다. 이는 미 해군에는 커다란 위협이 되었다.

더군다나 미군, 특히 해군 전력의 노후화 문제가 심각해졌다. 항공모함의 경우 2013년 진수한 'USS 제럴드 R. 포드CVN-78'가 가장 최근의 것이다. 진수된 지 가장 오래된 항공모함은 1996년의 'USS 해리 S. 트루먼CVN-75'이다. 이외에 함정과 전투기의 노후화가 심각하다. 항공모함도 30년 전쯤에 만들어진 것이고, 전투기도 30년 전쯤에 만들어진 것이다. 이는 단순히 비용증가의 문제 외에도 신기술이 도입되더라도 이를 도입할 수 없는 구조적 문제를 만들었으며, 군 전력의 약화를 가져왔다. 탈냉전 이후 라이벌이 더 이상 존재하지 않는다는 방심과, 2008년 이후 미국 금융위기가 가져온 필연적인 결과였다. 러·우전쟁에서 이러한 점이 더욱 명확히 드러났다. 미국은 러·우전쟁에 항공모함을 통한 우회적 지원조차 시도하지 못했다. 그리고 정밀 유도무기의 양과 질은 러시아에 밀렸다. 비단 해군만의 문제가 아니었다.

러·우전쟁의 구도를 바꾸어 버릴 것이라고 선전한 에이브럼스 전차는 1970년대 말부터 개발이 시작되어 1980년에 실전에 배치되었다. 아무리 뒤에 1, 2 같은 시리즈 번호가 붙어도, 에이브럼스 전차는 에이브럼스 전차였다. 재블린 대전차 미사일은 1996년부터 실전에 배치되었고, HIMARS 다연장 로켓 시스템은 2005년부터 배치되었다. 놀라지 말자, 우리에게 익숙한 패트리어트Patriot 미사일 방어 시스템은 1984년 처음 실전에 배치되었고, M2 브래들리IFV 보병전투차는 1981년에 배치되었다. 일부 언론은 미국이 우크라이나에 지원한 것이 한철 지난 재래식 무기들이라고 보도했다. 그러나 실상은 미국의 주요 무기가 한철 지난 무기들이었던 것이다. 반면 러시아의 경우 일부는 2차 세계대전에서도 사용된 구식 무기들이었으나, 미국과 달리 신무기들이 등장했다.

러시아의 초음속 미사일 킨잘Kinzhal은 음속의 10배를 자랑했다. 이번 러·우전쟁에서 최초로 사용되었으나 2017년 실전에 배치되었다. 크루즈 미사일인 칼리브르Kalibr 미사일은 2012년, 부레베스트니크 Burevestnik 순항 미사일은 2020년, T-14 아르마타Armata 전차는 2020년, 그리고 Su-57 전투기는 2019년에 실전에 배치되었다. 혹자는 미국이 최신 신무기를 주지 않았던 것이 우크라이나 패배의 한 원인이라고 하지만, 1978년 운행을 시작한 F-16 전투기가 바꾸지 못한 전황을 2006년 운행을 시작한 F-35A 다목적 전투기가 바꿀 수 있었을까? 만일 F-35A가 활주로 문제로 출격조차 하지 못하거나 스텔스 기능이 제대로 작동하지 않는다면? 이 책의 목적이 구체적인 무기체계의 비교가 아니므로 이 정도로 마무리하겠다.

심지어 핵무기 영역에서는 더욱 심각하다. 미국 핵무기의 대부분은 1970년대에서 1980년대에 생산된 것이다. B61 핵폭탄은 1960년대, 미니트맨 III 대륙간탄도미사일ICBM은 1970년대에 생산되었다. 많은 핵무기들이 냉전시대에 생산된 것으로 50년 이상 되었다. 반면 러시아의 차세대 대륙간탄도미사일인 사르맛SARMAT, RS-28은 2010년대에 개발되어 2022년에 처음으로 실험을 했다. 러시아는 마하 20에서 마하 27의 속도를 내는 아방가르드Avangard, 핵 추진 해양 드론으로 알려진 포세이돈Poseidon 등을 이어서 내놓은 바 있다.

러시아는 2010년대 무기산업을 개선했다. 크림반도 병합 이후 서방의 제재에 따른 각성, 높은 수준의 기초과학 기술, 풍부한 젊은 이공계 인력, 정부 주도의 국방산업이 한몫을 했다. 일부 언론에서는 러·우전쟁으로 러시아 무기체계의 문제점이 부각되어 향후 세계시장에서 러시아 무기의 시장점유율이 떨어지는 한편, 한국 방산산업은 우월성이 부각되면서 미래가 밝다고 전망하는 기사들을 내고 있다. 하지만 이번 러·우전쟁에서 미국의 무기체계보다 러시아의 무기체계가 최소한 가성비 면에서는 낫다는 것이 드러났다. 특히 극초음속 미사일을 비롯한 유도 무기 시스템과 그를 방해하는 전자전 능력, 탱크를 비롯한 재래식 전력까지, 러시아 무기체계의 우수성을 보여주었다. 게다가 무슨 무기인지조차 몰라 논란을 빚고 있는 오레쉬니크[5]라는 신무기 시스템까지, 러시아 무기에 대한 재평가가 이루어졌다. 미국 무기에 대해 마치 너무 비싼 차를 타면 쓸모없는 전자기기들과 편의장치 때문에 오히려 운전에 집중할 수 없는 것과 같지 않은가 하는 의문이 제기되었다. 제대로 된 활주로가 없으면 출발할 수 없는 F-16 전투기, 가스터빈으로 연료 먹는 하마이며 70톤의 중무장으로 인해 진흙에 빠지면 움직일 수 없는 M1 에이브럼스가 현실이라는 것이 드러났다. 중요한 것은 비슷한 러시아 무기보다 최소 몇 배 비싸며, 똑같이 대전차 미사일이나 드론 공격을 받으면 폭발한다는 것이다.

한국 방위산업의 위상이 높아지는 것을 비판하거나 그 가능성이 낮다고 말하는 것이 아니다. 다만, 폴란드 수출을 중심으로 각광받는 한국 무기의 최고 장점도 알고 보면 가성비 때문이 아닌가? 그리고 그 무기들의 주요 원천 기술이 러시아에서 왔다는 점을 우리가 까맣게 잊고 있는 것은 아닌지 되묻고 싶다. 러·우전쟁에서 우연히 러시아가 이긴 것이 아니다.

유럽은 왜 보습을 녹여 창과 칼을 만들어야 하나?

AP통신과 로이터통신의 기사를 소개하면서 이야기를 시작하겠다.

155mm 곡사포탄은 우크라이나 전쟁에서 가장 많이 요청된 포병 탄약

5　2024년 11월 21일 푸틴이 직접 우크라이나 드니프로에 대한 신무기 공습 사실을 밝히며, 최신 중거리 미사일 시스템 '오레쉬니크(Oreshnik)'라고 발표했다. 핵만 안 실은 중거리 대륙간탄도미사일이라는 비하로부터, 지하 깊숙한 곳까지 타격 가능하며 요격 불가능한 극초음속 신형 미사일이라는 주장까지 여러 설이 난무했지만, 아직까지 정확한 실체는 드러나지 않고 있다. 하지만 대부분의 무기 전문가들이 '다탄두 각개 목표 설정 재돌입 비행체(MIRV)'가 적용되었다는 점에서 강력한 신무기라는 점에 동의하고 있다.

중 하나이다. 미국은 이미 우크라이나에 150만 발 이상의 탄약을 수출했지만, 키이우는 여전히 더 많은 탄약을 찾고 있다. 워싱턴 AP, 2023년 4월 23일 우크라이나군 사령관의 보고에 따르면, 포병은 양측 사상자의 주요 원인이었으며 그 중 80% 이상을 차지했다. 로이터, 2024년 7월 19일

2023년 12월 5일 한국 일간지에는 〈워싱턴 포스트〉의 기사를 인용한 기사들이 나왔다. "한국이 우크라이나에 제공한 포탄은 이제까지 모든 유럽 국가들이 제공한 것을 합친 것보다 많다." 우크라이나에 미국을 통한 우회 방식으로 들어갔으며, 이는 북한과 러시아의 '전략적 협력 강화'의 빌미가 될 수 있다는 분석 기사였다.[6] 기사에 따르면, 전쟁의 장기화에 따라 우크라이나군이 필요로 하는 탄약을 적시에 공급하는 것이 중요해졌다며, 2월 3일 제이크 설리번 백악관 국가안보보좌관 주재로 열린 회의에서도 주요 논의 과제가 우크라이나가 러시아의 방어선을 돌파하는 데 꼭 필요한 155mm 포탄이었다고 한다.

이번에는 155mm 포탄 생산량에 대한 서방 측의 기사를 보자. 2024년 3월 11일 CNN은 나토 고위 관계자의 말을 빌려 러시아군은 하

---

6 한국의 외교부나 미국 측에서 한국의 무기 직접 지원 여부를 부정할 때, 역설적으로 미국 국빈 방문을 앞두고 있던 윤석열 대통령은 2023년 4월 19일 로이터통신과의 인터뷰에서 무기 지원 가능성을 직접 언급했다. 러시아 외교부는 "명백한 적대 행위이며, 한반도에 대한 러시아의 접근방법을 전환하게 될 것"이라고 했다. 이는 푸틴·김정은 정상회담에서 푸틴이 북한에 위성발사 기술을 제공하겠다는 의향을 밝히는 등 군사적 협력을 포함하는 전략적 협력 강화로 이어졌다.

루에 포탄 1만 발을 소비하는 반면 우크라이나군은 하루 2천 발에 불과하며, 러시아는 최소 월 25만 발의 포탄을 생산하는 반면 미국과 유럽은 월 10만 발 수준이라고 보도했다.

한마디로 서유럽의 포탄 생산능력은 매우 한정적이었다. 미국 역시 생산능력이 미약했다. 그런데 서유럽과 미국은 왜 1940년대 초반에 개발되어 2차 세계대전 때 주로 사용된 80년 전의 구식 무기조차 제대로 생산할 능력을 상실했을까? 먼저 유럽 국가들부터 가보자.

2025년 트럼프 2기가 시작되면서 유럽은 바이든 정권 때와는 비교할 수 없는 커다란 압박을 받고 있다. 유럽의 방위비와 관련된 트럼프의 생각은 한마디로 '불공정한 거래'라는 것이다. 유럽은 미국이 방위를 담당해 주고 있음에도 제대로 된 비용을 지불한 적이 없다는 것이다. 따라서 유럽 국가들이 미국에 더 많은 비용을 지불할 것, GDP 대비 방위비 지출 2% 기준을 지킬 것을 요구하고 있다. 더 나아가 GDP 대비 방위비 지출 2%도 적다고 닦달하고 있는 상황이다. 트럼프는 만일 유럽 국가들이 이러한 조치들을 실행하지 않는다면, 미국은 나토 탈퇴도 불사하겠다는 발언까지 하고 있다.

앞에서도 보았듯, 서유럽 주요 나라들의 지상 전력은 다 합해도 러시아는커녕 러·우전쟁 발발 전 우크라이나의 전력에도 못 미친다. 지금 서유럽 국가들은 앞다투어 향후 전력 강화 계획을 발표하고 있다. 독일은 2025년 2월 방위비 지출을 GDP의 2% 수준으로 맞추기 위해 1천억 유로의 추가 예산을 투입하고 군사력을 현대화하는 계획을 발표했다. 유럽 국가들 중 드물게 국방예산을 GDP의 2% 이상 사용하고 있는 프랑스는 2030년까지 국방비를 2배로 증액하고 핵무기를 강화하는 계획을 내놓았다. 영국 역시 2027년까지 국방예산을 GDP의 2.5%로 늘릴 계획을 발표했다. 다른 서유럽 국가들 역시 이와 비슷한 조치들을 하고 있다.

트럼프가 닦달하기 이전에도, 러·우전쟁 이후 유럽 내부에서는 그동안 국방에 소홀했다는 비판이 쏟아졌다. 러시아의 팽창 야욕을 간과했다는 것이다. 루소포비아가 다시 매체를 장식했으며, 미국에 국방을 지나치게 의존했다는 비판으로 이어졌다. 트럼프 2기가 시작되자, 아예 자주국방을 이루어야 한다는 주장이 나왔다. 유럽의 무기 현대화가 미국이나 러시아에 비해 뒤처졌다는 비판도 등장했다. 기존 정권에 대한 비판이 쏟아졌다. 독일의 전 총리 메르켈이 유럽을 망쳤다는 논리도 이와 같은 연장선상에서 나왔다. 이제 미국의 군사적 지원에 의존하지 않고 독립적인 방위능력을 확보하자는 주장이 유럽의 대세가 되었다. 트럼프 2기가 들어선 지금, 앞으로 유럽의 군사력 강화를 위한 방위비는 기하급수적으로 늘어날 것으로 보인다.

국가가 자기 나라의 안보를 위해 최선의 노력을 하는 것은 존립의 근거가 되는 절대적인 명제이다. 다만 여기서 '절대적'이라는 말이 무한대를 의미하지는 않는다. 그런데 이 명제가 성립하려면, 일단 안보를 위협하는 세력이 있어야 한다. 만일 안보를 위협하는 세력이 없다면, 경찰만 필요하지 군대는 필요없을 것이다. 하지만 대부분의 나라들은 안보를 위협하는 적대적 세력이 있다. 이 경우 먼저 그 적대 세력을 제압하기 위해 필요한 충분한 군사력이 어느 정도인지 판단하고 군사력을 키워야 할 것이다. 그것이 불가능하다면, 외교를 통해 협력국을 만들어 충분한 억제력을 확보하도록 노력해야 할 것이다.

EU가 출범하며 대내외적으로 밝힌 목적은 전쟁 방지와 평화 유지였다. 실제로 유럽의 역사는 전쟁의 역사였다. 속으로는 경제적 목적이었을지 몰라도, 유럽석탄철강공동체ECSC와 유럽경제공동체EEC를 출범시킨 것 역시 얽히고설킨 경제적 관계를 만들어 더 이상 유럽 대륙에서 전쟁 위험성을 없애기 위해서였다.

그런데 역사적으로 유럽 대부분의 나라, 특히 서유럽 국가들에서 안보의 최대 위협은 러시아가 아니라 서로 인접한 나라들이었다. 유럽은 지구상의 어떤 대륙보다도 전쟁으로 점철된 역사를 가지고 있다. 또한 두 차례에 걸친 세계대전의 진원지였다. 영국이 수백 년 동안 싸웠던 나라는 프랑스와 독일이었으며 러시아가 아니었다. 영국은 이해관계 때문에 러시아와 전쟁을 벌인 적이 있지만, 러시아에 의해 직접적으로 본토의 안보를 위협받은 적은 없었다. 프랑스의 최대 안보 위협은 인근의 독일이었으며 러시아가 아니었다. 이는 다른 유럽 국가들도 마찬가지다. 세계의 전쟁 대부분은 인접 국가와의 전쟁이었다. 또한 나폴레옹과 히틀러가 러시아를 침공했지, 러시아가 유럽을 침공한 것이 아니었다.

EU의 출범은 유럽 내부에서 안보 위협 세력을 제거하는 일이기도 했다. 회원국들의 화폐를 유로로 통합했으며 국경선이 사라졌다. 민족국가를 넘어서 EU라는 새로운 공동체의 구성원이라는 소속감이 생기기 시작했다.

지금은 수많은 문제점을 노출하고 있지만, EU가 성립된 초기에는 미래가 장밋빛 전망으로 빛났다. 유럽 국가들은 자신들이 진정한 미래의 대안적 사회로서 천박한 자본주의 미국을 능가하는 세계의 모범이자 구심점이 될 것이라 기대했다. 유럽의 안보를 직접적으로 해할 나라는 없어 보였다. 미국이 쳐들어올 것도 아니었고, 붕괴된 소련은 더 이상 안보의 위협이 아니었다. 심지어 러시아도 나토 가입을 원하고 있었다. 안보 문제가 해결되자 자연스럽게 군대가 축소되었으며, 국방예산은 줄어들었고, 복지와 경제정책의 밑거름으로 사용되었다. 이제 칼과 창을 녹여 보습을 만들어야 할 때가 되었다. 이런 유럽에 근접 국가 간의 대규모 지상전에 필요한 155mm 포탄은 필요없었다.

사실 이것은 지금도 마찬가지다. 어느 나라가 프랑스나 영국을 침공하겠는가? 동유럽 역시 마찬가지이다. 지금의 세계는 이전과 다르다. 다른 나라를 무력으로 침공하여 점령하는 것은 실제로 어렵고, 설령 가능하더라도 세계화로 얽힌 시대에 국제적 고립을 자초할 수밖에 없는 일이다. 또한 현대는 한 나라가 다른 나라를 무력으로 침입·점령하더라도 실익이 비용에 비해 턱없이 적다는 것이 명백해졌다. 미국조차 이라크를 점령했지만 그 편익이 비용에 비해 한참 못 미치자 철수했다.

평화의 시대에 칼과 창을 녹여 쟁기를 만드는 것은 당연한 일이었다. 국방을 포기하는 것이 아니라, 국방 역시 시대의 여건에 따라 상대적인 논리에 의해 결정되었던 것이다. 미국 역시 열전시대에 국방비가 가장 높았고, 냉전시대는 그다음이었으며, 탈냉전시대에 국방비가 가장 낮았다. 그러나 이러한 시대를 모두 반기는 것은 아니었다. 탈냉전시대는 미국의 네오콘과 군산복합체에는 가장 힘들었던 시대였으며, 그들은 새로운 위협을 만들어 내고자 끊임없이 노력했다.

EU는 달랐을까? 안타깝게도 평화를 위해 만든 EU를 이끌어가는 리더는 EU 회원국 국민들이 직접 선출하는 것이 아니다. EU에 소속된 회원국의 대다수 국민들이 평화를 원해도, EU가 전쟁을 향해 달려가는 것을 막을 제도적 장치는 미약하다. 우르줄라 폰 데어 라이엔은 여전히 EU 집행위원장이다.[7]

여러분이 벨기에나 네덜란드 국민이라고 생각해 보자. 2002년 벨기에는 자국의 화폐인 프랑, 네덜란드는 길더를 버리고 유로를 화폐로 사용하기 시작했다. 유로를 쓰는 EU 국가라면 마음만 먹으면 언제나 자동차를 타고 국경 검문 없이 갈 수 있게 되었다. 인접국이 쳐들어올 가능성은 없어 보였다. 나토에 가입하고 있지만, 미국이 안전을 보장해 주고

---

7 EU 집행위원장은 EU 회원국 국민들이 직선제로 뽑는 것이 아니다. 유럽의회에서 가장 많은 의석을 차지한 정치 그룹이 후보를 제안하고, EU 이사회가 다수결로 최종 후보를 결정한 후, 최종적으로 유럽의회에서 과반 찬성을 통해 인준하는 절차를 거치게 된다. 실제로는 지금까지 EU 회원국 정상들 간의 조율에 의해 밀실에서 지명되었다. 이른바 주요 회원국 중심의 정치적 타협에 의한 선임이었다. 독일, 프랑스, 영국 등 일부 주요국들에 의한 집행위원장 선임은 늘 논란의 대상이었다. 이번 우르줄라 폰 데어 라이엔의 연임 과정 역시 마찬가지였다.

있다는 생각은 하지 못했다. 소련 붕괴 후 바르샤바 조약기구도 없는 현실에서 쳐들어올 나라도 없었기 때문이다. 벨기에에 있는 클라인 브로겔 공군기지, 그리고 네덜란드에 있는 볼켈 공군기지가 자기 나라의 안보를 지켜준다는 생각은 하지 않았다. 미국이 자국의 이익을 위해 배치한 군대라고 생각하고 있었다. 따라서 돈을 내야 한다는 생각을 하지는 않았다. 즉, 예전에 EU 공동체는 국방예산으로 GDP의 2%를 사용할 이유도 의사도 없었다.

그런데 2014년 러시아의 크림반도 병합 이후 바뀌기 시작했다. 정치인들이 본격적으로 러시아의 침공에 대비해서 군대와 국방비를 늘려야 한다고 주장하고 나섰다. 2014년 나토 회원국들은 웨일스 정상회담에서 국방예산을 GDP의 2% 수준으로 늘리자고 결정했다. 그리고 푸틴이라는 독재자가 다시 러시아를 소련으로 만들기 위해 팽창주의적 야망을 드러내기 시작했으며, 크림반도를 무단으로 점령한 것이 바로 그 증거라고 역설했다. 이러한 주장은 유럽의 산업계와 미국의 지지에 의해 뒷받침되었다. 그런데 사실 나토 국가들은 GDP의 2%를 국방비로 지출하기로 했으면서도 그 약속을 제대로 지키지 않았다. 그리고 2022년 러·우전쟁이 일어났다.

다시 여러분이 벨기에나 네덜란드의 평범한 국민이라고 생각해 보자. 언론과 정치인들이 러시아의 위협이 커지고 있다고 떠든다. 크림반도가 점령당했다는데, (러시아와 푸틴을 좋아하는 것은 아니지만) 러시아는 예전의 공산주의 국가가 아니고, 우리와 국경을 접하고 있는 것도 아닌 먼

땅에 있는데, 그런 러시아가 왜 우리에게 위협이 되는지 모르겠다는 생각이 든다. 국방비를 올려야 한다고 떠들던 정치인들은 러·우전쟁 이후, 내가 낸 세금으로 우크라이나를 지원하기 위해 155mm 포탄을 생산하는 공장을 만든다고 한다. 그리고 우크라이나로 넘어가 젤렌스키와 악수를 하고 사진을 찍는다. 국내의 경제사정은 나날이 어려워지는데 말이다. 또한 내가 힘들어도 언젠가는 돌려받을 거라고 생각해서 낸 고율의 세금이 아랍 세계에서 온 이방인들에게 지출되고 있는데 말이다. 게다가 주택관리비에는 엄청나게 오른 난방비가 청구된다.

마침 선거가 다음달에 있다. 예전에는 찍으면 창피하다고 생각했던 반이민, 나토 탈퇴, 우크라이나 지원 철회를 주장하는 플람스 벨랑 Vlaams Belang, 혹은 네덜란드의 극우정당인 자유당Partij voor de Vrijheid, PVV 을 찍어야겠다는 생각을 한다. 이것이 바로 '젤렌스키의 저주'의 원인이다. 젤렌스키와 악수를 하는 자, 선거에서 질 것이다! 그런데 그들은 왜 젤렌스키와 악수를 했을까?

사실 유럽은 155mm 포탄 생산능력조차 제대로 갖추지 못했지만, 그동안 유럽의 역사에서 한 번도 겪지 못했던 평화의 시대[8]를 누렸다. 이사야서 2장 4절에 평화의 시대에는 "칼을 쳐서 보습을 만

---

8 유럽에 평화가 예전에도 온 적이 있었다. 바로 1815년~1848년 빈체제였다. 나폴레옹 전쟁 이후 오스트리아 빈에 모인 유럽의 왕정들은 나폴레옹이 전파한 공화주의 이념을 국제적 왕정 연대로 제압하는 것을 기본으로 하는 조약을 체결했다. 이후 유럽은 보수적 왕정체제 연합에 의해 평화가 이루어졌다.

들고, 창을 쳐서 낫을 만든다"는 구절이 나온다. 그러나 이제 유럽은 역으로 보습을 녹여 다시 칼과 창을 만들 것이다. 역설적으로 그것을 막을 수 있는 대안은 강한 민족주의에 기반한 반이민, 탈나토, 심지어 탈EU를 내세우는 극우정당들인 것처럼 보일 지경이다. 진퇴양난이다. 유럽의 쇠락은 피하기 어려워 보인다. 유럽은 결국 다시 EU 이전으로 돌아가는가?

30년으로 끝난
세계 경찰 미국

미국은 서유럽과는 상황이 달랐다. 서유럽이 탈냉전으로 안보문제로부터 해방되었다면, 미국은 탈냉전으로 소련과 맞서는 자유세계의 리더로서의 군사력은 더 이상 필요하지 않았지만, 이제 세계 경찰로서의 군사력 증강이 필요했다. 냉전시대 소련과 맞서던 막강 군대가 아니라, 세계 경찰로서 세계의 질서를 수호하는 막강한 경찰 군대가 되어야 했다. 둘 다 막강 군대가 되어야 했지만, 그 내용은 달랐다.

냉전시대에 군사력에서 가장 중요한 것은 핵전력이었다. 냉전시대는 공포의 시대였고, 사람들은 늘 '핵전쟁이 일어나면?'이라는 가정법을 달고 살았다. 하지만 역설적으로 냉전을 만든 것이 바로 핵이었다. 냉전의 반대말은 열전이다. 열전은 2차 세계대전에서 정점을 이루었다. 그러나 2차 세계대전 이후 인류는 세계대전 수준의 열전은 상상조차 할 수 없었다. 미·소 간의 열전은 핵전쟁을 동반할 것이며, 이는 양측의 공멸을 의미하기 때문이었다. 이는 탈냉전의 시작을 알리는 신호가 1987년 미국 레이건 대통령과 소련 고르바초프 서기장 사이의 중거리핵미사일조약 INF 조약[9]이었으며, 탈냉전이 완성되었음을 선언한 사건이 1991년 전략핵무기감축조약START 1 조약[10]이었다는 것을 통해 잘 드러난다.

그러나 냉전시대에 대립되는 막강한 핵전력이 양측의 모든 갈등을 잠재운 것은 아니었다. 냉전기간에도 양측의 갈등은 지역적으로 충돌했고, 이는 일종의 대리전 성격을 띠는 국지전으로 나타났다. 가장 대표적인 것이 한국전쟁과 베트남전쟁이었다. 이는 미국과 소련이 직접적으로 충돌하지는 않아도 지역적·간접적으로 충돌할 수 있다는 것을 보여주었다. 그리고 핵전력이 아닌 재래 전력에 의해서 승패가 결정되었다. 또한 두 전쟁은 2차 세계대전 이후에도 재래 전력이 필요함을 보여주었다. 해

---

9 중거리핵미사일조약(INF 조약): 1970년대 들어 미국은 퍼싱 II(Pershing II)라는 중거리 탄도미사일을 유럽에 배치하기 시작했다. 이에 소련은 SS-20(RSD-10 Pioneer) 중거리 탄도미사일을 배치하면서 대응했다. 기존의 대륙간 탄도미사일 등의 장거리 미사일은 서로를 타격하는 데 시간이 필요하다는 점에서 핵전쟁을 막을 최소한의 시간이 있었지만, 중거리 핵미사일은 그럴 시간조차 없다는 점, 고도가 상대적으로 높지 않기에 요격이 더 어렵다는 이유로 핵전쟁의 위협이 더 크게 다가왔다. 1987년 12월 8일, 미국의 레이건 대통령과 소련의 고르바초프 서기장이 체결한 이 조약은 중거리 탄도미사일과 순항미사일을 폐기하는 내용을 포함함으로써 실질적인 핵전쟁의 위협을 줄인 협상으로 평가받고 있다.

10 전략핵무기감축조약(START 1 조약): 1991년 조지 H. W. 부시 미국 대통령과 고르바초프 소련 대통령은 이전의 중거리 전술핵무기를 넘어 장거리 미사일을 포함한 대륙간탄도미사일(ICBM), 잠수함발사순항미사일(SLBM)을 포함한 전략 핵무기를 6천 발 이하로 축소하는 START 1 협정을 발표한다. 이는 양국이 실질적인 핵 경쟁을 멈추겠다고 약속한 것이었고, 전 세계에 탈냉전의 진정한 신호로 받아들여졌다.

군과 공군의 지원도 중요하지만, 결국 탱크와 포, 잘 훈련되고 무장된 육군이 전쟁의 승리를 결정한다는 것이 명백해졌다. 이제 냉전시대에 미국의 역할이 분명해졌다. 자유세계의 최고 리더 국가로서 소련을 지옥으로 같이 데려갈 수 있는 막강한 핵 무장력을 확보하는 동시에, 지역에서 벌어지는 대리전에서 승리를 지원할 수 있는 막강한 재래식 전투력을 가져야 했다. 미국은 실제로 그렇게 했다. 미군의 수는 200만 명에서 300만 명 선을 유지하고 있었으며, 1980년대에는 여전히 W88이라는 핵무기를 개발하고 있었다 W88은 미국이 마지막으로 개발한 핵무기가 되었다.

하지만 세계 경찰로서 세계질서를 수호하는 미국의 역할은 달랐다. 핵전력과 전면적인 국지전을 대비한 대규모 지상 전력군이 필요한 것이 아니었다. 경찰이 민간인을 상대로 탱크를 몰고갈 수는 없듯이, 핵무기의 현실적 필요성은 없어졌다. 소련의 간접적 지원을 받는 나라를 상대로 재래식 병력의 대규모 지상전을 위한 군대를 준비할 필요도 사라졌다. 또한 동맹군의 중요성도 약화되었다. 예전에는 동유럽 국가에 맞서기 위해서는 서유럽이, 러시아의 동진에 맞서기 위해서는 일본이, 북한에 맞서기 위해서는 대한민국이, 북베트남에 맞서기 위해서는 남베트남이 필요했으나, 이제 그러한 필요가 사라졌다.

경찰이 사회질서를 유지하기 위해서는 파출소와 순찰차가 필요하다. 넓은 지역을 관할하기 위해서는 경찰 본부만으로는 부족하기에 곳곳에 파출소를 설치해야 하며, 사건이 발생한 곳에 신속히 경찰들을 파견하기 위해서는 순찰차가 있어야 한다. 마찬가지로 이제 미군에게 중요한 것은 해외 미군기지와 공군과 해군이었다. 숫자만 보면, 냉전 붕괴 당시 미군의 해외 주둔기지 수는 1천여 개로, 현재의 800여 개에 비해 많다. 하지만 그 양상은 매우 달라졌다.

다음에서 위쪽 지도는 1973년, 아래쪽 지도는 2013년 미군의 해외 주둔지를 표시한 것이다. 두 시기에 주둔지 수는 비슷하다. 그러나 1973년 지도에서 미군의 해외 주둔지는 서유럽과 동아시아에 집중되어 있는 반면, 2013년 지도에서는 중앙아시아·아랍·아프리카·동유럽 및 오세아니아 등 각 지역으로 퍼져나가 전 세계적으로 분포되어 있다.파란색 점

1973년 미군의
해외 주둔지

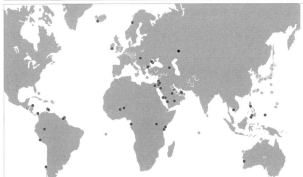

2013년 미군의
해외 주둔지

은 대규모 군사시설. 냉전이 한창이던 1980년대 중반에 절정에 달했던 50만 명 이상의 미군 해외 주둔 병력이 1990년대 후반에는 약 30만 명 정도로 감소했다는 것을 감안하면, 서유럽과 동아시아에 대규모로 주둔하던 미군이 탈냉전으로 인해 대폭 축소되었으며, 축소된 군인 중 상당수가 세계 곳곳에 세워진 새로운 주둔지로 갔음을 알 수 있다.

미군이 전 세계로 퍼져나가 세계의 경찰이 되자, 미국은 많은 정치적 시뇨리지 효과를 거두었다. 미국의 에너지 기업들은 전 세계 어디든 진출하여 자원을 개발하여 미국으로 가지고 오거나 수출할 수 있었고, 미국의 에너지 가격이 저렴해졌다. 미국 기업들은 안심하고 미국에 있는 공장을 뜯어내 제3세계로 가져갈 수 있었으며, 그곳에서 생산되는 제품을 안전하게 미국으로 가져오거나, 혹은 전 세계로 수출했다. 이것만이 아니었다. 세계 경찰은 주변국의 눈치를 보긴 했지만, 미국에 유리하다 싶으면 때로는 미국을 위한 행동을 주저 없이 하곤 했다. 세계 경찰은 세계의 질서와 안보를 평화적으로 유지했다는 점과 자유로운 국제교류를 보장했다는 점에서 전 세계에 이점을 주었지만, 그것은 기본적으로 미국의 이해관계와 일치할 때만 유효한 것이었다.

하지만 세계 경찰로서의 역할은 역설적으로 서서히 미군 전력의 약화를 가져오기 시작했다. 우선 비용이 크게 증가했다. 냉전시대에 50만 명의 해외 미군을 유지하기 위한 비용은 대략 100억~150억 달러로 추정된다. 서유럽과 동아시아에 집중되어 있었고, 이 나라들이 일정 비용을 분담하고 있었기 때문에 상대적으로 주둔 비용이 적게 들었다.

반면 탈냉전 이후 세계 곳곳으로 분산된 미군 기지로 인해 비용이 급격히 증가했다. 특히 소규모로 오지에 세운 미군 기지는 취약한 방어를 보완하기 위한 추가 비용까지 지출해야 했다. 그리고 세계 곳곳으로 퍼진 미군 기지에 비용을 분담할 나라는 많지 않았다. 새롭게 미군 기지가 설치된 제3세계 국가들은 그럴 돈이 없었다.

비용보다 더 심각한 것은 분산에 따른 군사력 약화였다. 냉전 시대에 동유럽 국가에서 전쟁이 발발했다고 가정해 보자. 미군은 서유럽에 주둔하는 병력을 나누어 일부는 남겨두고 나머지 군대를 동유럽으로 파견하면 되었다. 그런데 이제는 전 세계 곳곳에서 차출해서 파견해야 하게 되었다. 시골 파출소에 있는 최소 근무인력을 다른 곳으로 차출하는 것이 어렵듯, 전 세계 곳곳으로 퍼진 미군 전력을 상대적으로 분쟁이 심한 지역에 동원하는 것은 어려웠다. 이것이 미국이 더 이상 대규모 고강도 지상전을 치를 수 없는 이유 중 하나가 되었다.

경찰이 넓은 지역을 관할하기 위해서는 순찰차가 필요하듯, 세계 경찰로서 미국은 개입이 필요한 곳에 신속하게 접근할 수 있는 해군과 공군이 주력군으로 부상했다. 원래 군대는 전력을 과시하여 전쟁을 방지하는 것 못지않게 전력을 숨기는 것도 중요하지만, 경찰은 무장을 숨길 필요 없이 총을 허리에 차고 드러낸 채 다녀야 한다. 경찰의 임무는 직접 개입하여 무력으로 상대방을 진압하는 것 못지않게, 경찰의 위력을 과시함으로써 사전에 범죄자가 아예 범행을 저지를 마음을 포기하게 만드는 것도 중요하기 때문이다. 한마디로 군은 때로는 전력을 숨길 필요가 있지만, 경찰은 그럴 필요가 없다. 미군은 군대로서의 역할보다 경찰로서의 역할이 더 중요해졌으며, 과시성 무기의 중요성이 더 커졌다. 미군이 가진 전력이 압도적임을 보여주어야 했다. 먼저 더 큰 항공모함이 중요해졌고, 더 빠르고 레이더에도 잡히지 않는 전투기가 필요했다. 가격은 중요하지 않았고 실용성도 중요하지 않았다. 미군은 전설이 되어야 했다.

전 세계 곳곳에 있는 미군 기지, 문제가 생기면 한 나라의 공군력에 버금가는 항공 전력을 싣고 투입되는 항공모함, 그 갑판에서 출동하는 스텔스 항공기, 거기서 쏟아지는 정밀 유도무기… 이들이 미국이 전 세계에서 유일무이한 경찰 국가임을 증명하는 공인서였다. 이에 호응하여 미국 방산업체들은 최첨단 무기 생산에 몰두했으며 전성기를 맞이했다. 그런데 거기서부터 문제가 발생하기 시작했다.

우선 재래식 무기가 무시되기 시작했다. 그리고 최첨단 무기 경쟁은 실용성이나 가격이 중요한 것이 아니라 '얼마나 최첨단인가'가 중요한 게임이 되어 버렸다. 비싼 게 자랑이 되었다. 국방산업이 스포츠카 시장처럼 변해갔다. 이는 이윤을 최고로 여기는 민간 방산업체들의 입맛에 딱 맞아떨어지는 일이었다.

민간 방산업체들은 155mm 포탄과 같은 재래식 무기를 생산하려 하지 않았다. 이윤율도 낮았을 뿐만 아니라 다른 나라에 비해 경쟁력도 없었다. 게다가 첨단기업의 입장에서는 그런 구형 포탄을 생산하는 것 자체가 이미지를 떨어뜨리는 일이었다. 155mm 포탄을 만드는 보잉사를 상상해 보면 쉽게 이해될 것이다. 러·우전쟁이라는 미국의 중차대한 이익이 걸린 전쟁이 터졌지만, 우크라이나에 보낼 포탄이 없었다.

또한 첨단화가 목적이 된 무기체계는 부작용을 일으키기 시작했다. 개발비용이 4천억 달러가 넘고 스텔스 기술, 고속비행, 다기능성을 갖춘 F-35 다목적 전투기는 잦은 엔진 고장, 작동하지 않는 복잡한 소프트웨어, 과도한 항공기 무게, 이전 전투기에 비해 엄청난 운용비용이 문제였다. 훈련 도중 추락이 있었으며 실전 배치가 늦어지기 시작했다. 구매한 나라들에 인도 시점이 늦어졌고, 인도받은 나라들은 쉬쉬하면서도 불만이 쌓이고 있었다. 수직 이륙이 가능한 놀라운 V-22 수송기는 추락사고로 안전성에 의심을 받았다. 기존 헬리콥터 대신 왜 V-22를 써야 하는지 의문이 높아졌다. 하이라이트는 탱크였다. 무겁고 비좁고 복잡하고 비싸고 고장 많고 유지가 어렵고 기름만 많이 먹고, 결정적으로 시끄러워 쉽게 들키는 세계 최강 M1 에이브럼스 전차는 우크라이나에서 게임 체인저에서 먹이 사냥감으로 전락하는 망신을 당했다.

지나치게 흩어져 있는 해외 주둔기지, 과도한 해군과 공군 중심 전력 재편, 실전성이 떨어지는 첨단무기, 이윤만을 추구하는 방산업체, 예전의 위력을 잃은 항공모함과 정밀 유도무기, 그리고 결정적으로 돈이 떨어졌다!
2008년 금융위기 이후 기하급수적으로 증가하는 미국의 국가부채가 미군의 발목을 잡았다. 미국이 고강도 지상전을 치를 수 없다는

점이 명확해졌다. 미국이 더 이상 세계 경찰이 아닌 것 같다는 의문
이 전 세계 국가들에 퍼져나가기 시작했다. 그리고 그것을 증명하는
사건이 바로 러·우전쟁이었다. 세계에서 세계 경찰이 사라졌다.

3장 우크라이나

대리전쟁의 한계
_바람이 없으면 바람개비는 멈춘다

결정은 남이 한다
_지금 당장 성과를 만들어 내야 한다

대리전이라고 하면, 사람들은 일단 부정적인 생각부터 떠올린다. 스스로의 힘이 아니라 남의 힘을 빌려 싸운다는 것 자체가 거부감을 주기 때문이다. 하지만 국가 간의 관계는 때로는 개인 간의 관계와는 천양지판으로 다를 수 있다.

전쟁을 치러야 할 상대국이 자국보다 강력하다면 그냥 패전해야하는가? 다른 나라의 힘을 빌려서라도 승리를 추구해야 하는 것은 당연한 국가의 권리이다. 대한민국 역시 한국전쟁 당시 북한군의 침략을 물리치기 위해서 UN과 미군의 힘을 빌렸다. 대리전이 그 자체로 도덕적 비판의 대상이 되어서는 안 된다. 대리전이냐 아니냐를 평가하는 것은 도덕의 문제가 아니라 사실의 문제이다.

사실 일방적으로 러·우전쟁을 대리전으로 규정하는 것은 부적절하다. 우선 전형적인 대리전의 경우 대리인 간의 전쟁을 말한다. 최소한 러시아 입장에서는 이 전쟁은 대리전이 아니다. 러시아가 직접 참전했으며, 전쟁의 이름도 전 세계적으로 '러·우전쟁'이라고 한다. 우크라이나도 무기는 비록 서방의 것이었지만, 전략과 전술 모두 자주적 결정권을 가지고 직접 러시아와 싸웠다. 따라서 이 전쟁을 일방적으로 대리전으로 규정하기 어려운 측면이 있다.

하지만 기본적으로 러·우전쟁은 서방 진영과 러시아 측의 대립 구도를 반영한 전쟁이다. 서방 진영의 대리인으로서 우크라이나, 러시아의 대리인으로서 돈바스 지역 러시아계 주민들의 충돌로부터 시작한 전쟁이다. 그리고 서방 진영의 지원이 없었다면 전쟁이 시작되지 않았을 수 있다는 측면에서도 대리전이라고 볼 수 있다.

전쟁을 도박에 비유하는 것이 마음에 걸리지만, 아무리 생각해도 가장 적절한 비유로 판단되어 사용하기로 했다. 여러분이 도박판에 뛰어들었다고 가정하자. 그런데 판돈은 여러분의 돈이 아니라 전주의 돈이라고 생각해 보자. 무슨 문제가 발생할까? 한마디로 자신의 기량을 다 펼치기 힘들어진다. 왜냐하면 전주의 눈치를 봐야 하기 때문이다. 전주가 돈을 대주지 않는 순간 게임이 끝난다는 사실을 플레이어는 너무나 잘 알기 때문이다. 그래서 기본적으로 두 가지 문제가 발생한다.

첫째, 내가 쉬고 싶거나 게임을 중단하고 싶어도 마음대로 쉬거나 중단할 수 없다. 왜냐하면 게임이 중단되면 더 이상 전주는 돈을 대주지 않을 것이기 때문이다. 둘째, 빨리 성과를 내야 한다. 성과를 내지 않으면 전주는 자금 공급을 중단할 것이다. 거꾸로 성과만 낸다면 전주는 돈을 더 대줄 것이다. 빨리 좋은 성과를 거두어야 한다. 지긋이 기다릴 수가 없다. 이것이 오판을 만든다. 거기에 근본적인 문제 중 하나가 플레이어는 게임에서 이기는 것도 중요하지만, 게임에서 이긴 돈이 다 나의 돈이 아니라는 것을 너무 잘 알고 있다. 그래서 중간 중간 전주가 준 판돈을 몰래 자기 주머니에 넣고 싶은 유혹에 빠지게 된다. 자기 돈이라면 그럴 이유가 없지만 남의 돈이라 그렇다.

위에서 자기 돈이 아닌 전주의 돈을 가지고 도박을 할 경우 발생하는 문제점들을 나열해 보았다. 이런 비유를 든 이유는 바로 이러한 문제점들을 가장 극명하게 드러낸 전쟁이 러·우전쟁이고, 그 주인공은 젤렌스키이기 때문이다. 그리고 심지어 젤렌스키는 돈을 거의 다 잃자, 전주가 돈을 충분히 대주지 않아서 게임에서 졌다고 주장하고, 더 나아가 전주가 돈을 사람들에게 이야기한 만큼 주지 않았다고 했다.[1] 물론 전주도 결

---

[1]   젤렌스키는 AP통신과의 인터뷰에서 워싱턴에서 최대 2천억 달러를 받았다는 주장을 반박하며, 지원은 현금이 아니라 무기 형태로 이루어졌으며, "언론에서 1,770억 달러 또는 2천억 달러에 대해 이야기하지만, 우리는 그렇게 많은 무기를 받은 적이 없다. 받은 무기는 약 700억 달러 정도에 불과하다"고 말했다. 미국 팟캐스터 렉스 프리드먼과의 인터뷰에서도 우크라이나는 미국이 할당한 1,770억 달러의 절반도 제대로 받지 못했다고 주장했다. 한마디로 미국 방위기업의 로비 혹은 부패가 문제였지, 우크라이나 쪽의 부패 문제가 아니라는 주장이었다.

백해 보이지만은 않지만 말이다. 그리고 전주가 바뀌어 돈을 주지 않겠다고 하자 찾아가서 대판 싸웠다. 아무튼 대리전쟁의 한계 때문에 발생한 사례를 하나씩 살펴보자.

1. 평화협정을 깨뜨리다
-전주가 협박하자 다시 도박을 결심했고, 도박 중독자가 되었다

전쟁 초기 러시아는 전격전을 벌여서 3개의 방향으로 우크라이나의 수도 키이우를 향해 진격하다가 갑작스럽게 철수했다. 서방의 주요 언론들은 우크라이나군의 애국적인 강력한 저항, 군수문제, 보급선 차단, 낙후된 러시아군의 전력과 무능한 전략 등을 주요한 원인으로 꼽았다. 하지만 나중에 러시아가 당시 철수한 진짜 이유가 밝혀졌다. 2022년 3월 튀르키예에서 열리고 있던 러시아·우크라이나 간 평화회담의 대전제로 우크라이나 측이 철수를 요청했고, 러시아가 이를 받아들인 것이었다.

그런데 2022년 4월 9일, 영국의 보리스 존슨 총리가 우크라이나의 수도 키이우를 방문해 젤렌스키와 회담을 가졌다. 이 회담 이후 젤렌스키는 이스탄불에서 양측의 대표단이 서명까지 했던 평화안[2]을 찢어버렸다.

---

2   전쟁 발발 초기인 2022년 3월, 러·우전쟁 평화협상은 처음에는 벨라루스에서 진행되다가 튀르키예의 중재로 이스탄불로 넘어가 진행되었다. 그리고 4월 15일 협정 실무진 간의 합의로 사인까지 한 것으로 알려졌다. 당시 협정안의 기본적인 골격은 다음과 같다. 1. 러시아는 군대를 철수시킨다. 2. 우크라이나는 나토에 가입하지 않는다. 3. 동부의 돈바스 지역에 실질적 자치권을 보장한다.

당시 영국 존슨 총리는 우크라이나에 만일 평화안을 폐기하지 않으면 서방의 지원이 일체 없을 것이라고 통보했고, 만약 전쟁을 지속한다면 서방이 우크라이나가 승리할 때까지 무제한적인 지원을 하겠다고 약속한 것으로 알려져 있다. 우크라이나가 평화협정을 체결하면, 러시아의 침공을 인정하는 결과가 될 것이라는 우려가 작용했다고 한다. 이후 미국 바이든 대통령 역시 전쟁 지속을 선언했고, 우크라이나는 승리할 때까지, 최후의 한 명까지 전쟁을 지속할 것이라고 발표했다. 그리고 전쟁은 계속되었다.

사실 뒤에 알려졌지만, 당시 합의 서명된 평화안은 우크라이나가 받아들이지 못할 수준은 아니었다. 우크라이나 동부 4개 주의 자치권과 나토 불가입이 평화안의 핵심이었다. 우크라이나가 2014년 민스크 협정을 지키면, 러시아는 점령한 돈바스 지역에서 철수하는 것을 조건으로 했다.

당시 러시아의 상황은 그리 좋지 못했다. 서방의 제재에 따른 경제 불안, 대도시의 젊은층과 지식인을 중심으로 한 반전 여론, 초기 전쟁과정에서 드러난 실수들로 인해 전쟁을 지속하는 것에 대해 확신을 가지지 못한 상황이었다.

누구도 러·우전쟁이 이렇게 장기화될 것이라고는 예상하지 못했다. 하지만 결정적으로 전주가 게임을 그만두면 돈을 주지 않겠다고 하자, 플레이어는 다시 도박을 하기로 결심했다. 그 도박은 천 일이 넘게 지속되었다. 그리고 플레이어는 도박 중독자가 필연적으로 맞이하는 최후를 목전에 두고 있다.

2. 마리우폴 전투-물러서야 할 때 물러서지 못했다

마리우폴Mariupol은 우크라이나 도네츠크 주의 최대 도시로, 아조프해 연안에서 가장 큰 도시이며, 우크라이나 최대 제철소인 아조우스탈 제철소가 있다. 러시아가 마리우폴을 점령한다면, 우크라이나의 남부와 동부를 연결하는 전략적 장점을 가지는 동시에, 역으로 우크라이나 병력을 차단할 수 있는 요충지를 가지는 것이었다.

2022년 러·우전쟁 초기에 마리우폴에서 가장 격렬한 대규모 전투가 벌어졌다. 마리우폴 전투에서 가장 상징적인 장소는 아조우스탈 제철소였다. 우크라이나군은 제철소의 대규모 지하시설을 방공호와 참호로 삼아 수개월간 방어선을 구축하고 수차례의 공습과 포격을 견디며 용감하게 싸웠다. 하지만 결국 포위되어 버티다가 5월에 항복했다. 우크라이나는 전력의 핵심인 아조프 연대를 잃었다.

마리우폴이 포위되기 직전에 사령관이 철수를 요청했으나, 지휘부는 전투를 계속하라고 명령했다고 한다. 또한 포위당한 후에는 수차례 포위망을 뚫는 작전을 요청했으나, 지휘부는 역시 받아들이지 않았다고 한다. 거기서 싸우다 죽으라는 것이었다. 마리우폴 전투는 우크라이나의 저항정신을 상징하는 중요한 전투가 되었고, 이후 마리우폴은 우크라이나의 애국심과 저항의 상징이 되었다.

우크라이나 지도부에게 이는 국제적 지원을 끌어내는 중요한 수단이 되었다. 특히 서방 국가들에게 우크라이나의 저항정신을 보여주는 동시에, 러시아의 무도함을 국제적으로 알리는 계기로 여겨졌다. 실제로 마리우폴 전투는 서방의 추가적인 군사적 지원을 이끌어냈다. 그 대가는 수많은 군인들과 민간인들의 죽음이었다. 우크라이나군의 이러한 무모한 저항은 마리우폴에서 끝난 것이 아니었다. 서부 도네츠크 전투, 이지움 전투, 하르키우 전투에서도 마찬가지였다. 후퇴를 모르는 애국적이고 용감한 군대라는 평가를 받았고, 서방의 지원을 이끌어냈을지는 몰라도, 군내부는 동요하기 시작했다. 이는 자연스럽게 탈영과 징집 기피로 이어졌다.

3. 대반격을 하다-무모한 베팅을 했다

2023년에 들어서자, 서방 언론들은 동부 4개 주의 일부 지역을 점령당한 우크라이나가 언제 대반격을 할 것인가를 예측하는 기사들을 쏟아냈다. 그리고 대반격을 위해 서방의 하이마스HIMARS, 패트리어트 시스템, 탄약들이 속속 공급되고 있다고 전했다. 그러나 대반격은 좀처럼 시작되지 않았다. 서방 언론들은 재촉이라도 하듯, 젤렌스키가 왜 이렇게 주저하는지 이유를 알 수 없다는 기사들을 내놓았다. 우크라이나에서는 서방이 대반격을 강요하고 있다는 볼멘소리가 나왔다.

　　오랜 기다림 끝에, 마침내 2023년 6월 4일 우크라이나의 대반격이 시작되었다. 그런데 예상된 기습은 기습이 아닌 법, 러시아는 트렌치 시스템, 지뢰밭, 콘크리트 방어벽, 요새화된 진지, '용의 이빨'[3] 등으로 방어를

3　'용의 이빨(Dragon's Teeth)'은 2차 세계대전 때 독일군이 처음 사용한 방어 구조물로, 탱크와 기계화 부대의 이동을 방해하기 위한 철제 삼각형 구조물이다. 평지에서 여러 개를 일렬로 배치하고 주변에 지뢰를 설치하여 기갑 전력의 진격을 막는 용도로 사용된다.

철저히 준비하고 있었다. 많은 군사 전문가들의 예측처럼 대반격은 실패로 돌아갔다. 그리고 우크라이나는 반격할 힘을 잃어버렸다.

전쟁에서 공격하는 측은 수비하는 측보다 손실이 크다. 그래서 수비하는 측을 압도할 수 있는 군사력이 필요하다. 그러나 우크라이나는 군사력이 러시아보다 열세라는 것을 알면서도 대반격을 감행했다. 그 이후로는 후퇴만 했다. 그리고 패전했다.[4] 전주가 '왜 이렇게 베팅을 안 해?'라고 눈치를 주자, 버티지 못하고 질 줄 알면서도 판돈을 크게 걸었던 것이다.

4. 쿠르스크 침공—마지막으로 베팅을 했다, 그리고 파산했다

2024년 8월 6일, 우크라이나는 러시아 본토의 쿠르스크 시를 전격적으로 침공했다. 서방 언론들은 우크라이나군이 허를 찌르는 급습으로 러시아군의 저항을 신속히 무력화하며 서울 면적의 2배에 이르는 땅을 점령하는 성과를 거두었다고 전했다. 특히 러시아 송유관을 조절하는 핵심 지역을 차지했고, 이번에 점령한 영토는 차후 러시아와 평화협상 과정에서 지렛대로 사용될 것이며, 러시아 본토를 직접 점령한 것은 2차 세계대

---

4 2023년 우연한 기회에 모 국립대학의 노어노문학과 교수님과 만날 기회가 있었다. 국제정세는 물론 군사학적으로도 뛰어난 교수님과 대화를 나누던 중, 이야기가 러·우전쟁에 대한 것으로 흘러갔다. 교수님에게 질문을 던졌다. "우크라이나가 대반격을 실행할까요?" 교수님은 양측의 군사력과 동향, 지리적 여건과 여러 변수를 종합적으로 설명하며, 러시아가 이렇게까지 체계적으로 준비했는데, 우크라이나가 이걸 뻔히 알면서도 무모한 시도를 하지는 않을 것이라고 전망했다. 물론 나는 교수님과 같은 구체적인 분석능력을 갖추지는 못했지만, 그분의 생각에 동의했다. 하지만 틀렸다. 우크라이나는 2023년 6월 대반격을 감행했다. 군사적 변수보다 정치적 변수가 더 중요한 변수임을 놓쳤던 것이다. 젤렌스키가 그렇게 무모할 줄은 몰랐다.

전 이후 처음이라고 했다.

그러나 결과는 참혹했다. 우크라이나는 동부지역의 주요 전력을 빼내어 쿠르스크 지역으로 이동시키는 바람에, 동부지역의 전선이 빠르게 붕괴되기 시작했다. 안 그래도 전투에서 밀리고 있는 나라가 전선을 넓히는 것은 상식적으로 이해할 수 없는 군사전략이다. 도박판에서 돈을 잃으면, 가장 먼저 판돈을 올려 본전을 찾으려는 심리가 작동한다. 우크라이나는 전주에게도 패를 숨기고 허풍을 쳤다. 그리고 실패했다.

이는 대리전의 한계라고 볼 수 있다. 앞에서도 보았듯, 우크라이나의 전력은 전쟁 전에 막강했으며, 러시아도 그것을 잘 알고 있었다. 러시아는 처음에는 전격적으로 우크라이나를 공격했지만, 곧 전선을 물린 후 무모한 진격을 하지 않고, 소모전과 방어전으로 우크라이나의 전력이 바닥날 때까지 기다렸다.[5] 그 과정에서 러시아군의 많은 문제점이 드러났지만, 소모전과 방어전이라는 기본전략을 지키면서 인내했다. 그리고 우크라이나의 전력이 바닥나자 진격을 시작했다. 우크라이나의 전선은 급속히 붕괴되었고, 결국 우크라이나는 패전했다.

우크라이나는 이런 실수를 하지 않았어도 패전을 면하기 어려웠을 것이다. 하지만 우크라이나가 서방의 지원을 받으면서 러시아처럼 신

---

5 2022년 우크라이나군의 대반격 이후 러시아군의 주요 지휘관들이 교체되었고, 새로운 지휘부는 기본전략을 방어전과 소모전으로 잡은 것으로 알려져 있다. 이 전략은 러시아의 방어능력을 극대화하는 한편, 우크라이나 후방에 대한 장거리 공격을 계속해 공격을 유도함으로써 우크라이나 병력과 서방이 지원한 장비의 소모를 촉진하고자 했다.

중하고 철저하게 방어전에 치중하며 자원과 군대를 지키는 것을 우선했다면, 지금 젤렌스키는 푸틴과 정전 협상장에서 만날 수 있었을 것이다.

정당성과 부패가 발목을 잡다

앞에서도 말했듯, 우크라이나는 동부 돈바스 지역의 러시아계 주민들을 탄압했다. 돈바스 지역의 러시아계 주민들이 구성한 자치정부는 러시아의 괴뢰정부에 불과하다는 명분을 내세웠다. 정치적인 것을 넘어 무력 탄압으로 이어졌다. 이에 러시아계 주민들은 총으로 무장해 저항했고, 우크라이나 정부는 군대를 동원하여 자국민을 대상으로 포격과 폭격을 했다. 이것이 러·우전쟁 전의 '전조 지진'이었다. 이는 역설적으로 러시아에 전쟁의 명분이 되었다.

이제 러시아 국민들은 우크라이나의 젤렌스키 정권을 괴뢰정권으로 여기게 되었다. 우크라이나는 러시아와 같은 슬라브 민족이자 초기 역사를 공유했으며 친인척 사이로 얽히고설켜 있었다.[6] 초기에 푸틴 입장에

6　필자가 몬테네그로에서 만나서 알고 친하게 지내고 있던 러시아 친구는 몬테네그로의 렌트카 회사에서 운전과 가이드 일을 하고 있었다. 그 친구의 아버지는 러시아 투스타 장군이었다. 그를 뺀 두 형제들 모두 군인의 길을 걷고 있다고 했다. 그 친구가 흔히 하던 농담이 자기 아버지가 군대를 이끌고 너희 나라(필자의 나라 대한민국)에 쳐들어가면 자기 아버지 군대가 이긴다는 이야기였다. 우크라이나 전쟁이 터졌을 때 그 친구가 한 말을 잊을 수 없다. 자기의 어머니는 우크라이나 사람이라는 말이었다.

서는 우크라이나를 침공할 명분을 찾는 것이 쉽지 않았을 것이다. 오죽하면, 러시아가 초기에 이 전쟁의 이름을 '전쟁'이 아닌 '특별군사작전'이라고 불렀겠는가? 그런데 우크라이나가 미국과 서방의 괴뢰정권이 되어 돈바스 지역의 슬라브 주민들에게 단지 러시아계라는 이유로 포격을 퍼붓자, 러시아 국민들은 이제 2차 세계대전 때의 나치처럼 우크라이나 정부를 제거해야 할 대상으로 여기게 되었다. 우크라이나를 상대로 전쟁을 벌이지 않는다면, 민족 반역자이자 2차 세계대전의 영웅적 승리를 거부하는 것이 되었다.

한편 러·우전쟁 초기에 우크라이나 국민들은 전쟁을 지지하며, 젤렌스키 정권에 열렬한 지지를 보냈다. 젤렌스키의 지지율은 90%에 달했으며, 대부분의 국민들은 러시아의 침략에 대응해 끝까지 싸워야 하며, 전쟁에서 승리를 의심치 않는다고 함께 외쳤다.

하지만 2024년 11월 갤럽 조사 뉴욕 포스트에 따르면 우크라이나의 여론은 완전히 변했다. 우크라이나 국민 중 52%가 가능한 빨리 전쟁을 종식시키기 위한 협상을 모색해야 한다고 응답했고, 38%만이 러시아를 물리칠 때까지 계속 싸우기를 원한다고 답했다. 조기 종전 지지율이 50%를 넘어선 것은 처음이었다. 심지어 트럼프 대통령은 젤렌스키는 지지율이 4%에 불과한 대통령이라면서 "선거를 치르지 않은 독재자 젤렌스키는 서둘러야 할 것이다. 그렇지 않으면 나라를 잃게 될 것"이라고 경고했다. 우크라이나 국민들에게 무슨 일이 있었던 것일까?

물론 전쟁이 장기화되고 패전할 가능성이 높아지자 여론이 바뀐 측면도 있다. 하지만 이것만으로 설명할 수 없는 요인이 있다.

2차 세계대전 때 영국은 1939년에서 1941년까지 승전 가능성이 높지 않았다. 1940년 프랑스가 함락되었고, 그해 5월 덩케르크 철수 후 영국은 독일의 대규모 폭격을 받았으며 승전 가능성이 극히 낮아 보였다. 그럼에도 불구하고 영국 국민들의 전쟁 지지율은 거꾸로 높아졌다.

1948년 중동전쟁이 터지자, 이스라엘 청년들이 조국으로 돌아온 이유는 이스라엘 승리에 대한 확신 때문이 아니었다. 초기 중동전쟁에서 아랍 국가들에 의해 고립되어 있던 이스라엘의 승전 가능성은 높아 보이지 않았다. 그럼에도 그들은 비행기를 타고 해외에서 이스라엘로 들어와 전선에 뛰어들었다. 애국심에 기반했지만, 그 배경에는 이스라엘 정부에 대한 신뢰가 있었다. 옛 고토에 외교력을 동원하여 전 세계에 흩어져 있던 유대인을 모아 새로운 국가를 만들어 낸 이스라엘 정부에 대한 신뢰가 있었던 것이다. 이는 전쟁 때에만 적용되는 것은 아닐 것이다. 국난이 닥쳤을 때, 그것을 극복하는 원동력은 정부에 대한 국민들의 신뢰에 있다.

어떤 나라든 전쟁 초기에 지도자를 중심으로 단결하고, 결사적으로 전쟁을 지지하는 것은 당연한 현상이다. 특히 침략을 당한 입장에서는 말할 것도 없다. 하지만 그것이 얼마나 지속되느냐는 다른 문제이다. 일차적으로 정부에 대한 국민들의 지지와 신뢰가 있어야 한다.

우크라이나의 젤렌스키 정부는 2차 세계대전 당시 영국의 처칠 정부와는 너무나 달랐다. 처칠은 한편으로는 시대에 역행하는 제국주의자였지만, 2차 세계대전 당시 야당과 힘을 합쳐 거국내각을 구성하고, 영국 국민들에게 진정성을 가지고 다가가 신뢰를 이끌어냈다. 영국 정부는 투명했고 지도부는 솔선수범했다. 반면, 젤렌스키 정부는 전쟁을 핑계로 야당의 정치활동을 금지한 부패하고 무능한 정권이었다.

기득권층이 부패로 탐욕을 채우려면 법망을 빠져나가는 수고를 해야 하고, 언론 같은 감시망도 피해야 하며, 그게 돈이든 권력이든 기회든 빼앗긴 사람들의 반발에 직면할 수밖에 없다. 하지만 해외에서 지원되는 돈과 물자는 다르다. 속된 말로 삥땅을 쳐도 직접적인 피해자가 없으며, 법과 규제, 언론 등의 감시가 작동하기가 더 어렵다. 러·우전쟁은 기본적으로 외국의 지원을 바탕으로 싸우는 대리전이었다. 그리고 우크라이나는 유럽 최고의 부패 국가였다.

다음 그림은 우크라이나의 현실을 명징하게 보여주는 것이다. 피

켓에는 이런 내용이 적혀 있다. "나는 누군가의 전쟁 때문에 전쟁 속에서 살아가고 있다." 그들이 외치는 구호는 다음과 같았다. "너희들의 새로운 빌라를 위해 우리는 전쟁 중이다."[7]

2023년 3월 전국 여론조사에서 우크라이나인의 70%가 정부 관료들이 전쟁을 통해 이익을 취하고 점점 더 부패해지고 있다고 생각하는 것으로 나타났다. 1년 전 같은 조사에서 43%가 동의한 것에 비해 27%p나 증가한 수치였다. 또한 2023년 1월에는 응답자의 15%만이 부패 수준이 증가하고 있다고 답했지만, 6월에는 그 수치가 49%로 증가했다.KIIS, 키이우 국제사회학연구소

2022년 8월 우크라이나 국방부가 무기 제조업체 리비우 아스널과 박격포탄 10만 발약 550억 원 계약을 체결하고 선불을 지급했으나, 실제로 무기가 제공되지 않았고, 선납금 중 일부가 중개인의 국외 계좌로 사라지는 일이 발생했다. 2024년 11월에는 군에 공급된 10만 발의 포탄이 불량탄으로 밝혀져 회수되었다. 이어 국방부가 계란을 시중보다 몇 배나 비싸게 구매했고, 군복 값을 횡령하기 위해 겨울용이 아닌 여름용 군복을 구매했다는 것이 폭로되었다. 계란도 제대로 못 먹고, 추운 겨울에 여름 군복을 입고, 불량일지도 모르는 부족한 포탄을 가지고 싸워야 하는 우크라이나군의 현실이 드러났다. 러·우전쟁을 진두지휘해야 하는 국방부 장

---

7 Kyiv, Ukraine – Feb. 10, 2024: Young Ukrainian activists hold a banner stating "I Live in a War Because of Someone's New Villa" during a protest against corruption – 'WILSON CENTER'

관은 부패 혐의로 교체되었다. 심지어 사법부의 수장은 뇌물 혐의로 구속되었다.

전쟁의 장기화, 사망자 수의 증가, 정부와 군의 부패와 무능은 필연적으로 탈영과 징집 기피를 불러왔다. 우크라이나 의회는 2024년 11월 법령을 바꾸어 탈영 뒤 부대에 복귀한 '초범'은 재판에 넘기지 않기로 했다. 탈영이 그만큼 빈번하게 일어나고 있었던 것이다. 2022년 5월 〈가디언 *The Guardian*〉은 '우크라이나의 전쟁: 군인들의 사망률과 생존 확률'이라는 기사에서 현지 군인들과 전문가들의 말을 빌려 전선에 배치되는 군인들의 생존기간을 몇 주에서 길어야 몇 달 정도로 본다고 보도했다. 다른 매체에서도 유사한 보도가 이어졌다. 전선에서 대포 밥이 되기보다는 탈영 시 적용되는 최고 12년 징역형이 낫다는 이야기들이 군인들 사이에서 회자되었다.

영국의 〈파이낸셜 타임스 *Financial Times*〉는 우크라이나 검찰이 2024년 10월까지 탈영 혐의로 자국 군인 약 6만 명을 재판에 회부했다고 보도했다. 우크라이나에서는 지휘관이 탈영 사실을 신고해야만 탈영으로 기록된다. 따라서 실제 탈영병은 공식적인 것보다 최소한 몇 배 많을 것으로 추정된다.

징집 기피는 더 심각했다. 우크라이나는 1991년 소련 붕괴 이후 극도의 경기침체로 출산율이 매우 낮았다. 그래서 러·우전쟁 초기에 18~27세 청년들은 징집대상에서 제외되었다 지금은 18~25세로 낮아졌다. 우크라이나군은 상대적으로 노령화되어 있으며 평균 연령은 43세로 추정된다. 아내와 중고생 정도의 아이들을 둔 가장일 가능성이 높은데, 가장이 징집되면 가정경제가 흔들리고, 전사라도 한다면 그 가정은 곧 파탄으로 이어질 수 있다.

징집을 피해 다른 나라로 가려고 강을 헤엄쳐 건너려다가 익사한 채로 발견된 사람도 있었다. 징집을 피해 여장을 한 채 거리를 다니는 남성의 모습이 유튜브에 돌아다녔다. 징집원들이 콘서트장에 들이닥치기도 했다. 징집 대상자이든 아니든, 남자들은 집에 숨어서 나오지 않았다. 의사들은 징집을 피할 의료 증명서를 주는 대가로 돈을 받았고, 징집 공무원들도 뒤질세라 징집을 피할 건강 증명서를 대가로 2천 유로에서 1만 유로의 뇌물을 받기도 했다고 알려졌다. 일부 의사들은 괘씸죄에 걸려 의무대가 아닌 최전선으로 보내지기도 했다고 한다. 전선의 인력 부족은 더욱 심화되었다. 이에 징집은 더 가혹해졌고 기피는 더 교묘해졌으며 부패는 더 심해졌다. 악순환이었다.

게다가 전쟁의 장기화는 정당성에 대한 문제제기로 이어질 수밖에 없었다. 특히 대리전의 경우는 더욱 그렇다.

우크라이나 정부의 나토 가입을 목표로 한다는 이야기도 설득력을 잃어가기 시작했다. 전쟁 방지를 위해 나토에 가입하려 한다고 했는데, 이를 위해 전쟁을 지속한다는 논리는 힘을 잃을 수밖에 없었다. 크림반도는커녕 동부 4개 주의 회복조차 불가능하다는 것이 현실로 드러났다. 게다가 부패한 집권세력이 전쟁을 핑계로 선거를 거부하고 집권을 연장했다. 국민들의 지지율이 급격히 떨어졌으며, 이는 결국 전쟁 수행 능력 약화로 이어졌다.

역사를 돌이켜보자. 아프가니스탄과 남베트남의 정부군은 미군의 지원이 끊기자, 무기력하게 탈레반과 북베트남에 의해 붕괴되었다. 시리아는 러·우전쟁으로 인해 러시아의 지원이 소홀해지자, 이슬람 무장세력 하야트 타흐리르 알샴HTS을 중심으로 한 시리아 반군에 의해 맥없이 무너졌다. 튀르키예 측의 반군에 대한 간접적 지원도 영향을 미쳤지만, 가장 큰 원인은 대를 이은 독재정권인 알 아사드 정권이 시리아 국민들의 지지를 잃어버렸기 때문이다. 결국 아프가니스탄에는 탈레반 정권이, 베트남에는 공산정권이 들어섰으며, 시리아에서는 독재자를 대신해 이슬람 원리주의자라는 표현만으로는 부족한 끔찍하고 잔인한 테러단체가 집권하게 되었다.

그런데 러·우전쟁에서 우크라이나의 적국은 탈레반, 베트콩, HTS 같은 게 아니었다. 군사강국 러시아였다. 미국의 지원이 끊어진다면, 우크라이나의 패전은 급속도로 당겨질 것이다. 그리고 우크라이나에는 어떤 정권이 들어설까? 슬픈 예감은 적중한다.

러·우전쟁이
바꾼 세계

총체적 관점으로
새로운 시대 바라보기

급변하는 세상이다. 미국에서는 2025년 트럼프 대통령이 재집권을 했다. 그리고 젤렌스키를 불러다가 전 세계인들이 보는 앞에서 논쟁을 벌였다. 세계 최고 부호 기업인인 일론 머스크는 정치인으로 변해 트럼프 밑에서 정부효율부DOGE를 이끌었다. 유럽은 정치적·경제적·사회적으로 빠르게 쇠퇴하고 있으며, 특히 정치적으로는 이전에는 소수로 취급되던 극우세력이 급속히 세를 얻고 있다. 중국의 경제는 누구의 말을 들으면 곧 망할 듯하고, 딥시크를 보면 미국과 맞설 것 같기도 하고 오리무중이다. 러시아나 중국 모두 푸틴과 시진핑의 단일 권력체제가 공고화되었다. 아프리카 서부에서는 친프랑스 정권이 연달아 무너졌다. 대한민국에서는 계엄령이 떨어졌고, 그 결과 대통령이 파면되고 새로운 정권 수립을 눈앞에 두고 있다. 이 복잡한 세계를 어떻게 바라보아야 할까?

*
* *

자연과학자들은 연구에 필요한 도구를 들고 자연현상을 분석한다. 천문학자는 망원경을 들고, 화학자는 비커와 플라스크를 들고, 생물학자는 현미경을 가지고 자연현상을 분석한다. 하지만 사회과학자들은 눈에 보이는 물리적 도구를 들고 연구하지는 않는다. 그러나 사회과학을 연구하는 사람들도 눈에 보이지는 않지만 자기들만의 분석도구를 가지고 사회를 분석한다. 그것을 '사회과학 방법론'이라고 한다.

그중에서 가장 많이 사용되는 방법은 먼저 복잡한 사회를 하나하나 해체하여 단순화하고, 그것을 연구하여 복잡한 사회를 재구성하는 것이다.

복잡한 말 같지만, 사실 간단하다. 심리학을 떠올리면 쉽게 이해가 될 것이다. 아무리 복잡한 사회라도 그 사회를 구성하는 것은 결국 개인이다. 따라서 분석 단위는 '개인'으로 내려간다. 개인의 행동은 개개인의 마음이 결정한다. 이제 심리학자가 연구해야 하는 것은 개개인의 심리가 된다. 따라서 개개인의 심리를 분석한 후 그것을 종합해 낸다면 복잡한 사회도 설명할 수 있을 것이라고 보는 것이다.

예를 들어 심리학자가 '특정 집단이 왜 이렇게 극단적인지'를 알아보는 과정을 살펴보자. 먼저 그 극단적 집단을 구성하는 개인의 심리를 분석해야 한다. 가상의 사례를 예로 들어 살펴보자.

러·우전쟁의 발발 원인을 누군가는 먼저 침공한 러시아에 책임이 있다고 생각할 것이고, 누군가는 침공을 유도한 서방에 책임이 있다고 생각할 것이다. 하지만 자기의 생각이 틀릴 수도 있고, 다른 사람들의 생각을 잘 알 수 없기에 함부로 주장하지는 않는다.

그런데 A씨가 우연히 토론에 참여하게 되어 조심스럽게 전쟁의 책임이 침공을 유도한 서방에 있다고 주장했다고 하자. A씨는 이렇게 말을 하고 나자, 자기 말이 진짜 맞다는 생각이 들기 시작했다. 반대편의 주장도 설득력이 있다는 생각이 잠깐 들었지만, 내가 입장을 바꾸면 사람들이 일관성이 없는 사람이라고 여기지 않을까 하는 생각이 들었다. 게다가 옆에 있던 토론자도 나와 같은 의견이었다. 그에게 인정받고 있다는 느낌이 들었다.

이제 A씨는 확신이 들었다. 심지어 전쟁의 책임이 침공한 러시아에 있다는 사람과는 같은 하늘을 이고 살 수 없다는 생각까지 들기 시작했다. 반대 입장의 사람도 마찬가지일 수 있다. 이것이 사람들이 집단 내에서 토론을 하거나 의견을 공유하면, 개인의 의견이 더 극단적으로 변한다는 '집단 극단화Group Polarization' 이론이다.[1] 이런 식으로 개개인의 심리를 분석함으로써 복잡한 사회를 설명하는 이론을 도출해 내는 것이다.

주류 경제학의 방법론도 마찬가지이다. 복잡한 경제현상을 설명하기 위해서 사회를 해체한다. 그러면 결국 개인으로 분석 단위가 내려간다. 주류 경제학은 개인을 편익과 비용을 계산하여 행동하는 합리적 인간으로 가정한다. 사회는 그러한 개인들이 모인 공간이기에 사회도 합리적이라고 본다. 이제 경제문제는 편익과 비용을 계산하는 합리적 개인들의 종합적 의견이 모여 결정되는 것으로 분석하면 된다. 사실 비주류 경제학으로 일컬어지는 행동경제학도 마찬가지이다. 다만, 행동경제학은 인간이 합리적으로만 행동하지 않고 때론 비이성적으로 행동하며, 어찌 보면 이러한 비합리적 행동이 합리적 행동보다 경제현상을 더 잘 설명할 수도 있다고 본다.

정치학의 방법론도 마찬가지다. 근대정치학의 출발자인 홉스는 '사회는 어떻게 구성되었으며 어떻게 지속되는가?'라는 질문에 답하기 위해, 역시 사회를 구성하고 있는 개인에 주목하고 자연상태를 상정했다. 홉

---

1 19세기 말 프랑스의 사회심리학자 귀스타브 르 봉의 군중심리 이론도 이와 같은 사회과학적 방법론을 쓴 예이다. 그는 집단 군중들이 왜 매우 폭력적이고 비이성적 행동을 하는지 파악하기 위해, 군중을 구성하고 있는 개인을 분석한다. 개인을 분석해 보니, 대부분은 평상시 비폭력적이고 이성적이지만, 속마음에는 폭력적이고 비이성적 성향도 가지고 있다.

보통의 인간관계에서는 상대방이 내가 누군지를 알고 있고, 상대방의 속마음을 알기 어렵기에 조심스럽게 행동하며 비폭력적이고 이성적 행위를 한다. 하지만 군중 속으로 들어가면, 익명성이 보장되고, 옆에 있는 사람도 나와 같은 생각을 하고 있다는 것을 쉽게 알 수 있기에, 마음속에 있던 폭력적이고 비이성적 행동을 표출하게 된다.

이런 주류 심리학에 대한 비판도 많다. 분석의 단위를 집단이 아닌 '개인'으로 보며, 모든 개인을 피동적 존재로 규정한다고 비판한다. 예를 들어 우리나라의 촛불집회를 보면 폭력적이지 않고 비이성적으로 행동하지도 않는다. 군중심리 이론을 맹목적으로 받아들이면, 집회는 사람들을 폭력적이고 비이성적으로 만들기에 금지하거나 제한하고 안면 인식 카메라를 설치해야 한다는 등의 잘못된 결론에 도달할 수도 있을 것이다.

스가 보기에, 개인은 안전을 가장 우선시하는 합리적 존재이지만, 사회가 구성되기 이전의 자연상태_{원시상태}에서는 무질서와 폭력이 우선되기에 안전을 보장받을 수 없다. 이에 합리적 개인들은 안전을 보장받는 계약을 맺고 자신의 권리를 절대 권력자에게 넘긴다. 이처럼 사회는 개인들이 자발적 계약을 맺음으로써 시작되었으며, 따라서 절대 권력자가 개인의 안전을 보장해 주는 한 지속된다고 보았다.

1부를 시작하면서 국제정치를 바라보는 기본 관점으로 현실주의와 이상주의를 소개하고, 두 관점을 중심으로 미국의 외교정책이 어떻게 변화해 나갔는가를 살펴보았다. 국제정치학에서는 현실주의 관점과 이상주의 관점이 매우 뚜렷이 구별되는 것으로 본다. 하지만 사실 둘 다 동일한 방법론에서 출발한다. 즉, 홉스가 사회형성과 지속과정을 분석하기 위해 사회를 구성하는 개인부터 분석했듯, 국제정치학에서는 현실주의와 이상주의 관점 모두 국제정치를 구성하는 '국가'부터 분석한다. 다만, 현실주의 관점은 국가를 국가의 안전을 최우선적으로 도모하며 안전을 위해서라면 무엇이든 할 수 있는 합리적 존재로 보는 반면, 이상주의 관점은 현대 국가는 기본적으로 인류의 보편적 가치를 실현하는 것을 목적으로 하는 존재로 본다.

사회과학 분야에서 주류 심리학, 주류 경제학, 주류 정치학 등 '주류'라는 말이 붙는 경우, 이런 분석적 방법론을 사용한다고 보면 될 것이다. 주류 사회과학 방법론의 장점을 보면, 데이터와 경험적 자료를 바탕으로 객관화가 쉽고, 일반화를 통해 예측 가능성을 높일 수 있으며, 체계적인 분석을 바탕으로 사회에 대한 처방을 내려서 실용성을 높일 수 있다. 하지만 분석의 초점을 개인에게 맞춤으로써 사회구조가 개인에게 미치는 영향을 놓칠 수 있다. 따라서 종종 모든 문제의 원인을 개인에게 돌린다는 문제를 낳는다. 빈곤·무능·무지 등도 기본적으로 개인의 책임이 되어 버린다. '주류 ○○학'이라고 불리면 보수주의적이라는 비판이 따라붙는 이유이다.

그런데 앞에서 살펴본 주류 사회과학 방법론만으로는 부족하다. 예를 들어 국제정치학은 국가를 분석 단위로 하여 현실주의, 또는 이상주의 관점에서 분석하지만, 이것만으로는 부족하다. 냉전시대에 국가의 행위를 이해하기 위해서는 현실주의적 관점이 더 유용했으며, 탈냉전시대에 국가의 행위를 이해하기 위해서는 이상주의적 관점이 더 유용했다. 하지만 현실주의와 이상주의라는 관점만으로 국제사회를 이해한다면, 냉전시대 혹은 탈냉전시대에 구성된 세계체제가 각 나라에 미친 영향을 간과할 수 있다. 그리고 자칫 빈곤국, 피침략국, 피착취국의 문제를 마치 주류 ○○학이 모든 문제의 원인을 개인의 문제로 돌리듯, 그 개별 국가의 문제로만 보는 결론에 다다를 위험이 있다. 이제 또다른 사회과학 방법론을 만나보자.

또 다른 대표적인 사회과학 방법론은 사회현상을 제대로 분석하기 위해서는 그 사회현상 밑에 있는 '사회구조' 혹은 '본질'을 파악해야 한다는 입장이다. 빙산을 이해하기 위해서는 물 위에 떠 있는 빙산만이 아니라, 수면 아래 가라앉아 있는 거대한 빙하도 분석해야 한다는 것이다.

심리학에서 융은 프로이트의 무의식 개념을 개인을 넘어 집단으로 확장했고, 인류 진화과정에서 축적된 본능적이고 보편적인 심리적 유산인 '집단 무의식Collective Unconscious'이 있다고 주장했다. 융에 따르면, 집단 무의식은 원형Archetype으로 불리는 심리적 패턴으로 구성되며, 이러한 원형들을 통해서 사회현상을 온전히 이해할 수 있다.

예를 들어 사람들은 당연히 사회는 어린아이를 사랑으로 보살펴야 하고, 국가는 이를 지원해야 하는 의무가 있다고 생각하는데, 이는 '어머니의 원형'이 인류의 무의식에 내재하기 때문이라고 본다. 또한 사람들은 사회를 올바르게 이끄는 리더가 되고 싶어하고, 최소한 그런 리더를 따르고 지지해야 한다고 생각하는데, 이는 '영웅의 원형'이 인류의 무의식에서 작동되기 때문이라고 보는 식이다. 사회현상을 제대로 분석하기 위해 그 현상 밑에 있는 '본질'에 주목해야 한다는 것이다.

경제학에서는 말할 것도 없이 칼 마르크스가 대표적 인물이다.

그는 겉으로 드러나는 사회현상은 법, 정치, 제도, 이데올로기, 문화 등상부구조에 의해서 결정되는 것으로 보이지만, 실제로는 이 상부구조를 만들어 낸 경제구조하부구조에 의해 중첩적으로 결정된 것이라고 주장했다. 더 나아가 이 하부구조 역시 생산관계와 생산력으로 나누어지며, 생산관계는 더욱 근본적인 생산력에 의해서 결정된다고 논파했다.

풍차가 영주와 농노의 관계를 만들어 냈고, 이것이 신 중심의 사회와 대가족 제도로 대변되는 봉건제도를 만들어 냈으며, 증기기관이 자본가와 노동자의 관계를 만들어 내고, 이것이 결국 자본주의, 민주주의, 그리고 핵가족으로 대변되는 근대사회를 만들어 냈다는 주장이다. 사회현상을 분석하기 위해 그 현상 밑에 있는 '사회구조' 혹은 '본질'에 주목하고 분석한 것이다.

이러한 방법론을 주로 사용하는 학문으로는 사회학을 들 수 있다. 초기 사회학을 대표하는 에밀 뒤르켐은 명저 『자살론』에서 가장 개인적 선택으로 여겨지는 자살 역시 알고 보면 '사회구조'에 의해 결정된다는 것을 실증적 자료로 증명했다. 이러한 사회학의 경향은 구조주의는 말할 것도 없고 포스트모더니즘도 마찬가지이다. 푸코의 담론discourse이나 데리다의 차연différance, 부르디외의 아비투스habitus나 사회적 자본social capital이라는 개념 역시 그렇다. 이 개념들은 꽤 달라 보일 수 있지만, 사회현상을 이해하기 위해서는 단순히 개인의 행동이 아니라 '그 뒤에 숨어있는 사회적으로 구성된 무언가'를 알아내야만 한다고 본다. 하지만 개인의 잘못도 알고 보면 그 뒤에 있는 무언가가 있다며 면죄부를 주는 이론이라는 비판을 받기도 했다.

국제정치학에서 이런 방법론을 쓴 대표적인 이론으로는 이마누엘 모리스 월러스틴의 세계체제론을 들 수 있다. 그는 마르크스의 경제결정론에 영향을 받아 세계 경제는 중심·반주변·주변부로 구성된 통합된 시스템으로 봐야 하며, 국제사회를 이해하기 위해서는 개별 국가부터 분석할 게 아니라 이 중심·반주변·주변부의 세 세력이 관계하여 벌어지는 '국가 간 상호작용의 네트워크'를 이해해야 한다고 주장했다. 쉽게 말해 세계 정치질서는 선진국이 후진국을 착취하는 경제구조를 보장하기 위한 네트워크라는 것이다.

이런 방법론은 사회과학 주류 방법론의 한계를 비판하고 새로운 대안을 제시했다는 점에서 높게 평가받아야 한다. 많은 사회현상들은 개인에 대한 분석과 아울러 사회구조, 사회계급, 사회제도, 사회문화 차원에서 분석할 때 제대로 이해할 수 있을 것이다.

하지만 이 방법론 역시 문제점이 있다. 가장 큰 단점은 결국 일원론적 결정론으로 귀결될 수밖에 없다는 것이다. 예를 들어 마르크스는 법·정치·제도·이데올로기·문화 등 상부구조의 자율성을 강조하긴 했지만, 결국은 경제구조인 하부구조가 상부구조를 '결정'한다고 보았다. 또한 마르크스의 말대로 인류 역사에서 결국 하부구조가 상부구조를 결정한다고 하더라도, 지금 이 시점에 그렇지 않다면 그의 분석론은 한계를 가질 수밖에 없다. 예를 들어 전쟁의 시기에는 하부구조인 경제구조가 정치·제도·문화 같은 상부구조를 결정하는 것이 아니라, 상부구조인 '정치'가 하부구조인 '경제'를 결정한다. 1차, 2차 세계대전 시기에는 정치에 의해 경제가 결정되었다. 기업들이 있었으나, 국가가 기본적인 자원을 배분했다. 전쟁은 특수한 상황이어서 예외라고 치부할 수도 있겠지만, 인류 역사에서 전쟁이 없었던 시기가 있었는가?

* *
*

우리는 앞에서 사회과학에서 자주 사용되는 두 가지 방법론을 살펴보고 그 한계도 알아보았다. 그렇다면 이런 방법론들의 한계를 극복하는, 국제사회를 분석하는 틀로는 어떤 게 있을까?

　이 책에서는 현재 국제사회의 변화를 분석하기 위해 '다층적' 접근 방법론과 그에 기반한 '총체적' 접근 방법론을 쓰고자 한다.

　먼저 '다층적' 접근 방법론부터 살펴보자. 20세기 초 독일 사회학자 막스 베버는 마르크스 경제결정론의 핵심 개념인 계급론을 비판하면서 '계층론'을 주장했다. 베버는 마르크스의 경제결정론은 현실에서 사회구조는 경제적 요인 외에도 정치적·문화적 요인 등에 의해 복합적으로 형성된다는 것을 간과했다고 비판했다. 세상은 경제라는 일원론적 요인에 의해 양분되는 것이 아니며, 사회를 구성하는 인간을 분석할 때도 생산수단의 유무로 자본가와 노동자로 나누는 것만으로는 부족하다고 보았다.

　베버는 사회를 구성하는 사람들을 경제적 요소 외에도 '정치적 요

261

소와 사회적 요소를 포함하여 분석하려 했으며, 각 요소에서 한정된 자원에 주목했다. 경제적 요소에서는 '재산', 정치적 요소에서는 '권력', 사회적 요소에서는 '카리스마권위'가 그것이다. 그리고 베버는 사회를 구성하는 사람들을 재산, 권력, 권위를 얼마나 가지고 있느냐로 분류하고자 했다. 그것이 바로 '계층'이다.

베버의 계층론은 마르크스의 계급론과는 달리, '사회적 계층이 경제·정치·권위에 의해서 결정된다'고 본다는 측면에서 '다원론적 관점'이라고 할 수 있다. 마르크스의 계급론이 생산수단의 유무에 따라 결정되는 '있냐, 없냐'의 이원론적 분류체계였다면, 베버의 계층론에서 다루는 재산, 권력, 권위는 유무가 아니라 '다소', 즉 많고 적음에 의해 결정되는 유동적인 것이다. 즉, 어떤 사람은 재산, 권력, 권위에서 모두 상위층에 속하지만, 어떤 사람은 재산은 많지만 권력이 없을 수 있고, 또 누군가는 재산과 권력은 없지만 권위는 가지고 있을 수 있다.

필자는 베버리언Weberian[2]은 아니지만, 지금의 국제사회를 이해하기 위해서는 이러한 '다층적 접근 방법론'이 필요하다고 생각한다. 많은 사람들이 인정하듯, 러·우전쟁을 계기로 새로운 세계질서가 왔다. 미국·영국·러시아·중국 같은 개별 국가들을 먼저 분석하는 것만으로는 이 새로운 세계질서를 제대로 이해할 수 없다.

---

2   마르크스의 사상과 철학을 따르는 사람을 '막시스트'라고 하듯, 막스 베버의 사상과 방법론을 따르는 사람을 '베버리언'이라고 한다.

우선, 이 새로운 세계질서가 어떤 질서인가를 규정해야 한다. 이 새로운 세계질서는 어떤 이름을 붙이든 간에, 1947년부터 1991년까지의 냉전시대나, 1991년부터 러·우전쟁까지의 탈냉전시대의 세계질서와는 다른 것일 것이다. 이 새로운 세계질서를 분석하기 위해서는 새로운 '군사적·정치적·경제적 차원의 다층적 분석'이 필요하다. 이런 다층적 분석으로 변화된 세계질서에 대한 개념을 잡아나간다면, 이 새로운 세계질서에서 개별 국가들이 어떻게 대응하고 변화해 나갈 것인지를 예상할 수도 있을 것이다.

앞으로 탈세계화가 진행된다고 해서, 세계의 정치질서와 군사적 구도가 다 바뀔 것이라고 예단해서는 안 될 것이다. 또한 트럼프가 재집권을 했다고 해서, 모든 국제적 군사관계와 경제적 질서가 다 변할 것으로 봐서도 안 될 것이다. 트럼프가 아니었어도, 미국은 시간이 걸리더라도 다시 '고립주의' 외교 노선으로 갈 수밖에 없었을 것이다.

러·우전쟁도 마찬가지다. 러·우전쟁이 세상을 다 바꾼 것이 아니다. 러·우전쟁은 세계질서 변화의 트리거이며, 세계가 이렇게 변화하고 있음을 보여준 명징한 사건일 뿐이다. 러·우전쟁이 없었어도, 세계질서는 지금의 방향으로 나아가고 있었을 것이다.

3부에서 1장은 '새로운 세계질서는 왜 신냉전 질서라고 할 수 없는지'를 다룰 것이다. 2장에서는 이 새로운 세계질서가 직접적으로는 미국이 세계 경찰로서의 지위를 상실함으로써 등장했고, 더 넓은 관점에서는 서구 쇠퇴의 문을 열었다는 것을 보여줄 것이다. 3장에서는 다층적 접근을 통해 새로운 세계질서의 모습을 추적하겠다. 또한 새로운 세계질서를 '다층적'으로 들여다보고 '총체적'으로 분석할 것이다.

* *

총체적 접근 방법이라면 말이 그럴싸해 보여 좋은 방법인 것 같지만, 어떤 방법인지 쉽게 잘 와닿지 않을 수도 있을 것이다. '총체적' 분석방법을 사용한 대표적인 사회학자로는 앞에서 소개한 프랑스의 사회학자 에밀 뒤르켐을 들 수 있다. 그는 일찍이 프랑스 남부보다 북부의 자살률이 높은 것에 주목했다. 만일 자살이 극히 개인적인 선택이라면, 자살률은 지역별로 차이가 나지 않아야 할 것이다. 그런데 현실은 달랐다. 프랑스의 경우 남부보다 북부의 자살률이 월등히 높았다.

　뒤르켐은 통계자료를 분석하여 교회 방문 횟수가 높은 지역은 자살률이 낮다는 것을 발견했다. 프랑스 남부 주민들은 교회를 자주 방문했고 머무는 시간도 길었으나, 북부 주민들은 교회 방문 횟수도 적었고 머무는 시간도 짧았다. 프랑스 남부는 가톨릭이 주류로 공동체 중심적이었고, 북부는 개신교가 주류였고 개인주의적이었다.

　사회적 결속력과 연대가 강한 남부에서는 뒤르켐이 분류한 4가지 자살 중 하나인 이기적 자살이 거의 없었으나, 북부에서는 산업화로 인해 사회적 연대가 붕괴되면서 이기적 자살이 많았던 것이다. 이렇게 해서 사회학의 명저 『자살론』이 탄생했다.

　　이렇듯 '총체론적 관점'은 사회를 하나의 유기체로 보아 서로 상관이 없어 보이는 변수들 간의 상관관계를 찾아낸다. 한 부분의 변화가 생각지도 못했던 다른 부분의 중요한 변화를 가져오기도 한다. 인도에서 남편이 죽으면 아내가 따라 죽는 '사티'라는 폐습이 사라지게 된 큰 요인은 TV의 보급이었다.[3] 1990년대 초반 미국의 범죄율이 급격히 하락한 것은 1973년 이후 낙태 합법화와 밀접한 관련이 있었다.[4] 루마니아의 독재자 차우셰스쿠 정권의 몰락은 낙태 불법화와 연관되어 있었다.[5]

　　마찬가지로 새로운 시대의 세계질서 역시 군사적 변화가 정치적·경제적 분야에, 또는 정치적 변화가 군사적·경제적 분야에 의도치 않은 결

3　인도에서는 남편이 죽으면 아내가 따라서 죽는 '사티'라는 관습이 있었다. 연구에 따르면, TV 보급률이 높아지면서 이 폐습이 줄어든 것으로 밝혀졌다. TV에서 나오는 신여성상이 여성권리 향상에 기여한 것으로 추정된다.

4　1973년 로 대 웨이드 사건(Roe v. Wade)으로 알려진 낙태 허용 소송에서 미국 주별로 낙태 합법화가 이루어졌다. 이에 많은 여성들이 어려운 상황에서 원치 않는 출산을 예방할 수 있게 되어, 그 결과 불법적인 행동을 할 가능성이 높을 것으로 예상되는 아이들의 출생률이 감소했다는 주장이다. 이에 만일 이들이 태어났다면 10대 후반이나 20대가 되어 범죄를 저지르게 될 시기인 1990년대 중반 범죄율이 감소했다는 것이다. 스티븐 레빗, 스티븐 더브너의 『괴짜 경제학』에서 소개된 이야기이다.

5　1966년에 루마니아의 독재자 차우셰스쿠는 경제발전을 위해서는 인구증가가 필요하다고 보고 낙태와 피임을 불법화하고 강력히 시행했다. 많은 여성들이 반발했지만, 실제로 인구 성장률이 높아졌다. 그런데 1966년 이후 태어난 아이들이 20세가 넘자, 결국 차우셰스쿠는 이 낙태 금지로 많아진 젊은 세대가 주도하는 대규모 시위로 1989년 실각한다.

과를 가져오는지 면밀히 추적해야 한다. 앞에서도 보았지만, 소련의 몰락이 미군을 세계의 경찰 군대로 만들었으며, 역설적으로 미군의 약화를 가져와 미국 단일 패권 몰락의 기폭제가 되었고, 미국의 외교를 다시 고립주의로 몰아가고 있다. 이는 한편으로 세계의 무역장벽을 높이고, 전 세계적인 에너지 경쟁을 가져올 것이다.

여기서는 러·우전쟁 이후 전개되는 새로운 세계질서에 대해 '다층적' 접근 방식과 '총체적' 접근 방식을 통해 이해해 볼 것이다.

**

필자는 10여 년 전 경제 강의로 많은 대중의 사랑을 받았다. 그때 강의에서 "경제발전기에는 경제를 몰라도 생존할 수 있지만, 경제가 후퇴하기 시작하는 시기에는 경제를 모르면 생존할 수 없다"는 말을 자주 했다. 그래서 강의 제목도 '생존 경제'였다. 지금 대한민국 사람들의 경제적 이해도는 예전과 비할 수 없을 정도로 높아졌다. 사람들이 경제를 모르면 생존할 수 없는 시대가 되었다는 것을 절감했기 때문일 것이다.

마찬가지이다. 냉전시대는 기본적으로 '대립의 시기'였지만, 탈냉전시대는 '평화의 시기'였다. 탈냉전시대에는 일부 국가에서 전쟁이 벌어지긴 했지만, 전체적으로 봐서 인류는 이례적으로 이 시기 수십 년 동안 평화를 누렸다.

평화의 시기에는 정치를 몰라도 아무런 문제가 없다. 고대 중국의 요 임금이 암행 시찰을 하다가 한 노인이 부르는 노래를 들었다. "아침에 해가 뜨면 일하고, 저녁에 해가 지면 쉬네. 내가 우물 파서 물 마시고, 내가 밭을 갈아 먹으니, 임금의 혜택이 내게 무엇이 있단 말인가." 진정한 평화의 시기에는 백성은 왕이 누구인지를 몰라도 되었다. 하지만 그렇지 않은 시기에는 백성은 왕이 누구인지 알아야 했다. 그래야만 살아남을 수 있기 때문이다.

우리는 지금 누가 왕인지 몰라도 되는 시대에서, 이제 왕이 누구인지 알아야'만' 하는 시대로 넘어왔다.

새로운 세계질서는
신냉전이 아니다

지금은
이념의 시대가 아니다

많은 사람들이 지금을 '신냉전의 시대'로 정의하고 있으며, 이런 주장이 자연스럽게 받아들여지고 있다. 냉전이 미국과 소련의 대결이었다면, 지금 이 시대는 미국과 새롭게 부상하는 중국이 대결하는 신냉전시대라는 것이다. 또한 미국이 민주주의 국가라면, 중국은 권위주의 국가이다. 따라서 2차 세계대전 이후의 시대가 미국이 주도하는 민주주의 진영과 소련이 주도하는 공산주의 진영의 대립이었다면, 지금은 미국이 주도하는 민주주의 진영과 중국이 주도하는 권위주의 진영의 대립이 펼쳐지는 신냉전의 시대라는 주장이다.

이러한 주장의 배경에는 미국의 쇠락과 중국의 부상이 있다. 이 중에서 더 중요한 요인은 중국의 부상이다. 1980년 중국은 1인당 GDP가 310달러밖에 안 되는 농업 후진국에 불과했지만, 2023년에는 1인당 GDP가 12,960달러 수준이 되었고, 중화인민공화국 건국 100주년이 되는 2049년에는 전 세계에서 가장 부강한 나라가 될 것이라고 자신하고 있다.

누가 이러한 변화를 만들었을까? 물론 중국 내부의 역량이 드러난 것이겠지만, 명백히 그 계기는 미국의 클린턴 대통령1993년~2001년 재임이 만들었다. 즉, 오늘날의 중국을 만들어 준 결정적 계기는 2001년 중국의 세계무역기구WTO 가입이었기 때문이다.

중국의 WTO 가입은 쉬운 일이 아니었다. 일단, 클린턴 대통령이 소속된 여당인 민주당에서 대부분의 의원들이 반대했다. 중국이 WTO에 가입해서 '항구적인 정상무역관계PNTR' 지위가 부여되면, 중국의 인권 유린과 열악한 노동환경에 대해 더 이상 문제제기를 할 수 없다는 것이 한 이유였다. 또한 중국 제품의 저가 공세로 미국 노동자들이 실직할 우려가 있다는 것도 반대한 이유 중 하나였다.

하지만 클린턴 대통령은 야당인 공화당 의원들과 힘을 합쳐, 반대하는 민주당 의원들을 일일이 설득했으며, 결국 중국을 WTO에 가입시키는 데 성공했다. 클린턴 대통령은 중국이 결국 정치적·경제적으로 자유민주주의의 길을 따를 것이라고 장담했다. 이렇게 중국은 미국의 품 안에 들어갔다. 두 나라의 로맨스가 시작되었다.

그런데 2010년대 중반부터 미국과 중국의 로맨스가 깨지기 시작했다. 그 이유는 크게 3가지였다.

1. 2014년 무렵부터 중국의 구매력평가PPP 기준 GDP가 미국을 앞질렀다.[1]

2. 2012년 집권한 시진핑은 2018년 3월 헌법을 개정하여 국가주석의 임기 제한 규정을 삭제했다.

3. 2020년 시진핑은 공식적으로 "대만 통일을 달성할 것"이라고 선언했다.

한마디로 중국의 경제력이 너무 커졌으며, 예상과 달리 권위주의적 독재국가로 변했고, 미국이 자기의 안방이자 안보와 번영에 필수적이라고 여기는 태평양에서 중국이 미국 패권에 대한 도전을 시작했기 때문이다.

2018년 트럼프 대통령은 중국과 '무역전쟁'을 시작했고, 이어서 바이든 대통령은 '기술 패권 전쟁'에 들어갔다. 중국에 대한 잇따른 제재들이 나왔다. 바이든 대통령은 '가치외교'를 주장하면서 동맹국들에 중국·러시아 등의 권위주의 진영에 맞서는 민주주의 진영의 단합을 요구했다. 그리고 2025년 재집권한 트럼프 대통령은 중국을 가만 놔두지 않겠다고

---

1 구매력 평가(PPP) 기준 GDP는 기존 GDP가 물가 수준을 고려하지 않았다는 단점을 보완하지만, 역으로 물건 및 서비스의 질을 제대로 반영하지 못하기 때문에 기술력·금융력·군사력·기축통화 등을 포함한 국가 파워 비교에는 한계가 있다는 주장도 있다.

큰소리를 치고 있다. 이제 세계에서 마치 신냉전이 시작 단계를 넘어 본격화되는 것처럼 보인다.

영국의 국제관계 전문가 로빈 니블렛Robin Niblett의 저서 『신냉전The New Cold War』[2]은 이러한 시대에 미국과 서방의 입장을 아주 잘 보여주는 책이다.

니블렛은 지금을 '신냉전시대'로 본다. 그는 신냉전시대는 구냉전시대와 마찬가지로 이념이 충돌하는 시대이며, 구냉전이 자유주의와 공산주의의 대결이었다면, 신냉전은 민주주의 체제와 권위주의 체제의 대결이라고 한다. 또한 미국과 서유럽, 태평양의 미국 동맹국들은 개인의 권리가 국가의 권리보다 중요한 체제인 반면, 중국과 러시아는 소련 해체로 붕괴되었던 사회주의 독재체제가 권위주의의 외피를 가지고 부활했으며, 본질은 독재체제라고 본다.

니블렛은 중국과 러시아가 말하는 '다극화된 세계질서'는 "단지 자

2 이 책은 우리나라에도 번역 출간되었다. 교보문고에 실린 저자 소개를 인용해 보겠다. "국제 정치외교 분야의 세계 최고 전문가. 2022년까지 15년간 영국 왕립국제문제연구소 채텀하우스 소장으로 재임하며, 러시아와 중국 관련 지정학적 이슈에 대해 영국과 EU 정부 각료들에게 핵심 자문을 제공했다. 워싱턴 DC의 아시아소사이어티 정책연구소를 거쳐 국제전략문제연구소(CSIS)에서 부소장으로 재직했고, 현재는 영국 전략자문회사 하클루이트(Hakluyt)의 수석 고문이다. 세계경제포럼(WEF) 유럽 글로벌 어젠다위원회 의장과 영국 아카데미포럼 의장 등을 역임했으며, 한국을 비롯한 세계 각국의 정부와 민간기관에 국제정세 관련 자문을 제공하고 있다."

신들의 독재체제가 지속되기를 원하는 세상을 위한 구호"에 불과하다고 말한다. 시진핑과 푸틴은 미국의 패권이 무너져야 하고, 대신에 모든 나라가 목소리를 내는 세계를 만들어야 한다고 주장하지만, 실제로는 자신들의 독재를 지속하기 위한 주장에 불과하다는 것이다.

니블렛은 러시아의 우크라이나 침략이 지금이 신냉전시대임을 증명하는 대표적인 사건이라고 주장한다. 중국이 푸틴 정권과 밀착하여 러시아에 전쟁을 위한 모든 지원을 제공했으며, 한국과 일본이 미국과 보조를 맞추면서 균형을 유지하려는 동아시아 정세도 대만을 압박하여 흔들려고 한다는 것이다. 다만, 비록 미국과 중국의 군비경쟁이 이어지고 있지만, 신냉전시대는 전면적 군사대결로 이어질 가능성이 냉전시대보다 낮으며, 따라서 군사적 측면보다 경제 분야의 각축전으로 전개될 것이라고 전망한다.

그렇다면 자유주의 진영을 이끄는 미국과 서방은 어떻게 해야 할까? 니블렛은 중국은 소련에 비해 무역의존도가 높고 인구 고령화 문제가 있지만, 거대한 내수시장을 가지고 있으며, 중국 공산당은 과거의 소련 공산당보다 훨씬 세련되게 통치를 하고 있으므로 스스로 붕괴하지는 않을 것이라고 한다. 따라서 민주주의 진영이 더 단결하여 힘을 더욱 키워서 권위주의 진영에 압박을 강화해야 한다고 주장한다.

우선, 현재 G7 정상회의에 한국과 호주를 포함시켜 G9 정상회의로 확장해야 한다고 제안한다. 대서양 동맹을 태평양 동맹으로 확대해야 한다는 것이다. 한국이라는 제조강국과 호주라는 원자재 강국을 끌어들여

자유주의 진영의 핵심 역량을 강화해야 한다는 논리다. 이를 바탕으로 주로 북반구 저위도나 남반구에 위치한 개발도상국들인 글로벌 사우스Global South[3]의 협력을 이끌어내어 중국과 러시아를 고립시켜야 한다는 것이다.

앞에서 소개한 니블렛처럼 지금이 신냉전시대라고 주장하는 사람들의 논리를 분석해 보면, 실제로는 아주 간단하다. 냉전시대의 소련을 중국이 대신하고 있다는 주장이다. 다만, 소련이 공산주의 국가였다면, 중국은 권위주의 국가라는 것이다.

＊＊

그러나 니블렛 등이 현재의 세계질서를 신냉전 질서로 규정하는 논리는 일단 과거의 소련과 지금 중국 차이를 간과하고 있다. 하나씩 살펴보자.

1. 중국은 미국과 이념적으로 대립하는 사회주의 국가가 아니라 실질적으로 자본주의 국가이다.

니블렛은 신냉전시대는 냉전의 연상선상에 있으며, 냉전시대처럼 이념이 충돌하는 시대이고, 중국은 자유주의 진영에 대립하는 권위주의 국가라고 주장하지만, 중국은 실질적으로 자본주의 국가이며, 권위주의는 사회주의와 달리 이념일 수 없다. '권위주의'라는 말은 원래 가부장제,

---

3 글로벌 사우스는 비서구권, 개발도상국 또는 제3세계 국가들을 통칭하는 용어이다. 최빈국과 개발도상국 대부분이 북반구의 저위도, 또는 남반구에 몰려 있다고 하여 만들어진 용어이다.

잔존하는 봉건적 요소, 그리고 군부와 결합한 제3세계의 독재를 서방의 나치즘이나 파시즘 같은 기존 독재체제와 구별하기 위해서 등장했으며, 이념과는 상관없는 용어다.[4]

지금은 '이념 대립'의 시대가 아니다. 각 나라가 정치형태를 민주주의로 할지, 권위주의로 할지는 선거로 결정하는 것이지, 세계사적 이념 대결구도에 의해서 결정되는 것이 아니다.

2. 중국은 과거 소련 같은 군사 강국이 아니다.

전쟁은 두 나라의 엇비슷한 힘을 전제로 한다. 중국은 경제력으로 미국에 맞설 수 있을지 모르지만, 군사력으로는 과거의 소련 같은 경쟁상대가 아니다. 물론 대만해협을 둘러싼 지역에서 재래전이 벌어진다면 중국이 승리할 가능성도 있을 것이다. 하지만 이는 다른 문제이다. 아프가니스탄과 베트남이 미군을 물리쳤다고, 그들이 미국과 맞설 수 있는 나라가 아닌 것과 마찬가지 이치이다.

3. 중국은 과거 소련처럼 미국과 동떨어진 경제체제를 이루고 있는 것이 아니다.

과거에 소련은 자유주의 진영에서 '철의 장막'으로 불렸고, 중국은 '죽의 장막'으로 불렸다. 서방 진영과 교류가 없었기 때문이다. 미국 소녀

---

4 권위주의란 용어를 학문적으로 성립시켰다고 평가받는 후안 린츠(Juan Linz)는 권위주의 정권의 주요 특징 중 하나로 이념의 부재 혹은 빈약함을 들고 있다.

가 소련에 가서 체스를 두는 사소한 교류가 드라마의 소재가 될 정도의 시절이었다.[5]

그러나 지금의 중국과 미국의 관계는 과거 소련과 미국의 관계처럼 적대적이지는 않다. 중국과 미국은 직접적으로나 간접적으로나 끊으려야 끊을 수 있는 관계가 아니다. 관계를 끊으면 두 나라 모두 치명적인 타격을 받는다.

지금은 냉전시대도, 신냉전시대도 아니다. 다만, 지금의 세계질서를 '신냉전'이라고 부르고 싶은 사람들이 있을 뿐이다. 무언가를 위하여!

지금은
전쟁 중이 아니다

냉전시대는 미국과 소련의 핵무장으로 인해 강대국 간의 직접적인 전쟁은 없었다. 하지만 '냉전'이라는 말은 두 진영이 전쟁 상태였다는 것을 의미한다. 전쟁이란 기본적으로 두 진영의 대립을 말한다. 1차 세계대전은 연합국Entente Powers과 동맹국Central Powers의 대결이었고, 2차 세계대전은 연합국Allied Powers과 추축국Axis Powers의 대결이었다. 전쟁은 이처럼 두 진영이 하는 것이다.

---

5   이 드라마는 〈퀸스 갬빗(The Queen's Gambit)〉이다. 실제 있었던 일은 아니지만, 자유 진영의 천재 체스 소녀 베스 하먼이 체스 강국인 소련에서 세계 타이틀을 놓고 대결한다는 이야기가 나온다.

또한 전쟁은 '내 편이냐, 아니냐' 한쪽 편에 서기를 강요한다. 1차 세계대전이 터지자, 전 세계의 많은 국가들은 어느 한편에 서야 했다. 2차 세계대전에서는 전 세계의 모든 국가들이 어느 한편에 서야 했다. 종전 후 1947년 트루먼 독트린으로 촉발된 냉전시대 역시 마찬가지였다. 냉전시대였지만, 전쟁이 시작되었다. 모든 나라들은 미국이나 소련 중 한 진영에 서야 했다. 이에 반발해 일부 국가들이 비동맹 노선[6]을 만들어 저항했지만, 냉전이 심화되자 점차 분열되었다. 결국 제3세계 대부분의 나라들은 자유주의 노선을 따라서 반공국가가 되거나, 또는 사회주의 국가가 되어 반자본주의 노선에 서야 했다.

냉전시대에 자유주의와 사회주의 진영은 철저하게 체제경쟁을 했다. 미국은 2차 세계대전으로 황폐화된 서유럽에 마셜 플랜으로 대규모 지원을 했고, 제3세계에는 미국국제개발처USAID를 만들어 지원했다 지금은 변질되었지만 당시에는 제3세계 지원에 진심이었다. 한편 소련의 모스크바대학에서는 제3세계의 촉망 받는 많은 젊은이들이 장학금을 받으며 공부했다. 자유주의와 사회주의 진영이 서로 체제의 우월성을 보여주며 선택을 촉구했던 것이다.

---

6 1961년 인도네시아의 반둥에 인도의 네루, 유고슬라비아의 티토, 인도네시아의 수카르노, 이집트의 나세르 등이 모여 비동맹운동(NAM, Non-Aligned Movement)을 제창하며, 중립성과 독립성을 강조하는 비동맹국들의 단결을 촉구했다.

만약 지금이 '신냉전시대'라고 한다면, 미국의 민주주의 진영이나 중국의 권위주의 진영 중 한편에 서야 한다. 하지만 이는 가능하지도 않고 올바르지도 않다.

이것이 가능하지 않은 이유는 다음과 같다.

1. 지금은 다극화 사회이다.

2. 미국은 당근이 없다.

3. 권위주의 국가들이 너무 많다.

이것이 올바르지 않은 이유는 다음과 같다.

1. 민주주의와 권위주의는 체제경쟁을 할 수 없다.

2. 많은 나라들의 희생을 강요한다.

*
* *

먼저, 지금 시대에는 민주주의 진영의 리더인 미국이 왜 탈냉전시대의 리더가 되어 세계를 두 진영으로 나눌 수 없는지부터 보자.

1. 지금은 다극화 사회이다

냉전시대에 한국전쟁이나 베트남전쟁은 진영 논리를 강화했다. 만일 지금이 진짜 탈냉전시대라면, 러·우전쟁 역시 진영 논리를 강화해서 제3세계 국가들에게 한쪽 편을 들도록 해야 했다.

하지만 대부분의 제3세계 국가들이 그렇게 하지 않았다. 예를 들어 쿼드 국가QUAD, 미국·일본·인도·호주의 4자 안보협의체인 인도는 러시아와 군사 및 에너지 거래를 늘렸고, 나토 회원국인 튀르키예는 천연가스 파이프라 인과 석유 수출 루트를 러시아에 제공하는 대가로 저렴한 에너지 자원을 확보했을 뿐만 아니라 시리아에 대한 러시아의 지원이 약화된 사이에 시 리아 반군을 지원해 시리아를 영향권 아래 두었다. 대부분의 제3세계 국가 들은 겉으로는 침공국인 러시아를 비난했지만 그저 말뿐인 비난에 그쳤다.

지금의 개발도상국들은 냉전시대의 개발도상국들과 다르다. 냉전 시대1947년~1991년에는 전 세계 경제에서 개발도상국 경제의 비중이 25% 정도였고, 농업, 원자재 수출이 중심이었으며, 기본적으로 경제가 강대국 의 영향력 아래 있었다. 하지만 지금 전 세계 경제에서 개발도상국의 비 중은 거의 절반에 달하며, 거꾸로 선진국들의 경제가 개발도상국들의 경 제에 의존하고 있다고 평가될 정도이다. 따라서 이런 나라들이 일방적으 로 어느 한편에 줄을 서는 것을 기대할 수 없고, 그것을 강요할 수도 없다.

2. 미국은 당근이 없다

아프리카에 이런 농담이 있다. "서구의 원조는 마치 비타민 C와 같다." 외 과수술이 필요한데 비타민 C나 던져주고 생색이란 생색은 다 낸다는 말 이다. 또 다른 이야기로 "미국과 서유럽 지도자가 왔다가면 귀가 아프지 만, 중국이 왔다가면 병원이나 도로가 생긴다"는 말도 있다. 우리는 중국 의 일대일로一帶一路, Belt and Road Initiative 정책을 비판하지만, 서방은 일대일 로 같은 정책조차도 하지 않았다.

1980년대에 미국국제개발처USAID의 예산은 10억~15억 달러였는데, 지금은 50억~60억 달러로 늘어났지만, 이번 트럼프 2기 정부가 들어서면서 공개된 것에 따르면 이 예산의 5~10%만 개발도상국 지원에 사용되었다고 한다.

뒤에서 더 자세히 살펴보겠지만, 이제 미국은 서유럽에 마셜 플랜을 제공하던 과거의 미국이 아니며, 미국의 국가부채는 천문학적으로 늘어나고 있다. 미국은 냉전시대에 많은 나라들을 자유주의 진영으로 끌어들이기 위해 경제적·정치적으로 수많은 노력을 기울였고, 그럴 힘도 있었다. 하지만 지금은 그럴 힘도 의지도 사라졌다.

3. 권위주의 국가들이 너무 많다

다음 쪽의 두 지도를 비교해 보자. 위쪽 지도는 냉전시대에 공산주의 국가들을 별색으로 표시한 것이다. 아래쪽 지도는 지금 민주주의 국가들을 별색으로 표시한 것이다.

두 지도에서 보듯이, 냉전시대에는 공산주의 국가들이 자유주의 진영에 포위되어 있었지만, 지금은 거꾸로 민주주의 국가들이 권위주의 국가들에 의해 포위되어 있다. 그나마 민주주의 국가들도 점점 권위주의 국가로 넘어가고 있는 것이 현실이다. 이런 상황에서 민주주의 진영의 단결을 외치는 것은 거꾸로 민주주의 진영의 고립만을 가져올 수 있다.

지금 시대에는 이런 질문을 던져야 한다. 케네디 대통령의 미국은 자유주의 진영을 대표하는 민주주의 국가였는데, 트럼프 2기의 미국은 민주주의 국가인가? 최소한 트럼프 대통령은 권위주의적 리더가 아닌가? 바이든 정권 시기, 미국의 진짜 주인은 국민이었을까, 아니면 트럼프가 이

냉전시대의 공산주의 국가 분포

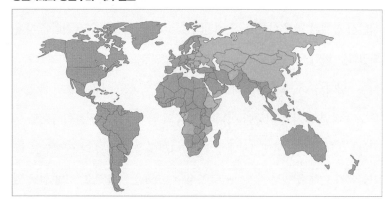

민주주의 순위(2012년): 세계의 민주주의 질

민주의 수준 (2002~2011년)	총점 (2002~2011년)
Top 10	Top 10
매우 높음	75~100
높음	60~74.99
중간	50~59.99
낮음	40~49.99
매우 낮음	0~<89.99
평가 못한 국가	평가 못한 국가

출처: © David F. J. Campbell / Paul Pölzlbauer / Thorsten D. Barth / Georg Pölzlbauer (2012)

야기하듯 네오콘과 딥스테이트[7]였을까?

─────────

7   딥 스테이트(Deep State)는 선거로 선출되지 않은 관료와 공무원들이 독자적으로 국민의 의
사와는 무관하게 의제와 목표를 추구하는 권력 네트워크를 말한다. 이 말은 종종 '음모론'으로
쉽게 연결된다. 선거에 의해 어떤 정부가 선출되든, 배후에서 그 정부를 항상 조종할 수 있는 더
거대한 권력집단이 바로 딥 스테이트다. 트럼프는 이 말을 미국에서 직업관료 또는 공무원이 주
요 기관의 권한을 장악해 '영구 정부'의 역할을 하고 있다고 설명했다.

이번에는 지금의 시대를 신냉전시대로 보려는 시도가 왜 올바르지 않은 지 살펴보자.

1. 민주주의와 권위주의는 체제경쟁을 할 수 없다

냉전시대에 자유주의 진영과 공산주의 진영은 치열하게 체제경쟁을 했다. 핵무장 경쟁 같은 군사 분야를 넘어 인공위성을 누가 먼저 쏘아 올릴지, 누가 먼저 달에 갈지를 가지고도 경쟁했다. 또한 할리우드와 사회주의 문화예술이 경쟁을 했다. 당시 사람들은 '누가 정말 인류에게 바람직한가'를 궁금해했다. 물론 자유주의의 승리로 끝났지만, 그 몇 해 전까지도 사람들은 사회주의가 그렇게 쉽게 패배할 줄 몰랐다.

그런데 '민주주의와 권위주의의 경쟁'이란 말은 말 자체가 사리에 맞지 않는다. 사회주의 국가와 자본주의 국가는 서로 자신의 체제가 우월하다고 주장했다. 사회주의 국가는 자본주의를 돈을 숭배하는 제도라고 비판했으며, 자본주의는 사회주의를 비효율의 극치인 제도라고 비판했다. 하지만 어떤 권위주의 국가도 권위주의 체제가 민주주의 체제보다 더 우월하다고 하지는 않는다. 다만, 자기 나라의 특수성 때문에 권위주의적 민주주의를 할 뿐이라고 하거나, 아직 자기 나라의 발전수준이 민주주의에 적합하지 않기에 임시적으로 권위주의 체제를 할 뿐이라고 말한다. 다시 말해 권위주의 국가들조차 권위주의는 필요악, 민주주의는 선이라는 구도를 부정하지 않는다. 선악구도가 이처럼 명확하므로, 민주주의와 권위주의를 놓고 체제경쟁을 할 수 없는 것이다.

　냉전시대에 한쪽 진영을 선택하라는 것은 '나라의 발전을 위해 어떤 길을 선택할 것인가'라는 의미가 담겨 있었다. 하지만 지금 시대의 질문지는 그렇지 않다. "민주주의 진영의 대표자인 미국과 서방이 권위주의 정권들과 싸울 테니, 너희들도 민주주의 진영에 동참해야지, 설마 권위주의 정권들의 편을 들 거야?" 이것은 같은 권위주의 정권들 튀르키예·인도·인도네시아, 아프리카 국가와 남아메리카공화국 같은 글로벌 사우스 국가들에게 러시아·중국·이란·북한 같은 권위주의 정권에 맞서 싸우라고 하는 우스꽝스러운 질문을 던지는 것과 같다.

2. 많은 나라들의 희생을 강요한다

냉전시대에는 자유주의 진영은 자유주의 진영끼리, 사회주의 진영은 사회주의 진영끼리 경제교류를 했다. 하지만 지금은 그렇지 않다.

　대한민국이 대표적인 예이다. 우리나라에서는 '안미경중安美經中', 즉 '안보는 미국, 경제는 중국'이라는 말이 회자되었다. 만약 우리가 신냉전 구도에 따라 일방적으로 민주주의 진영에 선다면, 우리 경제가 심각한 타격을 받을 수밖에 없다. 아니, 우리는 이미 심각한 경제적 타격을 받았다. 간접적으로는 러·우전쟁으로 현대와 기아 등 대기업들이 철수했으며, 러시아에서 에너지를 저렴한 가격으로 공급받을 기회를 놓쳤다. 만일 파병이 이루어졌다면 우리의 젊은 군인들이 죽어나갈 뻔했다.

　트럼프는 항상 세계를 깜짝 놀라게 하지만, 2025년 2월 우크라이나 대통령 젤렌스키와의 회담 역시 예외는 아니었다. 젤렌스키는 회담이 끝난 후 서유럽으로 달려갔고, 여러 나라들이 그를 환대하면서 지원을 약속했다. 러·우전쟁에서 우크라이나의 뒷배는 서유럽보다는 미국이었는데, 미국이 발을 빼겠다는데, 서유럽은 미련을 버리지 못하고 있다. 하지만 우크라이나는 미국의 지원 없이 전쟁을 수행할 수 없다. 미국은 러·우전쟁 이후 그나마 러시아 천연가스 대신 자기 나라의 천연가스를 비싸게 팔아 이익을 챙기기라도 했지만, 서유럽은 러·우전쟁의 최대 피해자 중 하나이다. 서유럽 국가들은 전쟁비용을 지불했지만, 비싼 에너지를 사야 하는 모순에 빠졌다. 서유럽 국민들의 세금은 올랐고 에너지 비용은 비싸졌다. 삶은 피폐해졌다.

더 이상 정치가
경제를 지배하지 않는다

냉전시대는 정치가 경제를 결정하는 시대였다. 정치의 논리가 경제의 논리를 압도했다. 냉전에서 승리하기 위해서는 경제적 손실을 감수할 각오가 양 진영에 있었다. 그래서 미국은 망할 뻔했고, 소련이 망한 이유 중 하나가 되었다.

냉전시대에 정치가 경제를 결정한 예를 보자. 미국은 1964년 8월 북베트남 연안의 통킹만 사건으로 베트남전쟁에 참전해서 1973년 3월 철수하기까지 약 10년 동안 현재 가치로 1조 달러가 넘는 전비를 지출했다. 미국은 엄청난 재정적자를 안게 되었고 경제가 흔들렸다. 당시 미국 달러는 기축통화로서, 미국 정부는 외국 중앙은행에 달러를 금으로 바꿔주는 금태환을 보장해 주고 있었다. 그런데 미국 경제가 흔들리자 세계 각국들이 달러를 금으로 바꿔 달라고 했다. 급기야 1971년 8월 15일, 닉슨 대통령은 금태환 중지를 선언했다. 이는 '닉슨 쇼크'라 불리며 시장에 엄청난 충격을 주었다. 정치가 경제를 압도한 예이다. 한편, 소련은 1979년 아프가니스탄 공산당의 요청에 따라 아프가니스탄 전쟁에 참전했다. 이 전쟁은 1989년까지 9년 이상 지속되었다. 결과적으로, 안 그래도 내부적으로 썩어가던 소련 경제는 치명상을 입었다. 이 또한 정치가 경제를 결정한 예이다.

냉전시대의 이러한 생리는 개발도상국들에는 기회가 되기도 했다. 대표적인 국가 둘이 한반도에 있다. 미국과 소련에 한국과 북한은 각각 자존심이었으며, 상대 세력의 진출을 막는 전진기지였다. 과거 소련은 북한을 전폭적으로 지원했고, 1960년대 북한은 한때 개발도상국의 모범이었다. 그러나 지원이 끝나자, 북한은 공식적으로 100만 명, 비공식적으로 300만 명이 굶어죽는 고난의 행군이 시작되었다. 미국의 대한민국에 대한 지원 또한 전폭적이었다. 미국이 없이 오늘의 대한민국이 가능했다고 생각하는 사람은 없을 것이다.

*
**

그런데 지금은 정치가 경제를 압도하는 냉전시대가 아니다. 냉전시대에 미국의 목표는 소련이 사회주의를 포기하게 만드는 것이었고, 그것을 위해서 무엇이든 할 각오가 되어 있었다.

하지만 지금 미국의 목표는 중국의 민주화가 아니다. 냉전시대 때처럼, 미국이 중국의 민주화를 위해서 무엇이든 할 각오가 되어 있는 것이 아니다. 미국의 목표는 일차적으로 중국의 경제력이 미국을 넘어서지 못하도록 약화시키고, 궁극적으로 미국의 단일 패권에 영원히 도전하지 못할 나라로 만드는 것이다.

전 세계적으로 '정치가 경제를 압도'하기 위해서는 '이끄는 중심 국가와 따르는 나라들'로 이루어진 주종국主從國 관계가 형성되어 있어야 한다. '중심 국가'는 따르는 나라들을 안보적으로 보호해 주고, '따르는 나라들'은 중심 국가의 체제 내에 자발적으로 편입하겠다고 약속하는 것이다. 경제적 관계는 부차적인 것이다. 냉전시대에 미국은 민주주의 진영의 종주국이었고, 소련은 사회주의 진영의 종주국이었다.

하지만 중국은 권위주의 종주국이 아니다. 과거의 소련은 코민테른[8]을 설립하여 이념적으로 사회주의 국가들을 이끌었지만, 지금 중국이 세계에 권위주의 연합체를 세우고 지도국이 된다는 것이 가능하기나 한 이야기인가?

---

8   코민테른의 정식 명칭은 공산주의 인터내셔널이며, '제3인터내셔널'이라고도 한다. 1국 1공산당을 원칙으로 하여, 한 국가의 공산당은 소련 공산당의 지도를 받아 세계적 차원의 사회주의 혁명을 도모해야 한다는 주장을 주로 한 국제공산주의연맹이었다. 1919년 레닌에 의해 설립되어 1943년 스탈린에 의해 해체되었다.

지금은 정치가 경제를 압도하는 시대가 아니다. 오히려 경제는 경제, 정치는 정치, 군사는 군사, 각각 독립적 영역을 가지고 국제적인 관계를 맺어가는 시대이다. 따라서 지금을 '신냉전시대'로 정의하는 것은 지극히 이념적인 주장에 불과하다.

지금 우리는 경제적으로는 '탈세계화', 정치적으로는 '민주주의 쇠퇴', 그리고 군사적으로는 '세계 경찰이 사라진 시대'에 살고 있다.

2장

서구화 시대의 종말

_미중 패권 경쟁이라는 허상

서구는
정말 강력한가?

러·우전쟁이 발발했을 때, 대부분의 사람들은 러시아의 압도적 승리를 예상했다. 러시아와 우크라이나만의 전쟁이라고 생각했기 때문이었다. 그러나 우크라이나 뒤에 미국과 서방이 있다는 것이 차츰 드러나기 시작했다. 우크라이나 주요 도시로 빠르게 진격하던 러시아군이 철수하고, 우크라이나가 예상외로 잘 싸우면서 승전 뉴스가 나오자 전망이 변하기 시작했다. 러시아 혼자서 서방을 맞상대하는 것은 어려워 보였다. 서방의 승리에 베팅이 기울어졌다. 그러나 결과적으로 러시아의 승리였다. 이것을 지켜본 세계 각국은 '정말 미국과 서구는 여전히 막강한가?' 라는 질문을 가지게 되었다.

서구의 존재는 비서구 국가들에 '넘사벽' 그 자체였다. 이는 산업혁명 이후 제국주의 시대를 거치면서 비서구 사람들에게 내면화되었다. 경제적·군사적·정치적·사회문화적으로 미국과 서구는 비서구가 넘볼 수 있는 것이 아니었다.

그런데 탈냉전시대가 지속되면서 이에 대한 의문이 퍼져나가기 시작했다. 우선, 서구의 군사력과 경제력에 대한 의문이 생겼다. 정말 서구의 군대는 무적인가? 서구의 경제력은 이러한 군사력을 지탱할 수 있을 정도로 여전히 강력한가? 이어 질문은 정치적·사회문화적인 분야로 옮겨갔다. 서구의 정치체제가 정말 우월한가? 서구의 사회·문화가 지금도 우리가 지향해야 할 지점인가? 여기서는 경제와 군사력 측면을, 뒤에서는 정치적·사회문화적 측면을 다루겠다.

러·우전쟁은 서구, 특히 미국의 군사, 경제력이 비서구가 생각했던 것처럼 막강한 것이 아님을 보여주었다. 먼저 러·우전쟁에서 양측이 사용한 전비를 비교해 보자.

2025년 초 재집권한 트럼프 대통령은 미국이 우크라이나에 지원한 3,500억 달러를 희토류 판매대금을 가져가서라도 회수해야 한다고 주장했다. 그렇다면 실제로 미국이 우크라이나에 지원한 금액은 얼마일까? 독일의 비영리 연구기관 킬 인스티튜트Kiel Institute에 따르면, 2022년에서

2024년까지 3년간 미국이 우크라이나에 지원한 금액은 1,197억 달러라고 한다.[1] 누구 말이 맞는 것일까?

　　나름 정확한 것은 돈을 쓴 주체인 미국 국방부 집계일 것이다. 미국 국방부에 따르면, 2021년 10월부터 2024년 12월까지 러시아의 우크라이나 침공에 대응하기 위한 '대서양 결의 작전Operation Atlantic Resolve'에 '책정'된 금액은 1,828억 달러였다. 직접 지원한 금액뿐만이 아니라 정보공유, 우크라이나군의 훈련과 교육, 군사자문과 전략지원 등의 비용이 포함된 금액이다. 2021년 10월 이전의 비용까지 고려하면, 미국이 지원한 금액은 2,400억~2,500억 달러 규모로 추정할 수 있다.

　　이번에는 우크라이나의 전쟁비용을 보자. 국제전략연구소CSIS 와 트레이딩 이코노미Trading Economy 의 자료를 종합하면, 우크라이나의 전쟁비용은 2022년 410억 달러, 2023년 640억 달러, 그리고 2024년 650억 달러로, 합하면 1,800억 달러 정도를 쓴 것으로 추정된다.

　　결과적으로 러·우전쟁에서 우크라이나와 서방이 사용한 전비는 어림잡아 5천억~6천억 달러로 추정된다. 그렇다면 러시아는 얼마의 전비를 사용했을까?

　　역시 국제전략연구소와 트레이딩 이코노미에 따르면, 세계 3위 규모인 러시아의 국방비는 2022년 1,020억 달러, 2023년에는 1,040억 달

1　이 결과는 킬 인스티튜트가 독일의 싱크탱크라는 점에서, 미국의 지원보다 서유럽의 지원이 많았다는 것을 강조하려는 의도가 들어 있다고 볼 수도 있다.

러, 2024년 1,300억 달러로, 합하면 3,360억 달러로 추정된다. 하지만 이 것을 전부 전쟁비용으로 볼 수는 없다. 러시아가 국방비를 몽땅 러·우전 쟁의 전비로 사용하지는 않았을 것이기 때문이다. 따라서 러·우전쟁 전인 2021년 국방비와 전쟁 발발 후인 2022년 이후 늘어난 국방비를 비교해 보면, 러·우전쟁에 사용된 전비를 알아낼 수 있을 것이다.

다음의 그래프에서 2021년 러시아의 국방비를 약 3조 5천억 루블 로 잡고 2022년에서 2024년까지 이를 초과하는 11조~12조 루블을 달 러로 환산하면, 러시아가 러·우전쟁에 사용한 비용은 1,500억 달러를 넘지 않을 것으로 추정된다. 서방과 우크라이나 측이 사용한 전비는 러시아가 사용한 전비의 최소한 3배가 넘을 것으로 보인다. 그런데 전 쟁은 러시아가 이겼다.[2]

왜 그럴까? 우선은 GDP의 허상에 주목해 보아야 한다. GDP국 내총생산는 러시아 출신 경제학자 사이먼 쿠즈네츠가 국가 경제의 생산활 동을 총합적으로 측정하기 위해 개발한 개념으로, 1934년 미국 의회가 도입하면서 세계적으로 사용하기 시작했다. 이는 획기적인 개념이었다.

---

2 다음의 그래프는 전후 우크라이나의 국방비 증가를 보여준다. 러시아와 달리, 2022년 이후 우크라이나의 국방비는 대부분 거의 다 전비로 사용되었음을 알 수 있다.

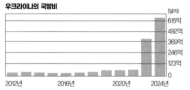

우크라이나의 국방비

자료: 트레이딩 이코노미

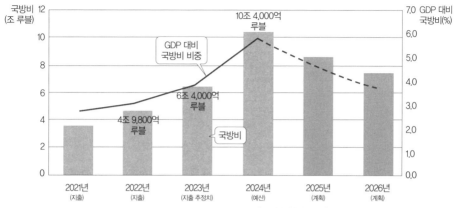

러시아 국방비 지출 및 예산 추이

국방비
(조 루블)

GDP 대비
국방비 비중

10조 4,000억
루블

6조 4,000억
루블

4조 9,800억
루블

국방비

GDP 대비
국방비(%)

| 2021년 (지출) | 2022년 (지출) | 2023년 (지출 추정치) | 2024년 (예산) | 2025년 (계획) | 2026년 (계획) |

자료: 대외경제정책연구원 EMERICs 러시아·유라시아

한 국가의 경제력을 수치로 직접적이고 명징하게 비교할 수 있기 때문이다. 게다가 인구수로 GDP를 나눈 1인당 GDP는 선진국과 후진국의 차이를 잘 보여주었다. 하지만 GDP 개념에 대한 끊임없는 비판이 나왔고, 이를 보완하기 위해서 구매력 평가PPP 기준 GDP, '참발전지수'라 불리는 GPI, 국민총행복지수인 GNH, 더 나은 삶 지수인 BLI 등이 등장했다. 하지만 여전히 GDP는 국가의 경제를 말할 때 가장 많이 쓰이는 지수이다.

문제는 원래 쿠즈네츠가 GDP 개념을 만든 것은 한 국가의 경제적 능력, 즉 생산력을 지표화하기 위해서였는데, 그 생산활동에 서비스 부문이 포함되어 있는 것이 문제였다. 초기에 GDP에서 서비스 부문의 비중이 적었을 때는 큰 문제가 되지 않았지만, 어느새 서비스 비중이 커지기 시작했고, 심지어 일부 선진국에서는 전체 GDP에서 50%를 넘어서

자 근본적인 문제가 발생했다.

한 나라가 공장에서 자동차를 몇 대나 만들고 있고, TV는 얼마나 생산해 내는가를 파악하기 위해 만든 개념이 미용실에서 얼마나 자주 머리를 자르고 그 비용은 얼마인가의 개념으로 바뀌어 나가기 시작했다. GDP의 개념이 변호사가 얼마나 자주 변호를 하며 그 비용이 얼마냐의 척도로 변질되었다.

경제학 교과서에 보면, GDP의 문제점으로 똑같은 가사노동을 하더라도 주부의 노동은 평가되지 않지만, 주부가 가사도우미가 되어 남의 집에 가서 가사노동을 하고 임금을 받으면 GDP에 포함된다는 것이 나온다. 즉, 주부가 자기 집에서 일한다면 GDP는 0이다. 하지만 이 주부가 가사노동자가 되어 남의 집에 가서 임금을 받는다면 GDP가 발생한다. 만일 두 주부가 서로 자기 집이 아니라 상대방의 집에 가서 가사노동을 하고 월급을 주고받는다면, 사실 아무것도 변한 것은 없지만 GDP는 늘어난다. 거기에 서로가 임금을 계속 올려주면 GDP는 계속 올라갈 것이다. 그러나 그 나라의 생산활동 능력은 전혀 변한 것이 없을 것이다.

지금 전 세계에서 GDP의 이러한 문제점들이 드러나고 있다. 미국의 GDP에서 의료비 지출이 차지하는 비중은 약 18.3%이다. 그렇다고 해서 미국 사람들이 다른 나라 사람들에 비해 의료혜택을 더 많이 받고 있는 것도 아니고, 진료 서비스가 탁월하게 좋은 것도 아니며, 청진기나 페니실린을 다른 나라들보다 많이 생산하는 것도 아니다. 그냥 수치다.

미국 GDP에서 서비스 산업의 비중은 70%를 넘어 80%에 가깝다.

서비스 산업의 고도화가 국가 경쟁력일 수도 있지만, 다른 측면에서는 그냥 서비스 가격이 비싼 것뿐일 수도 있다. 미국에서는 아무리 싼 미용실을 가더라도 커트비로 30~40달러를 내야 하지만, 얼마 전 필자는 태국에서 단돈 100바트4,000원에 커트를 하였다. 미국의 커트 서비스 가격이 대략 10배인 것이다. 따라서 서비스 부문이 비대화되면서 미국과 서유럽의 경제규모는 과대평가되었다.

거기에 금융화가 더해졌다. 지금 세계 경제는 금융이 산업을 지배하는 금융자본주의가 본격화된 상황이다. 물론 금융 부문은 산업경제가 제대로 돌아가기 위한 혈관과 같은 존재이지만, 그것과 GDP에 금융 부문이 잡히는 것은 다른 문제이다.

미국의 경우 이미 1990년대에서 2000년대 초반부터 금융 수익이 산업자본의 수익을 앞지르기 시작했다. 기축통화의 힘을 빌려 달러를 마구 찍어내고, 주식시장을 통해 기업들에 뿌려지자, 기업의 가치가 끊임없이 올랐다. 이제 기업가에게 중요한 것은 생산이 아니라 주가가 되었다. 기업은 변하지 않았지만, 기업의 가치는 엄청나게 올랐고, 그 주식을 가진 사람들은 자산효과로 소비를 늘렸다. 차츰 이러한 기업들을 가진 나라가 진정한 강국이라는 것에 대한 의심이 생겨났다. 똑같이 탱크 100대를 만드는 기업이라도, 한 나라의 기업은 기업가치를 조 단위로 평가받는 반면, 다른 나라의 기업은 억 단위로 평가받는 결과가 발생했다.

미국 방위산업체로서 F-35 전투기, THAAD 미사일 방어 시스템을 만드는 록히드 마틴의 시가총액2025년 3월 31일 종가 기준은 1,058억 달러, 패트리어트 미사일을 만드는 레이시온은 1,787억 달러, M1 에이브럼스 전차를 만드는 제너럴 다이내믹스는 750억 달러로 평가받고 있다. 반면 S-400과 S-500을 만드는 알마즈-안테이 방공미사일 방공시스템 공사나 Su-27, Su-30, Su-35를 생산하는 유니타스사 등 러시아 방산업체의 시가총액은 미국 방산업체 시가총액의 10분의 1, 또는 20분의 1 정도에 불과하다. 그렇다고 미국의 무기가 러시아 것보다 수십 배 더 좋은 것은 아니지 않는가?

조금 더 가보자. GDP는 여전히 한 나라의 경제규모를 보여줄 수 있는 중요한 지표임에는 틀림이 없다. 하지만 경제규모의 국력은 다른 이야기다. 러·우전쟁 초기 한국에서 이런 보도가 났다. 김현욱 국립외교원 미주연구부장이 러시아가 한국에 경제보복을 할 수 있다는 전망이 나오는 것과 관련해서 "약소국러시아이 강대국대한민국을 제재하나?"라고 했다는 것이다. 외교부 산하 국책연구기관에 속한 국립외교원에서 이런 주장이 나왔다는 데에서 경악했다. 처음에는 잘못 들은 줄 알았다. 약소국대한민국이 강대국러시아을 제재해서는 안 된다는 취지의 말로 들었다. 논리적으로 그것이 정상이었기 때문이다. 우리가 경제규모, 즉 GDP의 규모가 비슷하다고 해서 국력이 러시아와 같다고 생각해서는 큰 오판이다. 현실적으로 자원, 영토, 인구, 기술, 외교력, 그리고 군사력, 무엇 하나 우리가 비교할 수 없는 강대국이 러시아다.

현실적으로도 우리는 러시아에 제재를 할 수 있는 것이 없다. 이제까지 우리가 러시아에 제재를 한 것은 이런 것들이었다. "새로운 무기

294

최진기의 러·우전쟁사

기술과 우주항공 기술을 더 이상 받아들이지 않겠다", "값싼 에너지는 우리의 경쟁국인 일본과 중국에나 줘라", "연간 30만 대를 생산할 수 있는 자동차 공장 두 개를 10달러에 팔겠다", "2021년 100억 달러에 달하던 대러시아 수출을 2024년 15억 달러로 줄이겠다." 냉정하게 생각해 보면, 이는 자해 행위이다. 사실 우리 주변 4개 강대국 중 한반도 통일을 반대하지 않는 나라는 러시아밖에 없지 않은가?

오로지 승자가 되느냐, 패자가 되느냐의 결과만이 중요한 것이 전쟁이다. 전쟁을 위해 얼마만큼의 비용을 들였는지는 중요하지 않다. 16세기 일본의 지역 다이묘^{영주} 오다 노부나가는 1568년 아나바야마성 _{공략 후에 오다 노부나가가 '기후성'으로 이름 바꿈} 공략 전투에서 당시 전설이었던 전국구 다이묘 다케다 신겐의 군대를 무찔렀다. 다케다 신겐 군의 주력 부대인 기병은 엄청난 비용과 시간을 들여서 만든 군대였고, 무사도로 무장한 무사가 중심이 되어 사기도 높았으며, 알고 보면 고액 연봉자였고 자부심도 넘쳐났다. 하지만 당시 지역 다이묘에 불과했던 오다 노부나가의 군대는 징집된 지 얼마 안 된 평민 출신들로 이루어진 보병이었고, 상대적으로 값싼 조총병들이었다. 하지만 승부는 예상을 빗나갔고, 오다 노부나가는 이 전투에서 승리함으로써 전국구 다이묘가 되고 후에 전국 통일의 기틀을 세웠다.

앞에서 말했듯, 미국은 국방예산을 1천조 원을 쓴다고 해서 요샛말로 천조국이라고도 한다. 그런데 러·우전쟁 이후 미국의 1천조

국방비가 지나치게 과장된 것이라는 평가가 나왔다. 무기에 대한 평가도 달라졌다. 서방의 무기가 비싼 것은 우수하기 때문이 아니라 그 무기 생산에 들어가는 비용이 비싸기 때문이라는 주장이 나왔다.

국방 역시 금융비용 증가 문제를 피할 수 없었다. 거기에 미국의 군대는 주로 미국에 있는 것이 아니라 세계 곳곳에 퍼져 있었다. 미군은 고가의 최첨단 장비로 무장한 무거운 무기들을 전 세계까지 가져가야 했다. 그리고 거기에는 냉전시대에 주로 배치되어 있던 서유럽과 동아시아와는 달리, AS 시스템도 고장을 수리하고 운용할 병력도 없었다. 고장이 나면 다시 미국으로 가져와서 고쳐야 했다. 그리고 다시 보내야 했다. 그러면 또 비용이 발생했다. 미국 병기만 비싼 것이 아니라 미국 군인도 비쌌다. 2023년 기준 미군 이등병의 월급은 2,149달러였고, 같은 해 한국 이등병의 월급은 60만원이었다. 그렇다고 미군 이등병이 우리나라 이등병보다 몇 배 더 잘 싸우는 것은 아니다. 그런데 미국은 돈이 떨어져가고 있고, 미군은 전 세계에 흩어져 있어서 집중하기 어렵다.

GDP가 가져다주는 허상보다 더 심각한 것은 미국 제조업 붕괴이다. 미국은 2차 세계대전 중 일본과 태평양전쟁 기간 중에 총 101척의 항공모함과 349척의 구축함을 생산했다. 세계 최강 해군은 더 이상 영국 해군이 아니었다. 미국은 2차 세계대전 기간 동안 배수량 1만 톤급 수송함 리버티선을 2,700척 이상 건조했다. 독일의 U 보트를 계속 격침을 시켜도, 미국에서 유럽으로 가는 물자가 끊이지 않았던 이유였다. 탱크는 거의 10만 대를 생산했다. 독일에서 나치의 집권 기간인 1933년~1945

년에 생산한 2만 5천 대의 4배 수준이었다. 그러나 지금은 모든 것이 뒤바뀌었다.

　　미국 의회조사국에 따르면, 2023년 미국 해군의 전투함은 290척으로, 이미 340척을 가진 중국에 역전되었다. 더 심각한 것은 2030년 미국 해군의 전투함 수는 여전히 290척 정도에 머물 것으로 예상되는 반면, 중국의 전투함은 100척이 늘어난 440척이 될 것이라고 한다. 물론 전투함의 품질과 항공모함의 전력 등을 감안하면, 미군이 여전히 더 우월하다. 하지만 문제는 미군은 퇴역하는 전투함들을 보충하기에도 급급한 것이 지금의 현실이라는 것이다.

　　최근 언론에 중국이 대만에 침공했을 때 미군과의 가상전투 이야기가 나오곤 한다. 그럴 리도 없겠지만, 대만해협에서 중국과 미국 해군 사이에 고강도 재래전이 일어나면, 중국은 전투함을 2차 세계대전 때의 미국처럼 공장에서 찍어내겠지만, 미국은 한국이나 일본에 손을 내미는 수밖에 없을 것이다. 게다가 중국의 무기 수준은 예전 수준이 아니다. 중국 자동차를 타보면 예전의 중국 자동차가 아니듯이 말이다. 게다가 싸움터가 중국의 앞마당이다. 현대전은 물량전이다.

　　첨단무기 생산의 경우 미국은 기술과 생산을 다른 나라로 쉽게 이전하지는 않았다. 하지만 이번 러·우전쟁에서 미국이 재래식 무기를 대량 생산할 능력을 많이 잃었다는 것이 드러났다. 155mm 포탄만 안 만드는 것이 아니었다. 2023년 유엔무역개발회의UNCTAD가 발표한 세계 조선

건조량 순위 ^{군함 제외}를 보자.

    1위 중국 32,859,862톤   세계 시장점유율 51%

    2위 한국 18,317,886톤   세계 시장점유율 28%

    3위 일본 9,965,182톤   세계 시장점유율 15%

    4위 필리핀 805,938톤   세계 시장점유율 1%

    …

    14위 미국   64,809톤   세계 시장점유율 0.1%

2차 세계대전이 시작되었을 때, 미군의 항공모함은 7척이었지만, 전쟁이 끝났을 때는 143척이었다. 2022년 중국의 강철 생산력을 보여주는 조강 생산량은 10억 1,300만 톤이었다. 이어 인도는 1억 2,472만 톤, 일본은 8,920만 톤, 미국은 8,070만 톤, 러시아는 7,150만 톤이었다. 한편 미국에 마지막으로 건설된 정유공장은 1976년에 캘리포니아 주에 지은 '엘 세군도 정유공장'이다. 약 50년 전의 일이다. 러·우전쟁은 전쟁은 여전히 쇠와 사람으로 하는 것이지, 인터넷으로 하는 게 아님을 보여주었다.

그런데 바이든 대통령은 미국의 능력을 과신하고, 전술적인 측면에서도 이중전선을 만드는 실수를 했다. 베트남전과 칠레 쿠데타 과정에서 악마의 모습을 보여준 미국의 국가안보보좌관 헨리 키신저^{후에 국무장관 재임}는 지독한 현실주의자답게 미국의 이익을 위해서는 소련과 중국이라는 두 개의 전선을 펼치면 안 된다는 것을 알았고, 1971년~1972년 중국을 핑퐁 외교를 통해 품고, 소련과의 전선에 집중했다. 독일제국의 비스마르크 총리는 프랑스의 나폴레옹이 1805년~1812년 대프랑스 동맹을 결성한 유럽 왕정과의 전쟁에서 영국과 러시아라는 이중전선을 만들며 붕괴한 것을 알았기에, 1870년~1871년 프랑스·프로이센 전쟁에서 러시아와 화해하고 프랑스와의 전선에만 집중했다. 하지만 비스마르크를 해임한 독일제국의 황제 빌헬름 2세는 1차 세계대전 때 러시아와 프랑스라는 이중전선을 만들어 싸우다가 패했으며, 2차 세계대전에서 히틀러도 이를 반복하면서 패망했다. 그런데 미국 역시 그랬다. 중국과의 경제경쟁에 전력투구해야 할 분기점에, 러시아와의 군사 패권도 다툰 것이다. 이는 결국 방향이 전환되는 결정적 지점인 피봇Pivot이 되었다.

러시아가 미국보다 강하다는 것이 아니다. 러시아가 재래식 전력만으로 미국에 쳐들어가면, 미국 본토에 도달하기도 전에 전멸할 것이다. 하지만 미국이 직접 고강도 지상전을 치룰 수 없다는 것이 명백해졌다. 거기에 미국과 서구의 전폭적인 지원 아래 벌어진 러·우전쟁에서 패했다. 세계는 이번 대리전 성격의 러·우전쟁을 통해 미국이 더 이상 세계 경찰이 아니라는 것을, 그리고 설령 아직까지는 세계 경찰이라고 하더라도 그 지위는 얼마 가지 못할 것임을 짐작하게 되었다.

오해해서는 안 된다. 트럼프가 재집권을 해서 미국이 고립주의 외교 노선으로 돌아간 것이 아니다. 만일 바이든이나 해리스가 집권했다면, 미국은 전쟁을 좀더 지속하고 '가치외교'를 하다가 풍선이 터지듯 그 한계를 드러내며 더 극단적인 고립주의로 갔을 가능성이 있다. 미국은 유럽과 아시아 등에 대해 더 이상 경찰일 수도 없고, 경찰이고 싶어하지도 않는다.

　　미국을 제외한 서구의 현실은 더 비참하다. 미국이 트럼프와 젤렌스키의 회담에서 우크라이나에서 손을 떼겠다고 하자, 유럽의 지도자들 중에는 미국의 지원 없이 유럽의 지원만으로도 승리할 수 있다거나, 서유럽 군대를 파병해서라도 우크라이나를 돕겠다는 이들이 있었다. 심지어 프랑스 마크롱 대통령은 러시아의 위협에 맞서 프랑스의 핵 억제력을 유럽에 확대할 수 있다고 주장했다. 하지만 프랑스의 핵은 300기에 불과하다. 러시아의 1/20에도 못 미친다. 결정적으로 프랑스는 미국의 패트리어트 미사일이나 러시아의 S-300이나 S-400 미사일 시스템 같은 자체 대공망이 없으며, 전투에 동원할 수 있는 육군은 10만 명 남짓이다. 탱크는 많아야 400여 대에 불과하다. 그리고 8만 명 정도의 육군을 가진 영국은 파병도 불사하겠다고 했다. 세계를 주도하던 버릇이 남아 있어서 그런가 보다. 제 코가 석 자인데 말이다. 허긴 발트 3국도 러시아와 맞서 싸우겠다고 나섰다. 유럽은 도대체 어디로 가고 있는 걸까?

서구가 정말 올바른가?

3부 1장에서 왜 지금을 '신냉전시대'로 보아서는 안 되는지를 알아보았다. 그렇다면 지금을 미·중 패권 경쟁 시대로 보아야 할까? 그 질문의 대답 역시 '볼 수 없다'이다. 이제 그 이유를 알아보자. 그리고 그 과정에서 왜 미국의 패권이 무너질 수밖에 없는지도 자연스럽게 설명될 것이다.

　　인류 역사에서 세계적인 패권국을 꼽는다면, 가장 대표적으로는 로마, 몽고, 스페인, 영국, 그리고 미국을 들 수 있다. 역시 패권국의 원조는 로마일 것이다. 팍스 로마나[3]라는 말이 있듯이, 패권국이라는 정의는 로마에서부터 찾을 수 있을 것이다.

로마는 끊임없이 정복을 하는 국가이기도 했지만, 역으로 많은 지역들이 자발적으로 로마에 복속되기를 원했고, 실제로 그렇게 했다. 이탈리아 반도가 그랬고, 그리스가 그랬으며, 스페인 지역도 그러했다.

마찬가지로 영연방에 속한 국가들은 독립한 이후에도 자발적으로 영연방에 남아서 여왕에게 충성을 맹세했다. 미국의 패권도 그러했다.

패권국의 힘은 흔히 생각하는 것처럼 '압제'만을 의미하는 것이 아니다. 그것은 속주국하위 동맹국, 이하 동맹국의 안전을 보장하는 힘이었다. 패권국의 군사력이란 언제든 적대국을 진압할 수 있는 것인 동시에, 동맹국의 안전을 보장해 줄 수 있는 것이었다. 패권국은 동맹국들을 지배한다는 의미만이 아니라, 동맹국들의 안전을 보장해 주는 나라라는 의미를 동시에 가지고 있다.

그런 의미에서 지금 미국의 패권은 심각하게 붕괴되고 있다. 유럽에서 동맹국이 되고자 원했던 우크라이나의 안보를 보장해 주지 못했다.

---

3 '팍스(Pax)'라는 말은 라틴어로 '평화'라는 뜻으로, 팍스 로마나는 '로마의 평화'라는 말이다. 초대 황제인 아우구스투스 통치 시기로부터 시작해서 '아우구스투스의 평화(Pax Augustus)'라고도 한다. 기원전 27년에서 기원후 180년까지의 기간을 말한다. 물론 이 시기에도 속주들의 반란은 계속되었고, 로마는 여전히 잔인하게 진압했다.

중동에서도 마찬가지였다. 이스라엘의 가자지구 침공에 따라 후티 반군이 홍해와 아라비아해에서 유조선을 피격하고 민간 상선을 공격해도 지켜주지 못했다. 중국으로부터 대만의 안전을 보장해 줄 수 있을 것 같지도 않다. 오히려 트럼프는 대만에 안전보장의 대가로 돈을 요구할 기세이다. 오랜 동맹의 핵심인 서유럽의 안보마저 나 몰라라 하려고 한다.

사실 패권국의 더 중요한 필요조건은 동맹국들의 자발적 동의이다. 처음에는 무력으로 패권국이 될 수 있지만, 장기적으로 패권국의 지위를 유지하기 위해서는 동맹국들의 자발적 동의가 있어야 한다. 그것이 없다면 패권국이 될 수는 있으나 유지할 수 없다. 몽고와 스페인이 대표적인 예이다.

패권국이 동맹국들의 자발적 동의를 얻기 위해서는 안보보장이 필수적이지만, 그보다 더 중요한 것이 있다. 바로 동맹국의 사람들이 패권국의 국민들처럼 되고 싶다는 생각을 가지게 해야 한다는 것이다. 패권국을 유지하기 위해서는 정치·사회·기술·문화가 동맹국들보다 우월해야 한다. 도시 로마 바깥에 있는 나머지 지역의 이름이 로마였던 것이 이를 잘 보여준다.

'도시 로마' 이외의 모든 지역은 사실 로마가 아니었지만, 거기에 사는 사람들은 자기가 사는 곳도 '로마'로 불리기를 바랐고, 로마인이 되고 싶어했다. 대영제국의 동맹국에 사는 사람들의 꿈은 '젠틀맨'이 되는 것이었고, 미국의 동맹국에 사는 사람들의 꿈은 '뉴요커'가 되는 것이었다. 그렇게 패권국의 패권은 유지되는 것이었다.

여기에 한 가지를 더하면 완벽한 패권국이 된다. 그것은 바로 패권국을 따라 동맹의 일원이 되면 잘살게 된다는 확신을 동맹국이 가지는 것이다. 소련이 동유럽에서 패권을 잃은 이유가 이것이었다. 2차 세계대전이 끝나고 동유럽은 자연스럽게 소련의 영향력에 따라 사회주의권에 편입되었다. 당시 많은 유럽의 지식인들은 사회주의 이데올로기의 우수성을 믿어 의심치 않았다. 그것은 서유럽 대부분의 지식인이라고 다른 것이 아니었다. 그러니 동유럽 국가들은 나치를 무너뜨린 종주국 소련, 그리고 소련이 만들어 나갈 사회주의 체제의 우월성을 믿어 의심치 않았다.

하지만 현실은 달랐다. 소련은 모범국이 아니었으며, 소련과 함께 한다고 해서 잘살게 되는 것은 더더욱 아니었다. 헝가리, 폴란드 곳곳에서 저항이 시작되었다. 소련은 무력으로 진압했다. 소련은 몽고와 스페인의 전철을 따랐다. 결국 패권은 오래가지 못했다.

*
**

앞에서도 말했듯, 패권국의 지위를 유지하는 힘은 안보보장, 체제의 우월성, 따라만 하면 잘살게 된다는 동맹국들의 믿음이었다. 이런 의미에서 보면, 동아시아 역사에서 과거의 중국은 오래된 패권국이었다.

중국은 서융, 동이, 남만, 북적 등 사방의 민족을 오랑캐라며 낮추어 보고 정벌하기도 했지만, 조공국의 관계를 맺으면 안보를 보장해 주었다. 또한 당시 조공은 중국의 선진문물을 받아들일 기회가 되었다. 이런 의미에서 중국 역사에서 한나라는 동아시아 최고의 패권국이라고 할 수 있다. 관료제에 기반한 중앙집권체제, 한자의 표준화, 유교의 중흥…, 주변국들은 한나라처럼 되고 싶어했고, 한자를 받아들이고 문화를 수용했으며 닮아갔다.

하지만 지금의 중국은 패권국이 되기 위한 조건을 아직 갖추고 있지 못하다. 그 이유를 알아보자.

첫째, 중국은 다른 나라들을 압도적으로 제압할 군사력을 가지고 있지 않다. 중국은 사방으로 강력한 군사력을 가진 나라들에 둘러싸여 있는데, 북으로는 군사적으로 더 강한 러시아, 서쪽으로는 오랜 앙숙 인도, 남으로는 전쟁을 해봤지만 승리하지 못한 베트남, 동쪽으로는 한반도가 있다. 다른 길로 가면 대만이 나오지만, 대만은 같은 민족이다. 그러니 동맹국들의 안보보장은 꿈도 못 꿀 상황이다. 중국은 북한의 안보도 보장해 줄 수 있는 나라가 아니다.

둘째, 체제의 우월성이라는 측면에서는 더 심각하다. 로마는 법치주의가 있었고, 영국은 근대적 민주주의를 시작한 나라였으며, 미국은 자유의 상징이자 아메리칸드림의 땅이었다. 소련조차 당대에는 지식인과 노동자들을 매료시킨 사회주의라는 이념을 가진 나라였다. 그런데 중국은 권위주의 국가이다. 어떤 민주주의 국가도 권위주의 국가가 되려고 하지는 않는다. 심지어 권위주의 국가의 목표도 권위주의 국가가 아니다.

또한 체제의 우월성은 문화의 우월성에 의해 뒷받침된다. 로마, 영국, 그리고 미국의 문화는 당대 최고의 문화였다. 그런데 지금 중국 문화를 당대 최고의 문화라고 평가하는 사람은 거의 없을 것이다.

마지막으로 중국과 함께하면 잘살 수 있다고 생각하는 나라들도 거의 없다. 아프리카에서 중국이 서방에 비해 환대를 받았지만, 그것은 서방이 아프리카를 대하는 방식이 제국주의적 방식에서 벗어나지 못했기 때문이지, 중국의 방식이 훌륭했기 때문은 아니다.

중국의 대외 팽창전략은 일대일로 —帶—路, Belt and Road Initiative 로 요약할 수 있다. 일대일로의 핵심은 두 가지이다.

우선, 직접적으로는 전쟁 등 최악의 상황이 발생할 시, 미국이 동아시아의 말레이 반도 남부와 수마트라섬 사이에 있는 말라카 해협을 봉쇄할 경우 발생하는 식량과 에너지 단절을 피하겠다는 것이다. 중국은 러시아처럼 식량과 에너지 자립국이 아니다. 식량의 대외 의존도가 여전히 높고, 에너지 대외 의존도는 더욱 높은데, 이 식량과 에너지가 기본적으로 말라카 해협으로 들어온다. 말라카 해협은 중국의 아킬레스건이다. 일대일로에는 육로와 해로에서 그 대안을 만들고자 하는 중국의 의도가 녹아 있다.

또한 일대일로는 중국이 투자와 차관을 해주면, 제3세계가 그것을 바탕으로 성장해서 중국과의 교역을 늘려서 서방 의존도를 줄인다는 전략을 기본으로 한다. 하지만 중국의 과잉설비와 생산에 따른 과잉공급 문제를 해결하려는 목적이 깔려 있다. 중국은 제3세계 국가들에 차관을 빌려주고 사회간접시설 등을 공급할 때, 그 나라의 필요보다는 중국의 과잉설비를 밀어내는 것을 우선시했으며, 서구처럼 제3세계의 부패한 지도자와 결탁하기도 했다. 제3세계 국가들의 국가부채는 급속도로 증가했고, 그 제3세계 국가 지도자들의 부도 늘어났다.

앞에서 말했듯, 중국은 미국과 패권 경쟁을 할 수 있는 나라가 아니다. 패권국이 아니고, 당분간 될 수도 없다. 군사동맹을 통해 동맹국들의 안보를 보장해 줄 수도 없고,[4] 세계의 모범국도 아니며, 오히려 다른 나라들을 궁핍화하고, 영토를 둘러싸고 인접국과 대립하는 나라이지, 미국과의 경쟁에서 승리하기 위해 다른 나라들의 발전을 돕는 나라가 아니다.

중국은 아프리카에 공항과 철도를 건설했지만, 아프리카 국가들이 프랑스를 내쫓으면서 흔든 깃발은 러시아 깃발이었다. 중국은 지금 미국과 패권 경쟁을 하고 있는 것이 아니라, 무역을 비롯한 경제적 제반 문제에서 대립을 하고 있는 것이다.

**
*

이제 미국으로 돌아와 보자. 2차 세계대전 후 미국은 명실상부한 패권국으로 등장했다. 막강한 군사력과 경제력이 그 기본이었다. 그리고 탈냉전 이후에는 유일한 패권국이 되었다. 하지만 냉전시대와 탈냉전시대에 미국

---

4 미국은 나토와 미일, 한미 군사동맹 등 변동은 있지만, 주요 50개국 이상과 군사동맹 관계에 있다. 반면 중국의 유일한 군사동맹국은 북한이다. 그리고 그 조약조차 군사동맹 조약의 핵심인 '자동개입 조건'을 중국과 북한이 서로 보장하는 것도 아니다.

의 패권국으로서의 양상은 달랐다.

　　냉전시대에 자유주의 진영의 리더인 미국은 동맹국들의 모범국이었다. 많은 나라들은 미국과 같은 나라가 되고 싶어했고, 많은 사람들이 미국인이 되기를 원했다. 국가 수반들은 미국의 케네디 대통령 같은 모습으로 국민들에게 비춰지고자 노력했으며, 자유 진영의 사람들은 미국인들과 같은 삶을 누리길 원했다. 누구나 집에 정원을 가지고, 개인 소유의 자동차를 운전하고, 냉장고에 음식을 가득 보관하며, 주중에는 열심히 일하고, 주말에는 정원에서 바비큐 파티를 하는 미국인과 같은 삶을 동경했고, 자기 나라의 정치인들이 미국의 민주당과 공화당 의원들처럼 열띤 토론을 하면서도 밖에서는 같이 웃으면서 식사를 하는 것처럼 되기를 바랐다. 그리고 화룡점정은 할리우드였다. 미국 프로야구 결승전 시리즈의 이름이 '미국' 시리즈가 아니라 '월드' 시리즈이듯, 냉전시대에 미국은 '월드'였다.

　　그러던 미국이 탈냉전시대가 되면서 변화가 시작되었다. 그리고 탈냉전시대가 시작된 후 30년 뒤인 2020년 이후에는 명확히 미국의 패권 양상이 변했다.

　　미국 내에서도 아메리칸드림이 사라지듯, 세계에서도 아메리카드림이 사라졌다. 미국의 대통령은 더 이상 아이젠하워나 케네디가 아니었다. 또한 세계의 어떤 나라가 도심에 노숙자와 강도들이 활개치는 나라를 꿈꾸겠는가? 미국에 이민을 가고자 하는 사람들의 목표도 오로지 돈으로 바뀌었다. 어느 순간부터 미국의 패권은 오로지 힘에 의해서만 유지되었다. 그리고 러·우전쟁을 통해 그 힘조차 의심받게 되었다.

미국은 물론 지금도 강대국이다. 하지만 강대국과 패권국은 다르다. 미국은 패권국의 지위를 내려놓고 강대국으로 가고 있다. 무슨 일이 있었을까? 경제적·정치적, 그리고 문화적으로 하나씩 살펴보자.

먼저 경제적인 측면을 보자. 탈냉전이 시작되던 1990년 미국의 GDP는 약 5조 8천억 달러로 세계 총 GDP의 25%였다. 2023년 미국의 GDP는 약 27조 7천억 달러로, 이는 여전히 세계 총 GDP의 25%를 넘어서는 수준이다. 그럼에도 불구하고 미국의 경제적 패권은 극도로 약화되었다. 바로 금융화 때문이다.

21세기 이전에는 '메이드 인 USA'는 보증수표였다. 미국산 물건을 가지고 있다는 것만으로도 부러움을 샀다. 제조업은 그 자체의 부가가치만이 아니라 부가적인 가치를 창출한다. 벤츠는 자동차로서도 훌륭한 차이지만, 벤츠를 갖는다는 것 자체가 의미를 만들어 낸다. 그래서 "독일에 가면 택시도 벤츠"라는 말은 독일을 전설로 만든다.

그러나 금융은 다르다. 미국은 여전히 세계 총 GDP의 25% 이상을 창출하지만, 예전에 세계는 '미국 물건'을 쓰고 있었지만, 지금 세계는 '미국 돈'을 쓰고 있다. 남의 돈을 쓰는 사람이 그 남을 좋아할 수는 없는 법, 제조역량이 아니라 금융으로 세계를 지배하는 미국은 더 이상 동맹국들의 자발적 동의를 이끌어 내기가 힘들어졌다.

이번에는 정치적 측면을 보자. 탈냉전시대에 미국은 마이너스의 손이었다. 미국의 손만 닿으면 나라들이 폐허가 되었다. 유고슬라비아·아프가니스탄·이라크·시리아·리비아 등 미국이 개입했던 나라들은 독재자는 사라졌을지 모르지만, 정치적으로는 무정부 상태의 혼란에 시달렸고, 경제적으로는 석기시대로 돌아갔다. 그때마다 미국이 내세운 명분은 인권과 민주주의, 그리고 자유였다. 하이라이트는 가자지구에서 터졌다. 이스라엘이 미국산 무기로 팔레스타인 자치구역인 가자지구를 학살에 가깝게 공격했음에도, 미국은 이스라엘에 전폭적 지원을 계속했다. 사실 이 점은 러·우전쟁에도 큰 영향을 주었다. 초기 러·우전쟁에 대해 상당히 부정적이었던 반푸틴 성향의 대도시 거주 젊은 고학력층의 정치적 변화에 영향을 주었다. 안 그래도 전쟁으로 인해 부정적으로 변하던 미국에 대한 인식은 더 악화되었다. 러·우전쟁 역시 마찬가지 결론으로 끝나가고 있다. 미국의 손을 잡은 우크라이나는 친서방을 믿고 전쟁을 선택했다. 그리고 중세 농업국가로 돌아가게 생겼다.

대한민국에서 역대 대통령의 취임사 중 일부를 기억하는 사람들은 별로 없지만, 미국의 민주당 출신 케네디 대통령의 취임사는 알고 있는 사람들이 많을 것이다. "존경하는 국민 여러분! 국가가 여러분에게 무엇을 해줄 것인가 묻지 말고, 여러분이 국가를 위해 무엇을 할 수 있는가를 먼저 물어보십시오. 존경하는 세계 시민 여러분, 미국이 여러분에게 무엇을 해줄 것인가 묻지 말고, 인간의 자유를 위해 무엇을 함께할 수 있는가를 물어보십시오." 특히나 인권과 민주주의를 강조하는 미국 민주당은 국가 우선주의적 성향을 보인 공화당보다 제3세계가 지향해야 할 모범으로 보였다.

그런데 미국, 그리고 미국 민주당도 변하기 시작했다. 언제부터인가, 미국 민주당 대통령을 하면 준재벌이 되었다. 클린턴 대통령은 재임 전 약 70만 달러약 10억 원의 순자산을 가지고 있었는데, 〈포브스〉의 기사에 따르면 퇴임 후에는 저서, 강연 수입 등으로 2015년 기준으로 순자산이 4,500만 달러630억 원에 이르는 자산가가 되었다고 한다. 클린턴의 강연료는 한 번에 25만 달러였다. 오바마도 뒤질세라, 재임 전 순자산이 약 130만 달러약 18억 원 정도였는데, 〈포브스〉는 퇴임 후 시기인 2024년 7천만 달러약 980억 원로 늘어난 것으로 추정했다. 바이든도 오바마 정부의 부통령에서 물러난 2017년에 6개월 만에 1,500만 달러약 210억 원를 벌어들인 것으로 알려졌다. 그러면서도 그는 자신도 역시 중산층Middle Class Joe이라는 말을 빼놓지 않았다. 미국 민주당이나 진보 진영의 리더가 부자라고 비난받을 이유는 없다. 하지만 어느 정당이나 모든 리더들이 부자라면 문제가 달라진다. 특히 그 부자들이 정치를 하면서 부자가 되었다면 진짜 문제다.

*
**

더 본질적인 문제는 미국 민주당과 서유럽 좌파 정당의 변화였다. 냉전시대에 대부분의 비서구 국가들이 따르고자 했던 모범은 미국 민주당과 서유럽 좌파 정당이었다. 이들의 노선은 일반적으로 친노동, 인권과 민주주의 강조, 그리고 국제주의였다.

미국 민주당과 서유럽 좌파 정당은 제3세계의 노동착취 반대, 인권보호, 독재 반대 등의 보편적 가치에 대해 미국 공화당이나 서유럽 우파 정당보다 더 큰 관심을 가졌다. 예를 들어 민주당의 케네디 대통령은 1960년 대선 기간 중 당내 남부 보수파의 강력한 반발에도 불구하고, 아프리카계 미국인들의 유권자 등록 캠페인을 지원했다. 이는 갓 독립한 아프리카 국민들에게는 엄청난 메시지였다. 실제로 1963년 암살되기 직전, 케네디 대통령은 아프리카 수개 국을 방문하여 아프리카의 인권과 민주주의, 그리고 반식민주의 발언을 하기도 했다. 아프리카는 열광했다.

제3세계의 일부 독재자들은 미국 민주당 정부보다 공화당 정부를 선호했으나, 대부분의 비서구 국민들은 미국 민주당 정부와 유럽 좌파 정당의 이러한 정책을 더 마음에 들어 했으며, 이들과 연대하고 싶어하고 지원을 바랐다. 이에 실제로 미국 민주당 정부와 유럽 좌파는 호응했다.

이는 1977년 민주당의 지미 카터 대통령이 집권하면서 절정에 달했다. 카터 대통령은 1978년 이집트와 이스라엘의 평화협정인 캠프 데이비드 협정을 이끌어 냈다. 카터 대통령이 표방한 '도덕주의' 외교는 성패 여부를 떠나 미국이 우월한 도덕적 가치를 바탕으로 전 세계에 평화를 실현하고자 하는 모습을 보여준 것만으로도, 제3세계에는 자발적으로 미국의 동맹국이 되고자 하는 동인이 되었다. 특히 1977년 파나마 운하 운영권 양도를 반대하는 의원들을 설득해 파나마에 돌려주기로 한

합의[5]는 전 세계에 미국과 함께하면 잘살 수 있다는 확신을 가지게 해주었다. 도덕적이고 강한 미국은 전 세계에서 부러움의 대상이었다.

미국 민주당이나 서유럽 좌파 정당의 친노동, 친인권, 반독재, 민주주의 옹호 노선은 국내적으로는 미국 공화당이나 서유럽 우파 정당과 대비해 정체성을 선명하게 하는 것이었지만, 다른 한편으로는 냉전시대에 소련 사회주의 이념과의 체제경쟁적 성격도 가지고 있었다.

하지만 탈냉전은 이러한 노선에 대한 회의를 불러일으켰다. 더 이상 체제경쟁이 필요 없어졌다. 미국 민주당과 서유럽 좌파 정당은 새로운 노선이 필요했다.

먼저 친노동에서 멀어졌다. 클린턴 대통령은 2001년 중국을 세계무역기구WTO에 가입시켰다. 노동자를 버리고 소비자를 선택한 셈이다. 중국산 값싼 제품들이 들어오기 시작했고, '저물가 속의 성장'이라는 골디락스가 이루어졌다. 소비자들과 기업가들은 좋았지만, 노동자들은 실질임금이 하락했고 많은 사람들이 해고되었다. 그 대가는 15년 뒤, 대선에서 '트럼프의 승리'로 민주당에 되돌아왔다.

---

5 1903년 파나마는 미국의 지원 아래 콜롬비아로부터 독립을 선언했고, 미국은 파나마 운하 건설권을 얻었다. 1904년 운하 건설을 시작해 1914년 완공했고, 파나마 운하는 미국의 직접적인 통제 아래 놓였다. 1977년 카터 대통령의 적극적인 의회 설득 결과, 파나마와 미국은 토리호스-카터 조약을 체결했고, 파나마는 결국 1999년 12월 31일에 파나마 운하 통제권을 미국으로부터 양도받았다. 최근에는 트럼프 대통령이 파나마 운하 운영권을 다시 찾아오겠다고 해서 이슈가 되기도 했다. 결국 2025년 2월, 미국과 파나마는 미국 정부의 선박 통행료 면제 협정에 합의했다.

친인권 정책은 소수자 보호정책으로 바뀌었다. 다양한 성적 지향과 정체성의 LGBTQ가 정치 이슈로 본격적으로 떠올랐다. 무지개 깃발은 미국 민주당과 서유럽 좌파의 상징이 되었다.

민주주의는 환경으로 대체되었다. 2018년 스웨덴의 15세 소녀 그레타 툰베리는 환경을 위해 학교 등교를 거부했다.[6] 어른들은 학교에 가라는 말 대신에 의회와 각종 회의에 초청해서 반환경과 결탁한 자본을 꾸짖으며 울부짖는 어린 그녀의 연설을 들었다. 그리고 심지어 미국 민주당은 네오콘 세력과 손잡고 대외정책을 펼쳐나갔다.

친노동은 친기업으로, 인권은 LGBTQ로, 민주주의는 환경

6　그레타 툰베리(Greta Thunberg)는 2018년 스웨덴 의회 앞에서 '기후를 위한 학교 파업(School Strike for Climate)'을 시작했다. 그 후 2019년 뉴욕 유엔 기후행동 정상회담에서의 연설로 세계적 유명세를 탔다. 툰베리는 "어른들이 행동하지 않으면, 우리가 행동할 것"이라고 열변을 토하며 환경위기를 경고했다.

으로, 그리고 제3세계 독재에 대한 반대는 네오콘의 손에 넘어간 것이다.

* *

이에 비서구 국가들은 상대적으로 진보적인 서구 정치 진영에 등을 돌렸다. 우선, 비서구의 대다수 나라들은 저임금에 기반한 생산국이었지 소비국이 아니었다. 미국 클린턴 대통령에 의해서 완성된 WTO 체제는 세계무역 활성화에 기여했다. 세계 거대 자본은 서구의 공장을 뜯어 비서구 국가로 이전해 갈 기회를 얻게 되었다. 자본은 비서구 국가 중에서 안정적으로 값싼 노동력을 제공할 나라를 골랐다. 비서구 국가들은 자기 나라의 인건비가 얼마나 싼지, 그리고 노동에 대한 규제가 얼마나 적은지를 놓고 서로 경쟁하며 거대 자본에 구애를 해야 했다. 자본을 유치하는 나라는 기회를 잡았지만, 그렇지 못한 나라는 노동가격 하락만을 가져왔고, 이는 안 그래도 적은 내수를 더욱 위축시켰다. 그리고 비서구 국가들의 사이도 나빠졌다.

제3세계는 전통적인 가치관이 여전히 강력했다. 서구, 특히 유럽 사회는 급속도로 탈기독교화 했지만, 비서구 국가들은 여전히 이슬람, 가톨릭, 불교나 힌두교 등 강력한 종교 중심의 사회였다. 어디서든 강력한 종교사회는 다양한 성적 지향과 정체성의 LGBTQ를 반대한다.

이제 서구의 상대적인 진보 진영은 비서구 국가들에 더 이상 인권이라는 인류의 고유가치를 옹호하는 세력이 아니라, 인류의 전통가치를 파괴하는 세력이 되었다. 한편, LGBTQ를 강경하게 반대하는 정교 국가인 러시아는 서구 사회의 기준으로는 인권 탄압 국가이지만, 비서구 국가들에는 올바른 전통적 가치관을 지켜나가는 동질적 종교 국가로 비춰졌다.

환경문제는 더 심각한 문제였다. 서구는 과거의 환경문제에 대한 책임은 뒤로 한 채, 미래의 환경문제에 대한 책임만을 거론하며, 환경문제의 책임이 지구를 공유하는 모든 인류에게 있다고 선언했다. 이에 비서구권도 졸지에 환경문제의 책임자가 되어야 했다.

이제 비서구권 국민들에게 미국 민주당과 서유럽의 좌파 정당은 미국 공화당이나 서유럽 우파 정당만도 못한 세력으로 인식되었다. 과거의 서구는 제3세계를 정치적으로 지배했고 경제적으로 착취했는데, 이제 더 나아가 자신들의 전통을 파괴하고 책임을 전가하는 비도덕적 세력으로 비춰지게 되었다. 게다가 미국은 더 이상 함께한다고 잘살게 해주는 나라가 아니게 되었다.

2차 세계대전 이후 냉전체제에서 제3세계의 발전노선은 크게 두 가지 방향으로 전개되었다. 하나는 서구를 제국주의 세력으로 보고, 미국과의 연계를 거부하며 독자적인 발전노선을 추구하는 것이었다. 대부분의 남미 국가들이 이 길을 걸었다. 다른 하나는 서구와 연계해 그

발전노선을 따라가면 서구처럼 될 수 있다는 근대화론[7]을 따르는 것이었다. 주로 동아시아 국가들이 이를 받아들였다.

시간이 흐르자, 결론은 명백해졌다. 서구의 발전노선을 따라가는 근대화론을 채택한 한국·대만·싱가포르·홍콩은 '네 마리의 용'으로 불리며 고속성장과 민주화를 이루어냈다. 하지만 종속이론을 채택한 대부분의 남미 국가들은 여전히 하이퍼인플레이션과 쿠데타와 독재에 시달렸다. 미국을 따라야 했던 것이다.

*
* *

그러나 지금 그것은 전설이 되었다. 전 세계에서 더 이상 '동아시아의 네 마리 용' 같은 것은 나타나지 않았다. 일부 남미 국가들은 종속이론을 버리고 친미 노선으로 변신하여 신자유주의를 수용했지만, 이들의 몰락은 더 극적이었다.

---

7 종속이론과 근대화론은 사회·경제학에서 제3세계의 발전전략을 설명할 때 사용되는 주요한 이론이다.

종속이론은 주로 남미의 경제학자들이 주장했는데, 개발도상국이 더 이상 발전하지 못하는 것은 선진국에 경제적·정치적·사회적으로 종속되어 있기 때문이며, 개발도상국은 미개발 상태가 아니라 저개발 상태에 있다고 본다. 따라서 저개발 상태에서 벗어나기 위해서는 선진국과의 종속관계를 탈피하는 것이 급선무라고 하고, 경제정책으로는 적극적인 수입 대체화 전략을 내놓았다.

반면, 월터 로스토우 같은 서구 학자들이 주장한 근대화론은 사회진화론의 영향을 받아 사회는 발전단계가 있으며, 현재 서구 사회가 가장 발달한 최종 단계이고, 다른 나라들도 서구의 발전모델을 따르면 결국에는 서구와 같은 사회가 될 수 있다고 주장한다.

가장 먼저 종속이론을 버리고 신자유주의 노선으로 경제정책을 바꾼 나라는 칠레였다. 신자유주의로 무장한 시카고 보이스Chicago Boys[8]는 쿠데타로 1973년~1990년 집권한 피노체트 군사정권의 후원 아래 신자유주의 경제정책을 주도했다. 국유산업의 민영화, 완전 시장개방, 규제 없는 완전한 자유시장경제를 주창했고, 노동조합을 무력화했으며, 외국자본의 유입을 유도했다. 칠레는 잠시 경제가 성장하는 듯했으나, 해외로 자원과 자본이 유출되었고, 물가는 급속히 올랐으며, 실질임금이 하락했다. 그나마 경제성장의 몫은 일부 엘리트층에 집중되며 빈부격차가 심각해졌다. 이어서 브라질, 아르헨티나, 볼리비아, 페루도 똑같은 전철을 밟았다. 극심한 빈부격차와 실업 증가로 인해 치안마저 흔들리는 나라로 전락했다. 대다수의 국민들은 가난해졌고 밤거리를 산책할 권리마저 빼앗겼다.

'미·중 패권 경쟁'이라는 말은 '신냉전'이라는 용어처럼, 사실상 이념적으로 사용될 수 있다는 점에서 매우 조심스럽게 사용되어야 한다. 신냉전과 미·중 패권 경쟁이라는 말은 세계를 두 진영으로 나누어 자칫 두 진영 어디에 속하지도 않고, 속할 필요가 없는 나라조차 줄을 서게 하고 희생을 강요할 우려가 있는 논리이다.

---

8   시카고 보이스(Chicago Boys)는 1980년대 초반 밀턴 프리드먼 등으로 대표되는 미국 시카고 대학 경제학부에서 공부한 칠레 출신 등의 남미 경제학자 그룹을 부르는 용어다. 이들은 1973년 피노체트가 군사 쿠데타로 칠레를 장악하자, 미국에서조차 해보지 못한, 신자유주의 이념을 기본으로 한 주요 경제정책을 펼쳤다. 한때 칠레는 '신자유주의의 실험장'으로 불렸다.

앞에서 미·중 패권 경쟁을 분석하면서 중국은 패권 경쟁을 할 패권이 없는 국가임을 살펴보았다. 그리고 미국은 중국과의 패권 경쟁 과정에서 패권을 상실하는 것이 아니라, 탈냉전 이후 미국 스스로의 변화에 의해 패권을 잃고 있음을 보여주었다. 군사력의 실질적 약화, 세계 경찰의 지위 상실, 모범국으로서의 지위 상실, 그리고 함께한다고 잘사는 것을 보장해 주지도 못하는, 오늘날의 패권국 미국의 현실과 그 원인을 조명했다. 다시 말하지만, 미국과 중국은 패권 경쟁을 하는 것이 아니라, 경제적 영역에서 전면적 분쟁을 하고 있는 것이다.

자, 이제 마지막 3부 3장만이 남았다. 미국이 세계 경찰의 지위를 잃어버리고 패권을 상실하고 있는 지금, 그렇다면 이 시대가 만들 새로운 세계는 어떤 세계일까?

3장

신질서
−자국 안보 중심주의(군사), 양극체제(경제), 신권위주의 시대(정치)

자국 안보 중심주의(군사),
어느 나라도 믿을 수 없다

냉전시대는 정치의 논리가 경제의 논리를 압도하던 시대였다. 사회주의와 자유주의라는 두 이념의 대립이 전 세계를 규정하는 기본 질서의 축이었다.

사실 냉전시대는 자본주의 역사 전체에서 예외적인 시기였다. 자본주의 역사에서 대부분의 시기에는 일반적으로 자본주의라는 경제체제의 작동원리가 정치적 질서를 규정했다. 그리고 자본주의는 어떤 정치체제의 사회이든 전파되면, 그 사회를 자본주의 사회로 만들었다. 자본주의는 그렇게 전 세계로 일방적으로 전파되었다.

그런데 1917년 러시아 혁명은 예외를 만들었다. 정치적 혁명이 자본주의 경제체제였던 러시아를 이론으로만 존재했던 소련이라는 사회주의 경제체제로 바꾸었다. 정치가 생산수단의 국유화를 기본으로 하는 경제체제를 만들었던 것이다.[1] 그리고 소련의 2차 세계대전 승전과 함께 그 체제는 세계로 확산되었다. 그 결과 전 세계의 3분의 1에 가까운 영토와 인구를 지배하게 된 사회주의 진영은 냉전시대에 경제적으로는 자본주의, 정치적으로는 자유주의로 불리는 진영과 치열하게 대립했다.

냉전시대는 정치적으로는 사회주의 이념과 자유주의 이념이 대립하는 시대였고, 군사적으로는 미국을 중심으로 하는 나토와 소련을 중심으로 하는 바르샤바 조약기구가 대립한 시대였다. 그리고 경제적으로는 사회주의와 자본주의가 대립했다. 이 3가지 축 중에서 가장 중심축은 말할 것도 없이 정치적 대립이었다. 군사동맹이 결성된 것도 정치적 이념이 달랐기 때문이었고, 경제체제가 달라진 것도 정치적 이념이 달랐기 때문이었다.

정치적 이념은 때때로 경제적 분야에도 월권을 감행했다. 미국은 사회주의 이념을 막기 위해 2차 세계대전 후 폐허가 된 서유럽에는 마셜

---

[1] 마르크스는 고도로 발달된 자본주의 국가가 자본주의 경제의 내적모순으로 인해 변증법적으로 사회주의 국가로 이행한다고 보았다. 하지만 당시 러시아는 19세기 후반 산업혁명으로 자본주의 국가로 전환했으나, 여전히 농업이 주요한 산업인 나라였다.

플랜을 통해 재건을 도왔고, 일본에는 왕정을 유지시켰다. 이는 독일과 일본의 경제부흥으로 연결되었다.

서구 자본주의 진영에서는 시장이 작동했기에, 국가가 직접 생산을 결정하는 사회주의 진영보다 경제가 정치나 군사적 문제를 결정하는 일도 많았다. 예를 들어 미국은 베트남전쟁에 대한 국내 여론이 나쁘긴 했지만, 경기침체가 심해지자 결국 1973년 철수를 결정했다. 그에 앞서 베트남전쟁으로 재정이 악화되자, 1971년에는 닉슨 대통령이 달러의 금 태환을 중단한 바 있다. 그리고 달러의 기축통화 지위가 흔들리고 오일 쇼크가 터지자, 1974년 미국 국무장관 헨리 키신저는 사우디아라비아와 왕정의 안전보장을 대가로 석유 수출대금을 달러로만 결제하는 페트로 달러 시스템을 만들었다. 하지만 누가 보아도, 냉전시대는 정치의 시대였다.

*
* *

그러나 탈냉전시대는 달랐다. 미국 단일 패권 시대는 더 이상 이념의 시대가 아니었다. 역사는 자유민주주의의 승리로 끝난 것으로 보였다. 이념이 사라진 세계에서 정치는 사라지고, 돈이 그 위치를 대신하게 되었다.

탈냉전시대는 '경제의 시대'였다. 자본주의의 냉엄한 논리가 세계를 지배했다. 개인도 나라도 돈 버는 것이 최고의 목적이 되었다. 기업가들은 국부를 늘릴 기업을 만들어 키우는 것이 목표가 아니라, 기업을 만들어 비싼 가격에 파는 것이 목표가 되었고, 정치인들은 나라를 부강하게 만드는 것이 목표가 아니라 정치를 통해서 명예를 얻고 부자가 되는 것이 목표가 되었다. 돈이 가치를 전복시켰고, 세계가 돈으로 전복되었다.

전쟁의 양태도 변했다. 탈냉전시대의 전쟁은 냉전시대의 베트남전쟁이나 한국전쟁과는 다른 전쟁이었다. 2003년 이라크전쟁은 테러와의 전쟁이라는 명분을 내세웠지만, 사실 석유 자원 확보가 중요한 이유였다. 어떤 이념도 그 전쟁에는 없었다. 하지만 아무도 뭐라고 하지 않았다. 돈을 위해서라면 전쟁도 불사할 수 있다는 논리가 자연스럽게 받아들여졌기 때문이다.

국방조차 기업에 맡겼다. PMC Private Military Company 로 불리는 민간 군사기업이 등장했다. 아프가니스탄 전쟁에는 블랙워터 Black Water, 지금은 Academi 라는 미국 민간 군사기업이 활약했다.

러시아라고 다르지 않았다. 이번 러·우전쟁에서는 바그너 그룹 Wagner Group 이 선두에 섰다. 심지어 바그너 그룹의 수장인 프리고진은 모스크바로 역진격을 감행하기도 했다. 기업이 국가와 전쟁을 하려고 한 것이다. 국가와 국가의 전쟁을 기업과 기업의 전쟁으로 대체할 가능성도 생겼다. 거기에 더해 이윤이 창출되지 않는 무기는 생산되지 않았다.

클린턴 대통령이 1992년 미국 대선 과정에서 한 "바보야, 문제는 경제야"[2]라는 말처럼, 정치도 돈이 지배했다. 이념 대립이 사라지자, 남은 것은 경제적 이해관계였으며 이를 잘 대변하는 것이 정치의 핵심 과제가 되었다. 대한민국을 생각해 보면 이해가 쉽다. 냉전시대에 집권당은 반공 정당이었다. 아니, 그냥 반공 정당이면 되었다. 그리고 야당은 이에 대응해서 민주화를 외쳤다. 미국이라고 다르지 않았다. 공화당은 반공 노선을 내세웠고, 민주당은 인권과 민주주의를 우선시했으며, 두 진영이 대립했다.

그런데 탈냉전시대가 되자 그것으로 부족해졌다. 탈냉전시대는 경제의 시대였으며, 경제가 우선시되었다. 이에 공화당은 감세 정당이 되었고, 민주당은 소비자 정당으로 변해갔다.

그리고 공화당이나 민주당이나 그 끝은 '금융화'였다. 이제 자본가들에게는 생산으로 돈을 버는 것이 노동자의 노동보다 더 힘든 일이 되었다. 인수합병M&A이라는 생소한 단어가 대중화되기 시작했고, 사람들은 매일 주가를 체크하게 되었다.

*
**

앞에서 보았듯, 냉전시대는 '정치의 시대', 탈냉전시대는 '경제의 시대'였다면, 러·우전쟁 이후는 어떤 시대가 될까?

---

2 "It's the economy, stupid!"라는 유명한 문구는 1992년 미국 대선 당시 클린턴 캠프에서 사용한 전략적 메시지였다. 조지 부시 정부가 걸프전을 승리로 이끌었지만, 당시 미국 경제는 침체기로 들어섰다. 이에 민주당 진영에서 정치는 경제를 부흥시키는 것을 우선해야 한다는 논리를 내세우면서, 이 문구를 대선의 핵심 메시지로 사용했다.

우선 냉전시대와 탈냉전시대와는 달리, 안보의 중요성이 극대화될 것이다.

냉전시대의 역설은 겉으로는 안보를 외치면서 속으로는 신경을 쓰지 않았다는 것이다. 냉전시대에 하위 동맹국들의 안보는 사실상 종주국에 무임승차를 했다. 냉전시대에는 어느 한쪽의 입장에 선다는 것은 안전이 보장된다는 것과 동의어였다. 물론 한국전쟁과 베트남전쟁이 있었지만, 이는 원래 하나였던 나라가 극한적으로 쪼개져 대립하면서 발생한 예외적 사건이었다.

냉전시대에는 한 나라가 어느 진영에 속하는 순간, 종주국인 미국이나 소련은 무슨 방법을 동원해서라도 그 나라를 지켜주었다. 자기 진영에 속한 나라의 안보를 보장해 주지 못하거나, 그 나라가 다른 진영으로 넘어가는 것을 용납하는 것은 그 진영 전체의 패배로 인식되었기 때문이다. 또한 미국이나 소련의 핵우산 아래 들어간 나라를 다른 진영이 공격하는 것은 사실상 불가능했다. 냉전시대에 미국과 소련은 이처럼 한 나라라도 자기네 동맹으로 더 끌어들이려고 노력했고, 최소한 자기 진영으로 들어온 동맹국의 안전은 어떠한 희생을 치르더라도 보호하려고 했던 것이다.

탈냉전시대는 냉전시대보다 더했다. 탈냉전시대는 아예 안보가 필요 없는 듯 보였다. 한국전쟁이나 베트남전쟁 같은 전면적 고강도 지상전은 상상조차 할 수 없었다. 세계의 경찰인 미국에 테러를 가하거나 미국의 이익에 전면적 반대를 하지 않는 한, 안보가 문제되는 일은 없었다. 따라서 이제 세계의 분쟁이란 사실상 미국에 대항한 나라들에 대해, 미국이 손을 보는 일뿐이었다. 그래서 탈냉전시대의 전쟁은 냉전시대의 전쟁과 달리 싸우기 전에 이미 승부가 결정되어 있었다.

냉전시대의 대표적인 전쟁으로는 한국전쟁1950년~1953년, 베트남전쟁 1955년~1975년, 중동전쟁1967년, 이란·이라크전쟁1980년~1988년, 그리고 소련·아프가니스탄 전쟁1979년~1989년 등을 들 수 있다. 이 모든 전쟁들은 처음에 발발했을 때 생각했던 것과는 전쟁의 양상이 다르게 흘러갔으며, 결과도 예측과 달랐다. 한마디로 승부를 예측할 수 없는 전쟁들이었다.

하지만 탈냉전시대의 전쟁은 달랐다. 전쟁이라고 할 만한 것도 없었다. 걸프전쟁은 미국의 일방적인 이라크 손보기였고, 보스니아 내전은 나토의 세르비아 손보기였다. 승부는 전쟁 전에 이미 결정되어 있었다.

안보는 냉전시대, 특히 탈냉전시대에는 대부분의 나라에서 가장 큰 관심사가 아니었다. 사람들은 어느새 이것을 당연하게 여기게 되었다. 하지만 이는 역사적으로 굉장히 드문 일이다. 역사상 팍스 로마나의 시대처럼 전쟁 없는 일국 패권 시대는 예외적인 시대이다. 그런데 팍스 아메리카나도 흔들리기 시작했다. 이를 보여준 명징한 사건은 베트남전쟁과 아프가니스탄 전쟁2001년~2021년에서 미국의 패배였다.

두 전쟁 모두 미군이 철수한다는 면에서는 같았지만, 속사정은 달랐다. 베트남에서 미국의 적은 소련이라는 배후를 가진 정규군 베트남 인민군이었다. 이들은 구정 대공세를 펼칠 수 있는 강력한 적군이었다. 하지만 2021년 아프가니스탄에서 철군한 미국의 적은 슬리퍼를 신고 소총을

든 아프가니스탄 민병대 탈레반이었다.

　미국이 세계 경찰로서 안전을 보장해 줄 수 있느냐는 의문이 생겼다. 거기에 쐐기를 박은 사건이 터졌다. 바로 러·우전쟁이다. 트럼프가 2025년 초 재집권을 하지 않았더라도 결과는 같았을 것이다. 미국은 아프가니스탄에서 철수해야 했듯, 우크라이나에서도 지원을 철수해야 했을 것이다. 이제 미국이 원하든 원하지 않든 간에, 세계 경찰이 더 이상 아니라는 것이다. 그런데 경찰이 없는 마을은 어떻게 될 것인가?

*
**

이제 세계는 '자경단의 시대'가 되었다. 안보를 보장해 주는 패권국이 더 이상 없는 시대, 안보는 스스로 책임져야 할 일이 되었다.

그렇다면 각 나라들은 어떻게 스스로 안보를 지킬까? 기본적으로 3가지 방향으로 진행될 것이다.

1. 국방력 강화

영국 싱크탱크인 국제전략문제연구소IISS의 「2025 세계 군사력 균형 보고서」에 따르면, 2022년과 2023년 세계 방위비 총액은 각각 3.5%와 6.5% 증가했다. 그런데 2024년에는 세계 방위비 총액이 7.4%나 늘어났다. 세계 경제성장률이 2022년, 2023년, 2024년에 각각 3.2%, 2.8%, 2.8%임을 고려할 때, 러·우전쟁이 세계 국방비 지출에 미친 영향이 얼마나 큰지 알 수 있다.

전 세계 국방예산의 40%를 차지하는 미국의 국방비는 2011년~2021년 증가율이 1.3%[3]였다. 그런데 2022년에는 국방비가 8.8%, 2023년 4.5%, 2024년 5.0% 증가했다. 이는 미국이 얼마나 러·우전쟁에 진심이었는지를 보여준다.

그리고 2025년 미국의 국방예산 증가율은 전년 대비 1%에 머물렀다. 트럼프 1기 집권 후 첫해인 2018년 국방비가 6,670억 달러로 9.7%

---

3 미국의 국방비 증가율 (자료: U.S. Department of Defense)

2010년: 약 6,510억 달러	2016년: 약 6,520억 달러 (2.8% 증가)
2011년: 약 6,790억 달러 (4.3% 증가)	2017년: 약 6,080억 달러 (-6.7% 감소)
2012년: 약 6,670억 달러 (-1.8% 감소)	2018년: 약 6,670억 달러 (9.7% 증가)
2013년: 약 6,510억 달러 (-2.4% 감소)	2019년: 약 6,760억 달러 (1.34% 증가)
2014년: 약 6,220억 달러 (-4.5% 감소)	2020년: 약 7,240억 달러 (7.1% 증가)
2015년: 약 6,340억 달러 (1.9% 증가)	2021년: 약 7,430억 달러 (2.63% 증가)

증가한 것을 보면, 트럼프 정권의 특성상 2026년 국방비 예산이 크게 늘어날 수도 있지만, 그 추세를 지속하기에는 지금 미국의 국가부채는 너무 높은 수준이다.

주목해야 할 대표적 사례로 독일과 중국을 들 수 있다.

독일은 2024년 국방비로 전년 대비 23.2% 증가한 860억 달러를 지출했다. 독일은 2차 세계대전 이후 전범 국가로서 국방비를 늘리고 싶어도 그럴 수 없었다. 나치 시대의 과거 때문이었다. 게다가 통일 이후 독일의 안보는 온전히 미국의 몫이었고, 덕분에 독일은 경제에만 집중하면 되었다.

그러나 이제 독일의 상황이 달라졌다. 이는 단순히 러시아의 위협이 커졌기 때문만은 아니다. 미국이 나토에서 탈퇴할 수도 있다. 만일 그렇다면 유럽은 미국 없는 나토를 유지할 수 있을까? 나토가 사라진다면, 과거처럼 인접국인 프랑스와 폴란드도 잠재적인 적국이 될 수 있다는 이야기다.

이것은 독일만의 문제가 아니며, 모든 서유럽 국가들의 문제이다. 원래 전쟁은 인접국 간에 발생할 확률이 높다. 이에 유럽 각국은 군비경쟁에 뛰어들었다. 그것이 패권국을 잃어버린 하위 동맹국들의 운명이다.

미국을 제외한 나토 회원국들은 2024년 군사비 지출을 전년 대비 17.9% 늘렸다. 2010년 중반까지는 나토 회원국들의 군사비 지출 증가율이 마이너스였고, 이후 2022년 러·우전쟁 발발 전까지는 3.7%에 불과했는데 말이다.

중국은 원래 국방비 비중이 크지 않은 나라이다. 미국 다음으로 많은 국방예산을 책정하고 있지만, 중국의 국방비는 GDP의 1%를 약간 넘는 수준에 불과했다. 이는 중국 역시 안보 문제를 서유럽 국가들 수준으로 이해하고 있었다는 것을 보여준다. 다만, 서유럽이 미국의 동맹국으로서 안보를 보장받았다면, 중국은 미국의 무역 파트너로서 안보를 보장받았다. 따라서 지금 서유럽이 패권국을 잃었기에 안보를 강화해야 하는 입장이라면, 중국은 미국과의 G2 체제가 끝났기에 안보를 강화해야 하는 입장이다.

그런데 중요한 것은 국방비 증가율이다. 중국의 국방비 증가율은 3년 연속 7.2%에 달했다. 이제 중국은 G2 체제 시절과는 달리, 2050년을 '세계 최강 군대 건설 원년'으로 정하고, 미국을 적성국으로 가정한 국방체계를 만들어 나가고 있다. 그 목표 속에는 미군이 인민해방군의 잠정적 적군이라는 표현이 들어가 있다. 더불어 중국의 국방 강화는 중국을 둘러싸고 있는 모든 나라들의 국방 강화를 불러올 것이다.

2. 핵개발 추진

냉전시대 이래 세계가 평화의 시대가 된 것은 역설적으로 핵무기 덕분이었다. 비대칭 전력인 핵무기의 중요성을 다시 널리 알린 것이 바로 러·우전쟁이다. 우크라이나가 핵전력을 유지할 수 있는 자체 운용 능력이 있었는가의 문제와는 별도로, 아무튼 소련 붕괴 직후 우크라이나의 핵전력은 세계 3위였다. 그 핵전력을 유지하고 있었다면 지금의 러·우전쟁은 없었을 것이다. 이러한 상황은 다른 국가들에 커다란 시사점을 주었다.

우선 북한의 비핵화는 사실상 물건너갔다.

　　북한 지도부는 러·우전쟁을 보면서 핵을 포기하는 협상을 트럼프와 했던 것이 얼마나 위험천만했던 일인가 하고 생각했을 것이다. 미국의 정권이 바뀌면 평화가 전쟁으로 변한다는 것을 알았다. 더 크게 세계적으로 떠오른 문제는 과연 핵우산을 신뢰할 수 있을까 하는 중차대한 문제였다.

　　냉전시대 이래 핵우산은 평화시대의 가장 확실한 메시지였다. 공멸을 가져올 핵을 서로 사용할 수 없기에, 핵우산을 보장해 주는 패권국 아래에 들어가는 것은 그 자체로 절대 안전을 보장받는 것이었다.

　　그런데 러시아의 우크라이나 침공을 본 인접국들은 이런 생각을 했을 수 있다. 만일 러시아가 우리를 침공한다면, 미국과 나토는 어떻게 할까? 우리가 나토에 회원국으로 가입되어 있다고, 미국과 다른 서유럽 국가들이 자동 개입을 할까? 만약 자동 개입을 한다면, 재래전에서 러시아를 물리칠 수 있을까? 만일 재래전에서 우크라이나처럼 밀린다면, 미국은 핵을 동원해서라도 우리를 보호해 주려고 할까 하는 질문 말이다.

　　이는 냉전시대라면 던질 필요가 없던 질문들이었다. 당시는 이념의 시대였고, 예전에 소련은 사회주의 종주국이었지만, 지금의 러시아는 미국과 같이 공존하는 자본주의 국가의 한 멤버이다. 게다가 트럼프와 푸틴은 사이가 좋다. 아니, 앞으로도 최소한 미국 지도자와 러시아 지도자의 사이가 냉전시대처럼 적대적일 것 같지는 않다. 재래식 전력으로 자주국방을 이루려면, 일반적인 나라에서는 엄청난 군사비를 지출해야 한다. 하지만 핵은 다르다. 핵은 비대칭 전력이다. 게다가 예전과 달리 미국은 핵확산을 막는 세계 경찰의 역할을 하기에는 힘이 달려 보인다.

3. 신동맹 추진

만약 사회에서 경찰이 사라지면 개인은 스스로 자기를 보호해야 할 것이다. 그러나 혼자서 자기를 보호하는 것은 쉽지 않은 일이기에 삼삼오오 모여 자경단을 만들 것이다. 이것이 앞으로 벌어질 세계의 안보질서이다.

경찰이 사라지면 마을에 다툼이 잦아지는 법, 누구나 다툼에 대비해야 한다. 우선, 만약 다툼이 발생하면 내가 누구와 다투게 될 것인가를 생각해야 한다. 다음으로는 다툼이 발생했을 때 누가 내 편을 들어줄지 생각해 봐야 한다. 이제 당장 누가 나의 적인지 친구인지를 찾아야 한다. 그리고 그 적과 친구들을 만나 경찰 없이 직접 해결책을 의논해야 한다.

2023년 3월 10일 사우디아라비아와 이란이 국교 정상화에 합의했다. 중동의 두 앙숙이 국교를 정상화하다니, 전 세계 언론에서 화제가 되었다. 이로써 세계의 화약고 중동에 진정한 평화가 정착될 수 있는 계기가 마련되었다. 이유는 이러했다.

세계 경찰이 사라지자 사우디아라비아는 적을 찾았다. 사우디아라비아의 안보를 위협할 국가는 누구인가? 정답은 간단했다. 수니파의 대표 주자인 사우디아라비아의 라이벌은 당연히 시아파의 리더인 이란이었다. 둘은 이란혁명 이후 종교적·정치적 주도권을 두고 아랍에서 맞선 숙적이었다. 더불어 사우디아라비아가 이란을 적으로 돌린 이유 중 하나는 이란이 반미 국가였기 때문이었다. 미국과 안전보장을 대가로 페트로 달러 시스템을 만든 사우디아라비아가 이란을 적으로 돌리는 것은 자연스러운 것이었다. 그런데 더 이상 미국은 안전을 보장해 주지도, 석유를 수입해 주지도 않았다. 사우디아라비아는 더 이상 미국의 눈치를 보지 않았다. 거기에다 사우디아라비아의 왕자 빈살만은 바이든에 대해 개인적으로 악감정을 가지고 있었다. 빈살만은 이란과 손을 잡았다. 사우디아라비아는 안전해졌다. 이어 오랜 앙숙인 이집트와 튀르키예도 2023년 7월 상호 대사를 파견했다.

푸틴은 2024년 6월 베트남과 북한 방문을 감행했다. 중국이 대놓고 반대는 못했지만, 속으로는 극도로 싫어할 일이었다. 특히 주목받은 것은 푸틴의 24년 만의 북한 방문이었다. 북한의 러·우전쟁 지원에 대한 답방의 성격을 가진 방문에, 북한은 푸틴에 대해 전례 없는 환대를 했다. 그리고 군사교류에 이어 경제교류가 시작되었다.

실질적으로 북한 제재에 동참하던 러시아는 제재를 풀었다. 예전과 달리 둘 다 제재를 받는 나라였다. 안보가 정치지형을 변화시키고, 나아가 경제교류를 만들어 낸 대표적 사례이다. 또한 푸틴은 2023년 5월 시진핑 국가주석이 중국의 영향력 아래에 있다고 생각한 중앙아시아 5개국 정상들을 만났다. 러·우전쟁은 러시아와 중국이 긴밀한 우호적 관계를 만들었지만, 그것도 언제든 깨질 수 있음을 보여준 사례다.

2024년 1월 연이은 쿠데타로 군부가 집권한 니제르, 말리, 부르키나파소는 프랑스군을 철수시킨 후, 서아프리카 경제공동체ECOWAS에서 탈퇴 입장을 표명했다. 러시아는 이 3개국을 지원했으며, 3개국에서 쫓겨난 프랑스의 마크롱 대통령은 러시아에 더 강한 적개심을 드러냈다.

트럼프 2기가 시작된 후 미국이 제출한 UN 결의안에서는 러·우전쟁에 대해 '침공' 대신 '분쟁'이라는 표현을 사용하면서 "분쟁의 신속한 종결"을 원한다고 했다. 침공이 일방적이라면 분쟁은 쌍방적이다. 그렇다면 분쟁의 한 쪽인 우크라이나나 서방에도 책임이 있다는 것이다. 트럼프 대통령은 "나토 가입을 추진한 우크라이나와 이를 허용하는 자세를 보인 바이든 대통령에게도 책임이 있다"고 했다. 미국의 전 대통령이 책임져야 할 전쟁을 미국의 현 대통령이 내동댕이치고 있는 것이다.

푸틴에 대한 트럼프의 구애는 계속될 것이다. 전쟁에서 러시아가 승리했기 때문이다. 닉슨 대통령이 소련과 맞서기 위해 1972년 중국을 찾았듯, 2025년 트럼프는 중국과 맞서기 위해 푸틴을 찾을 것이다. 그리고 둘은 곧 만날 것이다. 친구도 적도 싹 바뀌고 있다.

정리해 보자. 냉전시대에는 미·소, 탈냉전시대에는 미국에 의해 보장되던 안보질서가 해체되자, 세계 각국은 스스로 안보를 확보해야 하게 되었다. 각국은 국방비 지출을 늘리고 가능한 나라들은 핵개발을 추진할 것이다. 그리고 안보를 위해 새로운 동맹을 찾아가는 신질서가 전개되고 있고, 이러한 움직임은 가속화될 것이다.

이제 안보는 더 이상 경제나 정치에 종속되는 변수가 아니다. 안보가 새로운 정치질서를 만들기도 하고, 새로운 경제교류를 만들어 나가는 시대가 되었다. 이 흐름을 놓치는 나라는 도태될 것이다.

양극체제(경제),
미국 vs 브릭스(BRICS)

국가 간 제재의 한 방법인 자산동결은 지금은 굉장히 익숙한 말이지만, 2차 세계대전까지도 거의 생소한 개념이었다. 당시는 국제 금융 시스템과 통화 시스템이 지금처럼 발전하지 않았기 때문이다. 2차 세계대전 당시 가장 대표적인 자산동결은 미국의 일본에 대한 조치였다. 하지만 그 방식은 지금과 달랐다. 미국에 거주하고 있는 일본인들의 자산과 미국 내 일본 기업들의 자산을 동결하는 수준이었다.

그런데 1970년대 중반과 1980년대를 넘어서면서 변화가 일어났다.

먼저 1974년 사우디아라비아를 포함한 주요 산유국들이 석유를 달러로만 거래하는 페트로 달러 체제가 완성되자, 달러가 국제무역의 결제수단으로 일원화되었다. 또한 1980년 미국에서는 레이건 대통령이 집권하고, 영국에서는 대처 총리가 집권하면서 금융산업 규제가 대대적으로 완화되었다. 그리고 파생상품이 등장했고 이를 정보기술이 뒷받침해 주기 시작했다. 각국은 달러를 가지지 않으면 국제무역에 참여할 수 없었으므로, 미국과 영국의 은행에 달러를 예치하고 이를 통해 무역을 했다.

이제 자산동결은 국제사회의 제재 수단으로서 강력한 힘을 발휘하기 시작했다. 미국은 1979년 이란혁명과 1980년 남아프리카공화국 인종차별 정책에 대한 제재로 자산동결 조치를 했다. 이는 '자산동결 제재 시대'의 서막을 알렸다. 그리고 자산동결 조치는 탈냉전 이후 테러와의 전쟁과 함께 본격화되었다.

페트로 달러 체제와 금융화가 자산동결 제재 시대의 서막을 알렸다면, 세계화는 자산동결 제재의 위력을 한층 강화해 주었으며, 마지막으로 테러와의 전쟁은 자산동결 제재에 명분이라는 날개를 달아주었다.

이제 사람들은 자산동결 제재를 당연시 여기게 되었다. 자산동결 제재를 당하는 단체나 나라들은 나쁜 놈이거나 나쁜 나라라는 생각을 하게 되었다. 탈레반, IS, 알카에다가 그랬고, 북한과 이란이 그러했다. 자산동결 제재가 자본주의 세계의 근간을 흔들 수도 있는 위험한 발상이라는 생각은 차츰 잊혀졌다.

그런데 자산동결 제재를 당하는 나라들이 늘어나면서 문제가 발생하기 시작했다. 이란, 리비아, 이라크, 시리아, 베네수엘라, 수단, 짐바브웨, 미얀마, 쿠바, 그리고 북한의 자산이 동결되었다. 미국의 제재 대상국은 산유국이거나 반미 국가였다. 독재 국가들과 테러의 배후로 의심되는 나라들이 많았지만, 반미 국가만 콕 찍어 제재 대상국이 되었다. 이로 인해 세계 경찰로서의 공정성에 의문을 제기하는 사람들이 늘어났으며, 자산동결 제재의 명분이 약화되었다.

여기에 결정적인 사건이 터졌다. 바로 러시아 해외자산의 동결이었다. 러시아가 침략 국가이기 때문에 자산을 동결했다고 했지만, 그렇게 따지면 미국은 이라크를, 서유럽은 세르비아를 UN 동의 없이 침략한 바 있다. 러시아는 권위주의 국가지만 테러를 하는 나라는 아니었고, 강대국이자 UN 상임이사국이었다.

부메랑은 여기서부터 시작되었다. 비서구 국가들은 놀랐다. 러시아 같은 강국에도 자산동결 제재를 할 수 있다면, 자기 나라도 당할 수 있겠다는 생각이 들었다. 아니나 다를까, 먼저 중국이 움직였다. 중국은 외환보유고에서 미국 국채를 팔고 금의 비중을 대폭 높였다. 2025년 3월 중국이 세계 최대 국제증권예탁결제기관인 유로클리어에서 수십조 원을 빼내어 홍콩으로 옮기려 준비하고 있다는 설이 돌기도 했다. 이미 비서구권 나라들도 외환보유고에서 금의 비중을 늘리고 달러 비중을 줄여나갔다.

**
*

앞에서 탈냉전 이후 세워진 미국의 단일 군사패권이 무너지는 과정과 원인을 알아보았다. 이제는 미국의 경제패권이 어떻게 무너져가고 있는지를 살펴보자.

먼저 착각을 하면 안 되는 것이 있다. 경제패권은 단순히 그 나라의 경제규모에 의해서 결정되는 것은 아니다. 독일 경제와 일본 경제는 전후 부흥하여 미국을 위협했으나, 실질적으로 두 나라의 경제는 세계 경제패권의 근처에는 가보지도 못했다. 거꾸로 영국의 경제규모는 1차 세계대전 전부터 미국과 독일에 뒤졌으나, 2차 세계대전 전까지 경제패권을 유지하고 있었다. 중국은 이미 구매력 평가PPP GDP로는 미국을 앞질렀고 곧 GDP도 추월할 것이나, 경제패권국의 지위를 가지기에는 요원하다.

미국의 경제는 여러 위기에도 불구하고, 신산업과 금융업의 우위에 더해 상대적으로 유리한 인구구조로 인해 상당 기간 다른 서구 국가들에 비해 견조한 성장세를 유지할 것이다.

경제패권을 가지려면, 거대한 경제규모뿐만 아니라 더불어 두 가지 조건을 충족해야 한다. 하나는 국제적으로 통용되는 화폐를 발행하는 능력, 다른 하나는 그 국제화폐를 뒷받침할 수 있는 생산력이다. 즉, 경제패권이란 전 세계 사람들이 패권국의 화폐를 써야 하고, 전 세계 사람들이 그 패권국의 생산력이 그 화폐의 신용을 뒷받침할 수 있다는 믿음을 가지고 있어야 유지된다.

로마제국의 경제패권 역시 단순히 로마의 경제규모가 크다고 이루어진 것이 아니었다. 로마는 자기들이 찍은 금화와 은화를 세계적으로 통용시킬 수 있었으며, 그 공신력은 로마가 카르타고를 물리치면서 확보한 이집트와 북아프리카의 곡창지대에 의해 뒷받침되었다. 로마가 해상무역 국가를 벗어나 세계 최고의 농업 생산력을 가진 국가가 되자, 로마의 동전은 세계적으로 통용되었다.

몽고도 마찬가지였다. 몽고는 실물화폐를 버리고 '교초'라는 지폐와 어음으로 세계 무역질서를 지배했다. 그 배후에는 중국이라는 거대 곡창지대와 중앙아시아의 관개농업을 장악함으로써 유목 국가를 벗어나 강력한 농업 국가가 되었다는 것이 있었다.

스페인이라고 다르지 않았다. 남미에서 가져온 금과 은의 힘을 바탕으로 만들어진 최초의 기축통화인 피스타Pieces of Eight, 8개 조각의 은화는 당시 세계 최고의 섬유와 철강 산업을 바탕으로 스페인의 패권을 보장했다. 그리고 영국은 은본위제를 금본위제로 바꾸면서 파운드화를 세계의 기축통화로 만들었는데, 그 기반은 말할 것도 없이 산업혁명이었다.

앞에서도 말했지만, 탈냉전이 시작하는 1990년 미국의 GDP는 약 5조 8천억 달러로 세계 총 GDP의 25%였다. 2023년 미국의 GDP는 약 27조 7천억 달러로 여전히 세계 총 GDP의 25%를 넘어서는 수준이다. 그러나 1990년에는 미국의 경제패권을 의심하는 사람이 거의 없었는데, 지금은 수많은 이들이 의심의 눈초리로 바라보고 있다. 그동안 무슨 일이 벌어진 것일까?

미국의 경제패권은 2차 세계대전 후 1944년 브레튼우즈 회담에서 금본위제의 왕관을 영국의 파운드에서 미국의 달러로 가져오면서 시작되었다. 그 기반은 일찌감치 영국을 따돌린 미국의 제조업이었다. 미국은 포드주의 생산방식으로 대량생산 시스템을 만들어 명실공히 '세계의 공장'이 되었다. 대량생산 시스템에 기반한 금본위제 달러 시스템이 미국의 경제패권을 만든 것이다. 그러나 미국은 베트남전쟁으로 재정적자가 심해지고 경제가 흔들리자, 결국 1971년 닉슨 선언을 통해 달러의 금태환을 정지시키는 등 위기를 겪었다. 하지만 1974년 헨리 키신저 국무장관의 외교로 사우디아라비아와 페트로 달러 시스템을 만듦으로써 위기를 극복했다.

그런데 달러 패권에 대한 믿음이 본격적으로 흔들리기 시작했다. 처음은 양적완화 때문이었다.

2008년 금융위기 당시, 미국은 다른 나라들의 경제위기 때와는 완전히 다른 처방을 내렸다. 그동안 미국이 주도하는 국제통화기금IMF 과 세계은행은 한국을 비롯한 많은 나라들이 경제위기에 빠질 때마다 긴축 (고금리), 규제완화, 그리고 민영화를 조건으로 자금을 대출해 주었다. 하지만 2008년 금융위기가 닥치자, 미국은 기준금리를 크게 인하해서 제로금리 정책을 폈고, 그것도 모자라서 경제학 교과서에도 없는 양적완화를 단행했다. 양적완화는 기준금리를 더 이상 인하할 수 없을 때, 경기부양을 위해 국채 매입 등으로 시중에 유동성을 직접 푸는 정책을 말한다.

주류 경제학자들이 온갖 수사학을 동원해 양적완화를 설명하지만, 사실 양적완화 정책은 로마제국의 네로 황제가 은화에 동과 구리 같은 불순물을 넣어 만든 것과 다름없는 것이었다. 세계는 바보가 아니었다. 패권국인 미국이 기축통화국으로서 시뇨리지 효과를 어느 정도 누리는 것은 당연한 권리로 인정해 줄 수 있었지만, 2008년 금융위기 이후 계속되는 양적완화는 도를 넘었다는 볼멘소리가 나왔다. 심지어 당시 언론에 연준 의장인 벤 버냉키가 헬리콥터로 돈을 마구 뿌리는 만평이 나올 정도였다.

2020년 코로나 팬데믹 사태가 터지자, 미국은 또다시 대규모 양적완화를 단행했다. 전례 없는 통화정책으로 인해 세계의 실물경제가 왜곡되기 시작했다. 비서구 국가들은 드러내 놓고 반발하지는 못했지만 속이 부글부글 끓었다. 거기에 기름을 부은 것이 러·우전쟁 때 러시아에 대한 자산동결 조치였다. 달러 패권에서 벗어나기로 결심을 한 듯한 비서구 국가들이 늘어났다. 러·우전쟁 중 브릭스BRICS가 떠오른 이유이다.

미국 경제패권의 기반이 되는 기축통화인 달러에 대한 의구심도 높아졌다. 많은 나라들이 외환보유고에서 미국의 달러 표시 국채의 비중이 매우 높은데, 이에 대한 우려도 높아졌다. 각국이 외환보유고에서 달러의 비중을 줄이고, 금을 사기 시작했다. 그렇다고 은본위제나 금본위제를 부활시킬 수는 없는 법이었다. 달러를 대체할 방법을 찾기 시작했다. 게다가 미국이 기축통화인 달러를 바탕으로 누려온 시뇨리지 효과도 지나치게 많다고 생각하는 나라들이 등장했다.

이들은 개별 국가만의 힘을 넘어, 비서구 국가들이 뭉쳐서 달러를 대체할 방법을 찾기 시작했다. 그리고 비서구 경제가 서구 경제를 점차 추격하고 있다는 현실을 자각했다. 더불어 '브릭스BRICS'라는 국가 협의체에 주목했다. 지금은 비서구 국가들이 브릭스를 바탕으로 달러를 대체할 무언가를 만들어 보자는 단계에 와 있다. 이것이 지금 세계 경제의 포인트이다.

트럼프 대통령은 2025년 재집권을 하자마자, 러시아에 대한 구애를 시작했다. 러·우전쟁의 승자인 러시아를 자국 편으로 끌어들이고, 중국과의 경제전쟁에 나서야 했다. 오바마 대통령이 주도하여 러시아를 G8 정상회의에서 축출하고 G7 정상회의로 만들었다고 비판하며, 러시아에게 다시 G8에 복귀하는 것을 허용하겠다고 했다. 하지만 러시아 외무장관은 러시아는 복귀에 관심이 없다고 일축하면서 "이미 G7 정상회의에 대한 관심이 없다", "이제 중요한 문제는 G20 정상회의나 브릭스에서 논의하겠다"고 말했다.

사실 1975년 최초로 G7 정상이 모인 목적은 글로벌 사우스 국가들이 단합해서 천연자원 가격을 올리지 못하게 막는 것이었다. 그런 점을 고려하면, 천연자원 대국인 러시아가 이 회의에 참석하여 G8이 되었던 것이 이상한 일이었다. 세계 경제의 미래를 보여주는 명징한 사건이다.

**

트럼프 대통령은 세계질서 변화의 방향을 바꾸는 것이 아니라 변화의 속도를 가속화할 뿐이다. 앞으로의 세계는 서구 경제권과 비서구 경제권의 대립구도가 주축이 될 것이다. 그 핵심적인 내용은 국제분업이나 무역 보복 같은 것이 아니다. 달러 패권 체제를 여전히 받아들이고 유지하려는 축과, 달러 패권에서 벗어나 새로운 세계질서를 만들려는 축의 대립구도가 될 것이다. 그리고 그 상징은 G7과 브릭스BRICS 가 될 것이다. 그렇다면 각 축의 미래는 어떻게 될 것인가?

먼저, 미국을 중심으로 달러 패권 체제를 유지하려는 축을 보자. 냉전시대에 미국의 벗이 된다는 것은 번영의 기회를 가진다는 것과 동의어였다. 물론 많은 남미와 아프리카 국가들의 경우에는 예외였지만, 대부분의 서유럽 국가와 동아시아 국가들에는 그 혜택이 주어졌다.

서독과 일본은 덕분에 경제부흥의 기회를 잡았다. 1994년 체결된 북미자유무역협정NAFTA 은 캐나다와 멕시코에도 미국 경제권에 편입될 기회가 되었다. 캐나다는 미국의 자원 제공국으로, 멕시코는 미국의 공장으로 성장할 기회를 가졌다. 그리고 그 마지막 혜택은 중국이 누렸다.

그러나 앞으로는 정반대의 일이 전개될 것이다. 그것은 트럼프 대통령이 다시 집권을 해서가 아니다. 미국의 대외정책이 고립주의로 전환한 것이 트럼프 때문이 아니듯, 앞으로 미국과 친한 나라들이 어려워지는 것 역시 마찬가지다.

냉전시대와 탈냉전시대에 미국과 함께한 나라들이 번영했던 것은 미국이 공장을 넘겨주었기 때문이다. 미국은 처음엔 소련을 견제하기 위해 서독과 일본에 공장을 지을 기회를 주었다. 또한 제조업 분야에서 수직 계열화를 위한 하청이 필요해서 동아시아로 공장을 지을 기회를 넘겨주었다. 여기까지는 문제가 없었다. 미국 역시 나름 제조업 기반을 가지고 있었기 때문이었다.

　문제는 탈냉전시대에 벌어졌다. 미국의 자본은 단지 노동력이 더싸다는 이유로 공장을 뜯어서 멕시코로 갔다. 미국의 정치가 관세 특혜로 이를 보호해 주었다. 하이라이트는 중국이었다. 미국은 공장을 중국으로 넘기고, 금융화와 IT 산업에 집중했다. 문제가 없어 보였다. 외형적으로 GDP 규모가 계속 커지고 있었기 때문이다.

　그런데 미국에서 제조업 공동화가 빚어내는 문제들이 점점 터지기 시작했다.

　우선 미국의 경제패권이 약화되었다. 앞에서 말했듯, 경제패권을 가지려면, 세계가 패권국의 화폐를 사용해야 하며, 이는 기본적으로 패권국의 생산력에 대한 믿음이 바탕이 되어야 한다. 하지만 미국이 제조업 기반을 상실하여 생산력을 잃어가고 있는 것이 명백해지기 시작했다. 외화내빈外華內貧이었다. 미국 주식시장의 시가총액이 금융화와 신산업으로 커질수록 제조업 기반은 약화되고 있었다. 똑똑한 젊은이들은 제조업에 관심이 없었고, 금융과 신산업이 관심사가 되었다. 제조업 붕괴의 문제점들이 본격적으로 드러나기 시작한 것이다.

　먼저 사회기반시설이 붕괴되기 시작했다. 제조업이 발전할 때는 도로, 항만, 공항 같은 사회기반시설들이 같이 건설된다. 하지만 금융이나 IT 산업들은 이런 것들이 별로 필요 없었다. 실리콘밸리와 뉴욕은 번영을 누렸지만, 다른 곳들은 그렇지 않았다.

미국을 가본 사람이라면 누구나 놀라지만, 지하철, 도로, 항만, 공항의 시설이 낙후되었다. 웬만한 동남아 국가 수준만도 못한 것이 사실이다. 지하철과 고속철 같은 대중교통 시설은 새로 건설되지 않고, 낙후된 도로를 자동차로 운전해서 다니고 있다. 전력망마저 위험한 지경이다.

좋은 일자리들도 사라졌다. 사회적으로 좋은 일자리의 핵심은 부자가 되는 일자리가 아니라 '중산층'을 만드는 직장이다. 그리고 그 직장은 일시적인 것이 아니라 장기적인 것이어야 한다. 거기에 가장 부합하는 것이 제조업이다.

제조업의 경쟁력은 노동 숙련도에서 나온다. 노동 유연성을 아무리 강조하더라도, 숙련된 노동자는 기업이 함부로 해고할 수 없는 법이다. 실제로 미국의 경우 노동 유연성이 법적으로 잘 보장되어 있지만, 제조업에 근무하는 노동자들은 공장이 외국으로 나가기 전까지는 별로 해고되지 않았다. 이것이 미국에서 20년, 30년 모기지론이 일반화된 이유이다.

이로 인해 수요가 지속적으로 창출되었다. 중산층은 고소득층보다 소득 대비 소비성향이 높으며, 장기적인 일자리가 보장된 제조업체에 근무하는 노동자들은 내구재도 아낌없이 소비한다.

그런데 외국으로 공장이 나가자, 안정된 수요가 사라졌다. 그 수요는 주식과 부동산 가격 상승에 의해 발생하는 자산효과 자산가격이 상승함에 따라 소비가 증가하는 것으로 대체되어야 했다. 이제 주식과 부동산 가격은 끊임없이 상승해야 했다. 그리고 그것을 위해 미국 정부와 연준은 돈을 끊임없이 찍어냈다.

제조 붕괴는 교육 붕괴로 이어졌다. 전 세계에서 유일하게 대다수 국민이 외계인의 존재를 국가가 숨기고 있다고 믿는 나라, 더 이상 미국인의 교육수준이 얼마나 낮은지는 거론하지 않겠다. 다만, 그렇게 된 이유가 무엇인가이다.

여러 이유를 꼽는다. 하지만 많은 사람들이 간과하는 것이 있다. 역사적으로 대중교육은 산업혁명과 더불어 등장했다. 산업혁명이 일어나자, 농업 노동자들이 공업 노동자가 되어야 했고, 이에 따라 대중교육이 등장하고 활성화되었다. 나폴레옹의 전문화된 포병 부대를 만들기 위해서 기술과 공학 교육이 대중화되었고, 독일제국의 비스마르크 총리는 1872년 총체화된 산업역량에 투입하기 위해 의무교육을 법제화한 교육법을 만들었다.

미국이라고 다르지 않았다. 미국의 제조업 성장에는 교육이 탄탄하게 뒷받침을 하고 있었다. 20세기 초중반, 미국의 제조업이 유럽을 넘어서는 시기, 유럽에서 고급 중등교육 기회우리나라의 고등학교는 엘리트에게만 부여되고, 나머지 사람들에게는 초중등 직업교육의 기회만 부여되었다. 반면, 미국에서는 모든 학생들이 고급 중등교육을 받을 수 있었으며, 2차 세계대전 이후 고급 중등교육과 고등교육우리나라의 대학교이 정부의 재정 지원 아래 급속히 확대되었다. 그리고 이렇게 교육된 높은 교육수준의 생산계층이 만든 것이 바로 당시 품질의 대명사 '메이드 인 USA'였다.

그러나 제조업 기반이 상실되자, 교육도 붕괴되기 시작했다. 기업과 사회는 제조 핵심 인력을 키우는 고급 중등 의무교육이나 고등교육에는 관심이 없어지고, 금융과 신기술을 책임질 석·박사를 길러내는 일에만 주목했다. 교육격차는 벌어졌으며, 소수의 엘리트와 대다수의 무지한 국민들로 양극화되기 시작했다.

지금 대한민국도 전문대가 사라지고 있다. 대한민국에 하루가 멀다 하고 공장이 지어질 때, 더불어 하루가 멀다 하고 설립된 것이 전문대였고, 이공계 대학이었다. 그리고 고등학교 교육이 의무화되었다. 그러나 지금 고급 중등교육은 의대와 법대를 가기 위한 소수 엘리트 교육으로 변질되었고, 전문대는 사라지고 있다. 미국의 길을 그대로 따라가고 있는 것이다. 이러한 문제점이 극단으로 치닫자, 미국 사회가 변하기 시작했다. 이대로는 답이 없다는 것을 깨닫게 되었다.

*
**

트럼프 대통령의 2024년 대선 대표 공약인 "MAGA, Make America Great Again"의 핵심은 한마디로 다시 미국을 제조업 강국으로 만들자는 것이다. 하지만 이러한 기조는 트럼프 대통령 때 시작된 것이 아니었다.

먼저 등장한 단어는 오바마 대통령 때 시작된 '리쇼어링Reshoring'이었다. 해외로 나간 제조업을 다시 미국으로 가지고 오자는 것이다. 트럼프 집권 1기에는 보호무역 정책으로 미국의 제조업을 지키는 방향으로 전개되었고, 바이든 대통령 때에는 외국의 제조업 공장을 거꾸로 뜯어 오는 것이었다.[4] 그리고 트럼프 집권 2기인 지금, 다른 나라들의 희생을 통해 자기 나라의 번영을 추구하는 대외무역 정책인 '근린 궁핍화 전략'[5]이 본격화될 것이다.

　　냉전시대와 탈냉전시대에 미국은 해외로 공장을 내보내 우호국들을 부유하게 만들어 주었다면, 이제는 반대의 시대가 전개될 것이다. 그 직접적인 피해는 미국의 '동맹국'들에 갈 것이다. 하지만 동맹국들의 선택권은 매우 제한될 것이다. 달러 체제로부터 벗어나기에는 이미 너무 많이 걸어왔다.

4　2023년 11월 백악관은 바이든 정권에서 이루어진 '인베스트 인 아메리카(Invest in America)' 정책의 효과를 설명했다. 요약하면, 아시아 태평양 지역 기업들이 2천억 달러 넘게 미국 제조업에 투자했다는 것이며, 그중 한국 기업의 미국 제조업 투자규모는 555억 달러에 달했다.

5　근린 궁핍화 정책(Beggar-my-neighbor policy)의 대표적 방법은 자국 통화의 가치를 낮추거나 (평가절하), 관세를 인상하여 수입을 억제하는 것이다. 하지만 상대국도 동일한 정책으로 맞대응할 경우 서로 악순환에 빠져 세계 경제의 침체를 가져올 수 있다는 비판을 받는다.

　　흥미롭게도, '근린 궁핍화 정책'이란 말은 애덤 스미스가 『국부론』에서 중상주의를 비판하면서 "그들의 이익은 모든 이웃 나라들을 가난하게 하는 데서 나온다"고 말한 데서 유래되었다. 중상주의는 국부가 한 나라가 가진 화폐의 양에서 나온다고 보았고, 관세를 높이면 다른 나라가 낸 세금이 자국에 많이 들어와 국부가 증가한다고 주장했다. 하지만 애덤 스미스는 국가의 부는 제조 역량이지, 그 나라가 가지고 있는 화폐의 총량이 아니라며 중상주의를 비판했다. 이 것이 당시 화폐를 많이 가진 스페인보다 산업혁명을 이룬 영국이 부유했던 이유라는 것이다.

미국은 과도한 국가부채를 줄여야 하고, (불가능해 보이지만) 제조업을 중국과 경쟁에서 이길 수 있도록 재건해야 한다. 방법은 하나다. 아직 미국 패권 아래 있는 '동맹국'들의 부를 '미국으로 이전'하는 것이다.

트럼프 대통령이 취임한 2025년 초, "캐나다가 미국의 한 주가 되어야 한다. 덴마크의 그린란드를 편입하겠다. 파나마 운하를 미국이 가지겠다"라고 했다. 황당하게 들리는 이런 말들도 사실 이런 맥락에서 이해해야 한다. 농담이 아니다. 그렇지 않고서는 미국의 미래가 없을 수 있기 때문이다.

이제 G7 정상회의의 리더인 미국은 나머지 G6 나라들을 급속히 약화시킬 것이다. 그 외 서유럽과 한국처럼 미국의 패권 아래 놓여 있는 나라들도 그 운명을 피해가기는 어려울 것이다.

*
* *

그렇다면 앞으로 비서구 진영의 미래는 어떻게 될까?

러·우전쟁으로 인해 브릭스BRICS 체제가 급속하게 부상했다. 미국과 서구의 러시아 자산동결 조치는 달러로 거래를 하고 서구의 은행에 그 달러를 예치하는 것이 얼마나 위험한 일인지를 보여주었다. 세상에서 가장 안전하다고 믿었던 미국 국채를 사는 것도 위험해 보였다.

미국은 보호무역으로 확연히 돌아섰고, 더 이상 공장을 보내주지도 않을 것이다. 그렇다고 외환보유고를 금으로만 채울 수도 없고, 무언가 대안이 필요했다. 이로 인해 백지장도 맞들면 가벼워지듯, 그전에는 비서구 국가들의 형식적이고 느슨한 연합체였던 브릭스가 주목받기 시작했다.

러·우전쟁이 한창이던 2023년 8월, 남아프리카공화국의 시릴 라마포사 대통령은 수도 요하네스버그에서 열린 브릭스 정상회의에서 아르헨티나·이집트·에티오피아·이란·사우디아라비아·아랍에미리트연합의 6개국이 새로운 회원국이 될 것이라고 선언했다. 실제로 2024년 1월 1일 사우디아라비아와 아르헨티나가 빠진 4개국이 브릭스의 정식 회원국이 되었다. 이어 2025년 1월 인도네시아가 정식 회원국이 되어 10개국 체제가 된다.

이제 브릭스는 중동과 동남아까지 참여하는 글로벌 사우스를 대표하는 경제 협의체가 되었다. 게다가 브릭스는 벨라루스·볼리비아·카자흐스탄·태국·쿠바·우간다·말레이시아·우즈베키스탄 등 8개국에 새로운 '파트너 국가' 지위를 부여했다. 그리고 브릭스 정상회의를 러·우전쟁의 당사국인 러시아의 카잔에서 푸틴의 주재 아래 개최했다. 러·우전쟁의 승자가 누구인지를 보여주는 행사였다. 이 브릭스 정상회의에 대한 세계 언론의 관심은 2024년 6월에 열린 G7 정상회의보다 훨씬 높았다.

사실 2024년 6월 이탈리아에서 열린 G7 정상회의는 '규칙에 기반한 국제질서'라는 주제로 우크라이나 지원, 중동 및 인도·태평양 지역 이슈 논의, 경제안보 및 인공지능, 기후변화와 개발협력을 논의했다고 발표했는데, 한마디로 왜 모였는지 모르겠는 이야기만 하다가 헤어졌다.

반면 2024년 10월, 회원국 확대 후 처음으로 열린 브릭스 정상회의는 주제부터 의미심장했다. 주제가 '공정한 글로벌 개발·안보를 위한 다자주의 강화'로 매우 공격적이었다. '공정한'이라는 말에는 이제까지 미국 주도의 개발·안보가 불공정했다는 뜻을 노골적으로 드러냈고, '다자주의'라는 말에는 일국 패권 시대를 종식시키겠다는 뜻이 들어 있었다. 미국이 만든 규칙에 기반한 국제질서를 거부한다는 것을 명백히 한 것이다.

이 브릭스 정상회의는 '카잔 선언'을 채택했다. 다자주의 세계질서 구축, 세계 및 지역 안정과 안보를 위한 협력 강화, 경제·산업 및 금융 협력 증진, 인적교류 확대, 글로벌 사우스와 협력 강화, 파트너국 지위 신설을 통한 외연 확장, 가장 중요한 것은 자국 통화 사용·결제 시스템 협력 확대였다. 미국의 달러 패권을 벗어나겠다는 의지가 담겨 있었다.

인도는 4자 안보 협의체인 쿼드미국·일본·호주·인도의 회원국이고, 인도네시아와 브라질 역시 미국과 정기적으로 합동 군사훈련을 실시하는 나라이다. 브릭스에 가입을 고려했던 사우디아라비아와 아르헨티나 역시 미국과 정치적으로 긴밀한 관계이다. 브릭스에 새로 파트너국이 된 태국·말레이시아·카자흐스탄 등도 미국과 정치·군사적으로 등을 지고 있지 않은 나라들이다.

그럼에도 이 나라들은 '브릭스'로 가려고 한다. 이는 미국과 정치·군사적인 관계를 유지하면서도, 경제적으로는 비서구 세계가 달러 패권에서 벗어나기 위해 뭉치고 있음을 보여준다.

어쩌면 브릭스가 세계 경제질서의 한 축이 아닐 수도 있다. 하지만 세계의 경제질서는 결국 두 진영으로 나누어질 것이다. 달러 패권을 유지하려는 미국과 서구, 달러 패권에서 벗어나려는 비서구, 이 두 진영의 대립은 시간이 흐를수록 명확해질 것이다.

지금 달러 패권 약화라는 대세와 이를 잡으려는 미국의 노력이 경제 충돌의 핵심이다. 군사적·정치적 이해관계가 이를 뒤엎을 수는 없다. 전통적인 미국 중심의 세계 경제질서에 설 것인가, 비서구 중심의 경제질서에 설 것인가? 이것이 전 세계 국가들에 피할 수 없는 질문으로 다가오는 시대이다. 한국은 어디에 서야 할 것인가?

신권위주의
시대(정치) _민주주의의 위기

우크라이나가 민주주의 국가이든 아니든, 러·우전쟁은 우크라이나를 앞세운 민주주의 진영과 권위주의 국가인 러시아의 대결이었다. 그리고 권위주의 국가인 러시아가 민주주의 진영을 상대로 승리했다. 프랜시스 후쿠야마는 1990년 저서 『역사의 종말』에서 탈냉전으로 자유민주주의가 영원한 승리를 거두었다고 선언했다. 그런데 어쩌다 35년 만에 민주주의 진영은 권위주의 정권에 패배했을까?

트럼프 대통령이 취임한 다음날인 2025년 1월 21일, 러시아의 푸틴 대통령과 중국의 시진핑 국가주석이 보란 듯이 화상회담을 했다. 푸틴은 "우리의 상호 신뢰는 우리만의 관계에 의해 이루어지며, 각국의 국내 정치 요인이나 세계 상황에 좌우되지 않는다"고 말했다. 시진핑은 이에 화답하여 "중국은 러시아와 관계를 한 차원 더 높은 차원으로 끌어올리고, 외부의 불확실성에 대응할 준비가 되어 있다"고 말했다. 한마디로 트럼프가 집권해도 중·러 관계는 변하지 않을 거란 이야기였다. 트럼프 외교의 험난할 일정을 보여준 단편이다. 이 세 지도자들은 무척 다르지만, 공통점이 있다. 바로 권위주의적이라는 것이다.

*
* *

잠깐 40년 전으로 돌아가 그때의 지도자들을 보자. 1985년 미국의 지도자는 로널드 레이건, 영국은 마거릿 대처, 프랑스는 프랑수아 미테랑, 독일은 헬무트 콜, 소련은 미하일 고르바초프, 중국은 덩샤오핑이었다. 미국 레이건 대통령과 영국 대처 총리는 신자유주의를 받아들여 사회를 개혁하고자 했으며, 프랑스의 미테랑 대통령은 서구에서 처음으로 선거를 통해 집권한 사회주의자였고, 독일의 헬무트 콜 총리는 지금도 독일 통일의 아버지로 불린다. 소련 고르바초프 서기장과 중국 덩샤오핑 주석은 당시 공산주의 사회의 문제점을 극복하기 위해 노력했다.

이들은 선이 굵은 지도자들이었다. 최소한 지금 이들 나라의 지도자들처럼 부자가 아니었다. 그리고 정치를 끝내고 부자가 되지도 않았다. 더 중요한 것은 지금의 지도자들보다 더 민주적 리더십을 가진 지도자들이었다는 것이다.

세계는 왜 40년 전처럼 민주적 지도자들을 가지지 못할까? 한 나라의 지도자는 그 나라의 수준을 반영한다고 한다. 지금의 사회가

왼쪽부터 로널드 레이건, 마거릿 대처, 헬무트 콜, 미하일 고르바초프, 덩샤오핑

그 당시만큼 민주적이지 못하기 때문이다.

심지어 서구 민주주의 국가의 지도자들도 권위주의 국가의 지도자 못잖게 권위주의적인 지도자가 집권하기도 한다. 트럼프 대통령을 지지하는 사람들도 그가 카리스마를 가진 지도자라고 하지, 민주적 지도자라고 하지는 않을 것이다. 그렇다고 바이든 대통령이 민주적이었나? 프랑스의 마크롱 대통령은 내각이 붕괴했음에도 사퇴하지 않았다. 아니, 유럽 전체가 유럽 사람들이 선출하지 않은 EU 집행위원장 폰 데어 라이엔에 의해 정치가 결정되고 있다. 푸틴과 시진핑도 예외가 아니다. 푸틴은 25년째, 시진핑은 12년째 집권하고 있다. 특별한 일이 없는 한 정권이 바뀔 것 같지 않다.

도대체 무슨 일이 있었을까? 민주주의는 왜 이렇게 쇠퇴하고, 권위주의는 힘을 가져 나가는 것일까? 앞으로 다시 민주주의가 세계적으로 회복될 수 있을까?

결론적으로 말하면, 서구는 더 권위주의적 정치 형태로 갈 것이다. 사회주의권은 지금과 같은 상태가 유지될 가능성이 높으며, 마지막으로 제3세계의 경우 일부 국가들은 민주주의적으로 변화할 가능성이 높다. 왜 그런지 하나씩 살펴보자.

1. 서구

서구는 앞으로 예전 같은 민주주의의 번영을 누리기는 힘들 것이다. 이유를 꼽자면 1. 중산층의 감소, 2. 안보 중요성 증대, 3. 쇠퇴하는 사회이다.

우선 중산층 감소부터 보자. 민주주의는 중산층이 만드는 것이다. 고대 그리스의 민주주의는 귀족이나 노예가 아닌 시민이 만들었으며, 근대의 민주주의도 귀족이나 농노가 아닌 부르주아가 만들었다. 그리고 현대 서구의 민주주의 역시 탄탄한 중산층에 의해 뒷받침되었다. 중산층은 경제적 안정을 확보했기에 적극적으로 정치에 참여할 기회를 가졌으며, 중도적 계급 위치로 인해 상대적으로 균형 잡힌 정책을 지지하는 '민주주의의 수호층'이다. 그러나 1990년대 본격화된 금융화와 제조업 붕괴는 중산층의 몰락을 가져왔다. 몇몇 자료들은 세계적으로 중산층이 증가했다고 주장하지만, 이것은 이념적인 주장이다.[6]

6 미국 내 영향력이 가장 큰 사회과학연구소인 브루킹스 연구소에서 발표한 자료를 보자. 세계적으로 중산층의 비율이 높아지고 있으며, 특히 2010년대 이후 중산층의 규모와 비율이 급속도로 높아지는 것처럼 보인다.

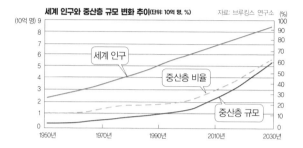

하지만 이 연구는 기본적으로 몇 가지 중요한 잘못을 범하고 있다. 이 자료는 전 세계 188개국의 가구를 가구소득 및 지출(2011년 구매력 기준)을 기준으로 4개의 계층으로 나눈다. 최하위 계층인 빈곤층(1인당 하루 1.9달러 미만), 취약층(1인당 하루 1.9달러에서 11달러 미만, 32억 명으로 가장 많다), 중산층(1인당 하루 11~110달러), 그리고 부유층이다.

그런데 일반적으로 계층은 상층·중층·하층의 3개 계층으로 나누며, 4개의 계층으로 나누지 않는다. '취약층'을 넣어 더 세분화함으로써 빈곤층의 비율이 적어 보이는 효과를 가져왔다.

중산층의 하위 기준을 하루 11달러 소득으로 하여 전 세계에 동일한 잣대를 대는 것도 문제이다. 나라마다 다를 수 있지만, 빈민국에서도 하루에 11달러를 벌어서, 연구소에서 제시한 중산층의 기준인 오토바이·냉장고·세탁기 같은 내구소비재를 구매하거나 영화관람·여행 등의 여가활동을 하는 데 필요한 가처분소득을 누릴 수 없다. 거꾸로 이 기준을 한국에 도입하면 한국 사람의 90%는 중산층이 된다.

또한 이 기준에 따라 분석하면, 세계에서 증가한 중산층의 대부분은 해당 기간에 중국 한 나라에서 생긴 사람들이다. 하지만 중국에서조차 하루 11달러를 버는 사람을 중산층이라고 하지는 않는다. 중국의 1인당 GDP는 이미 1만 달러를 넘어섰다.

2011년 구매력 기준이라는 문제점은 차치하고라도, 빈곤층을 하루 1.9달러 미만으로 설정한 것도 문제다. 그러면 하루 2달러를 버는 사람은 '취약층'이 된다. 지구상 어디에서도 소득이 하루 2달러인 사람들은 '취약층'이라는 이상한 이름의 계층이 아니라 빈곤층으로 분류되어야 한다.

만약 현실적으로 하루 소득 5달러 미만을 빈곤층의 기준으로 삼는다면, 전 세계 빈곤 인구는 2010년 기준 43억 명으로 지구 인구의 과반을 넘는다. 이것이 현실이다. 이런 자료들은 사실상 중산층은 줄어들고 빈곤층이 늘어나는 현실을 왜곡하는 것이다.

다음의 표를 보자. 상위 1%의 소득 점유율이 이렇게 높아졌다는 사실 자체가 중산층이 붕괴되었다는 것을 반증한다.

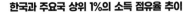

한국과 주요국 상위 1%의 소득 점유율 추이   자료: Nak Nyeon Kim and Jongil Kim(2014), FINK,3

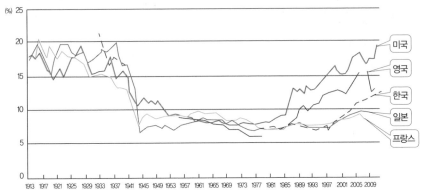

그렇다면 미국과 서구 사회에서 중산층의 비율이 높아질 가능성이 있을까? 그렇게 보기는 어렵다.

미국과 서구가 중산층의 비율을 높이기 위해서는 1. 제조업 부활, 2. 신기술산업 집중 완화, 3. 자산가격 상승 억제가 필요하다. 그러나 어느 하나 미래에 가능해 보이지 않는다.

미국의 경우 제조업 부활을 위해 관세를 높이고, 미국의 패권 아래 놓여 있는 나라들의 공장을 뜯어 미국으로 가져갈 것이다. 하지만 그 성공 가능성은 매우 낮다.

일단 미국은 인건비가 비싸고 노동조합도 강하다. 하지만 그런 것은 부차적이다. 더 근본적인 것은 미국이 교육 붕괴와 오랜 제조업 공동화로 제조업 경쟁력의 핵심인 노동 숙련도를 높일 기회를 잃어 버렸다는 것이다. 한마디로 노동 생산성이 낮다. 게다가 사회간접자본까지 받쳐주지 않는다. 트럼프가 주장하는 메가 MAGA, Make America Great Again 의 핵심인 '미국 제조업의 부활'은 현실적으로 불가능해 보인다. 이게 사실이다.

반면, 미국이 강점을 가진 신기술 산업은 안타깝게도 고용창출 효과가 작다. 오히려 기존 고용을 줄이는 효과가 크다. 그리고 신기술 산업은 특히 주식시장이 발달한 서구 사회에서는 오너와 주주들에만 엄청난 부를 이전해 준다. 그렇다고 해서 미국과 같은 서구 선진사회가 이를 버릴 수도 없다. 비서구 사회에 비해 경쟁력을 가지는 산업이기 때문이다.

마지막으로 자산가격의 하락 유도 가능성이다. 이것도 거의 가능성이 없어 보인다. 자산가격의 상승은 빈부격차를 가져왔고 중산층을 몰락시켰다. 자산가격의 급격한 상승은 돈을 너무 많이 풀어서 발생한 것이다. 그런데 제조업 같은 실물경제가 뒷받침되지 않는 상황에서 경제가 문제없이 돌아가고 있다는 것을 보여줄 수 있는 방법은 돈을 푸는 것 이외에는 없었다. 앞으로도 서구는 돈을 풀 수밖에 없을 것이다.

* **

다음으로 안보의 중요성이 커질 것이란 점을 보자. 러·우전쟁으로 세계적으로 자국 안보 중심주의가 자리잡았다. 특히 사실상 미국에 안보를 무임승차하던 서유럽에 그 충격이 더 컸다. 이민자가 크게 증가함으로써 사회질서 확립이라는 필요성이 더해졌다. 게다가 코로나 팬데믹 사태까지 터졌다.

　국민들이 안보를 지키고, 질서를 재확립하며, 코로나 같은 만약의 사태에 신속하고 강력한 대처를 할 수 있는 정부를 원하게 되었다. 그러한 정부는 민주주의적 정부보다는 권위주의적 정부에 가까울 가능성이 높다. 정치 교과서에도 민주주의는 일시적 무질서를 낳을 수 있으며, 어떤 일에 대해 신속하고 강력한 대처가 어렵다고 한다.

*
* *

마지막으로 서구의 쇠퇴를 들여다보자. 서구 진영은 쇠퇴하고 있다. 노령화, 제조업 붕괴, 불평등 심화, 극단적 개인주의화, 이민자 문제 등 문제들이 늘어나고 심각해지고 있다. 하지만 해결은 점점 난망해 보인다. 그나마 패권적 지위를 이용해 버티고 있는 미국도 예외는 아니다.

　역사적으로 민주주의는 사회 번영과 함께해 왔다. 고대 민주주의는 로마제국이 수축되기 시작되자 소멸해 갔다. 근대 민주주의도 1차 세계대전과 경제 대공황으로 파시즘과 나치즘을 낳으면서 쇠퇴했다. 2차 세계대전 이후 자유주의 진영은 서로 공조하면서 발전을 이루어냈고, 이 과정을 민주주의가 함께했다. 하지만 탈냉전 후 민주주의는 서구에서 급속히 쇠락하기 시작했고, 러·우전쟁 이후 쇠락의 가속 페달을 밟을 것이다. 중산층 붕괴, 안보 중요성 증대, 민주주의 사회 쇠퇴, 이것이 1985년의 지도자, 그리고 2025년의 지도자의 차이를 낳았다. 물론 역설적으로 이 씨앗을 뿌린 것은 1985년의 앵글로·색슨의 지도자들이었다.

2. 구사회주의권

사회주의권은 소련 붕괴 후 사실상 자본주의로 넘어오면서 외형적으로 민주주의 모습을 갖게 되었다. 하지만 실질적으로는 사회주의 독재에서 권위주의 체제로 넘어온 것에 불과했다. 그렇다면 앞으로는 어떻게 될까?

민주주의는 시장경제체제와 더불어 발전하는데, 러시아와 동유럽에서 시장경제는 온전히 시장에 맡겨지지 않았다. 사회주의 붕괴 이전에는 국가가 경제를 '직접' 관리했다면, 붕괴 이후에는 '기업'이라는 이름을 통해서 관리했다. 나라마다 차이는 있지만, 러시아처럼 자원이 국부의 중심인 나라는 더했다.

페스트가 번지던 중세 유럽, 많은 사람들이 죽어나가자, 노동력이 부족해진 서유럽에서는 인건비가 상승했고, 이에 따라 농노들은 자유를 얻을 기회를 가졌다. 이에 영국에서는 비싼 노동력을 대체하기 위해 기계를 발명하여 산업혁명을 일으켰다. 반면, 동유럽은 농노를 더 억압하고 관리하여 봉건제도를 더 강화했다. 마찬가지로 동·서 유럽에 똑같이 시장경제체제가 도입되었지만, 그 전개과정은 예전과 다르지 않다. 지금도 러시아와 동유럽의 시장경제는 국가에 의해 관리되고 있다. 시장경제를 국가가 관리하기 위해서는 민주적 정부가 아니라 권위주의적 정부가 필요하다.

게다가 러시아와 동유럽은 서유럽과는 달리 전통주의적 가치관이 여전히 힘을 발휘하고 있는 사회이다. 가부장제에 기초한 가족주의가 지

금도 강력한 힘을 발휘하고 있다.[7]

이번 러·우전쟁은 그러한 가치관을 정당화했다. 러시아의 오랜 숙제인 '서구화냐, 전통 수호냐' 하는 질문에 전통 수호에 무게를 던져준 사건이었다. 러·우전쟁은 서구의 가치관을 이중적 가치관으로 보이게 했으며, 전통적 가치관을 수호하는 것이 러시아인의 의무이고, 그러한 전통적인 가치관을 지키는 강력한 리더가 필요하다고 생각하게 만들었다. 민주적으로 선출되는 과정보다 가족을 지키고 종교를 지키고 국가 공동체를 지키는 리더가 더 중요하게 되었다. 러시아만이 아니라 동유럽, 중국 모두의 이야기다. 구사회주의 국가 역시 당분간 권위주의 국가를 탈피하기 어려울 것으로 보인다.

3. 제3세계

아프리카, 아시아, 남미 등에 있는 제3세계를 하나의 범주로 묶어 설명하는 것은 쉽지 않다. 여기서는 1990년대 이후 탈냉전시대에 세계화가 어떻게 제3세계를 권위주의 국가로 묶어 두었는지를 살펴보겠다.

세계화는 말 그대로 자본과 노동의 이동이 국제적으로 자유로워지는 것이고, 세계 경찰인 미국이 그 자유로운 이동을 보장하는 구조

---

7 프랑스의 사회과학자 에마뉘엘 토드(1951년 ~)는 구소련의 붕괴를 출산율과 유아 사망률의 변화를 통해 분석해 유명해졌다. 그는 권위주의적 정치체제는 가부장적 가족구조와 밀접한 관련을 가진다고 주장한다. 특히 새로운 저서 『제3차 세계대전은 이미 시작되었다』에서 러·우전쟁을 정치학보다 더 깊은 가족관계에 대한 연구로부터 시작해야 한다고 주장하고, 러·우전쟁을 부권제 시스템과, 부계와 모계를 동등하게 중시하는 핵가족 양계제 시스템의 대립으로 설명하고 있다.

였다. 그런데 노동과 자본의 이동은 차이가 있다. 노동의 이동은 물리적 이동인 반면, 자본의 이동은 공간과 시간에 의해 제약을 받지 않는다. 따라서 노동의 이동보다 자본의 이동이 자유롭다.

자본은 서구가 가지고 있었고, 서구는 자본을 이동시키기 시작했으며, 자본이 어디로 갈 것인지를 결정했다. 자본이 가장 중요하게 여긴 것은 저임금, 그리고 적은 규제였다. 여기에 사회간접자본망이 제대로 깔려 있다면, 그 제3세계 국가는 서구 자본의 선택을 받을 수 있었다.

이에 제3세계 국가들은 최저임금 경쟁을 벌이기 시작했다. 제3세계 국가들이 자본 유치 경쟁을 벌인다고 생각해 보자. 만약 A국의 임금은 100달러, B국은 70달러, C국은 50달러라면, A국이나 B국이 자본을 유치하기 위해서는 임금을 최소한 C국 수준으로 낮추어야 할 것이다. 그런데 이게 민주적 정부에서 가능할까? 저임금 구조를 만들기 위해서는 노동조합을 약화시키고 저곡가 정책을 써야 한다.

A국이 아프리카의 한 나라라고 해보자. 저곡가 정책을 쓰려면 어떻게 해야 할까? 서구의 나라로부터 막대한 농업 보조금을 받아 A국의 곡물보다 싸진 곡물을 관세 없이 받아들이면 된다. 그러면 A국의 농민들은 몰락하며 기아에 시달리고, 이제 선택의 여지가 없어진 농민들은 도시로 올라와 기존 도시 노동자들과 일자리를 두고 경쟁하게 되며, 노동의 가격은 더 싸진다. 슬프지만, 이것이 제3세계 일부 국가들, 특히 아프리카의 현실이다.

그런데 아프리카의 A국은 과거 영국의 식민지였기에 법과 제도를 영국에서 그대로 가져왔다고 하자. 선진국의 규제는 개발도상국보다는 강하기 때문에, A국의 법적 규제는 생각보다 강할 수 있다. 서구 자본은 이러한 규제를 철폐하라고 강력히 요구한다. A국 정부는 무력을 동원해서라도 이러한 규제를 철폐하기 시작한다. 정부가 더 권위주의화하는 것이다.

게다가 A국의 정부는 사회간접자본을 완성하기 위해 서구로부터 대출을 받는다. 이에 따라 국가부채는 증가한다. A국의 지도자는 대출과정에서 커미션을 챙기며, 이는 서구 국가의 은행에 예치된다. A국 지도자의 자제들은 그 서구 국가의 유명 대학으로 유학을 가서 자라고, 나중에 돌아와 다시 A국의 지도자가 된다. 이것이 현실이었다.

그런데 지금은 이런 세계화의 고리가 끊어지고 있다. 제3세계 국가들은 세계화로 인해 강제되었던 권위주의, 혹은 독재 정부의 필요성으로부터 자유로워질 것이다. 게다가 탈세계화는 제3세계 국가들 사이의 경쟁을 연대로 바꿀 고리가 될 수 있다.

예전에는 A국, B국, C국이 자본을 유치하기 위해 경쟁을 해야 했고, 경쟁을 하기 위해서는 민주적 정부보다 권위주의적 정부가 효과적일 수 있었다. 하지만 이제는 그럴 필요가 없다. 거꾸로 A국, B국, C국은 연대를 해야 할 것이다. 안보적 측면에서도 그게 유리하다. 탈세계화 시대가 역설적으로 제3세계에 희망을 주는 이유이다. 물론 제3세계는 권위주의, 아니 그것을 넘어 독재의 전통이 강하기에 쉽사리 민주화가 될 것이라는 전망을 하기는 어렵다. 하지만 서구나 구사회주의권보다는 희망적으로 보인다.

3부에서는 다층적 접근방법을 통해 러·우전쟁 이후의 세계는 안보적으로는 자국 안보 중심 시대, 경제적으로는 서구와 비서구의 대립의 시대, 그리고 정치적으로는 권위주의가 민주주의를 압도하는 시대가 될 것이라는 전망을 내놓았다.

글을 닫으며

나토, 바르샤바 조약기구, 마셜 플랜 등 기성세대에게는 익숙한 단어이지만, 젊은 세대에게는 생소한 단어가 많을 것 같아 쉽게 쓰려고 노력했다. 젊은 세대에게 꼭 말하고 싶었다. 앞으로 우리가 살아가야 할 세상은 냉전시대와 탈냉전시대와는 다른 시대라는 것을 말이다. 그리고 그것을 이해하기 위해서는 러·우전쟁을 알아야 한다는 것을 말이다.

러시아라는 나라는 나에게 특별한 인연의 나라이다. 대학생 시절 우연한 기회에 국가의 도움으로 처음 해외여행을 갔던 곳이다. 그때 러시아는 소련이라는 사회주의 국가였다. 맛있는 아이스크림, 에스컬레이터를 타고 내려가는 땅속 깊은 곳에 있는 지하철, 엄청나게 싼 물가, 어디서나 볼 수 있던 배급을 받기 위한 긴 줄, 보드카, 발레, 그리고 백야, 모든 것이 신기하고 새롭기만 했던 이국적 풍경이었다. 그러나 가장 큰 충격은 상트페테르부르크의 에르미타주 박물관이었다. 하루 종일 봐도 다 못 보는 예술 작품들, 그중 렘브란트의 「돌아온 탕자」와 일리야 레핀의 사실주의 작품들이 눈앞에서 나를 압도한 경험은 아직까지도 생생하다.

나의 아내는 러시아 문학을 전공하고 학위를 모스크바에서 받았다. 그래서 첫 방문 이후로도 러시아를 방문할 기회가 적지 않게 있었다. 그 속에서 소련이 마피아가 지배하는 무질서의 나라로 변하는 과정을 목격했다. 마피아에게 사적 세금을 내지 않으면 조그만 구멍가게도 할 수 없는 나라, 그렇게 희망이 없어 보이던 마피아가 지배하는 나라가 권위주의적 정치체제가 지배하는 시장경제체제로 변화하는 과정을 목격할 수 있었다.

＊
＊＊

우리나라 역사를 돌이켜보자. 고려시대 말의 백성으로 살아간다는 것은 여간 힘든 일이 아니었을 것이다. 몽고의 침입으로 나라는 황폐해졌고, 무도한 무신정권은 아니나 다를까 백성들을 버리고 섬으로 도주했다. 몽고의 침입은 나라를 황폐화하는 것에 그치지 않았다. 몽고가 전 세계에 퍼트린 페스트가 고려라고 비켜간 것은 아니었을 것이다. 전쟁과 역병, 그리고 외세를 등에 업은 권문세가의 불법적인 토지 빼앗기인 토지겸병과 횡포는 끝이 없어 보였을 것이다.

그러나 거기서 희망은 시작되었다. 전쟁과 역병, 그리고 무도한 권력을 목격한 고려 말의 백성들은 더 이상 이전의 백성들이 아니었다. 이때 무치武治가 아닌 문치文治를 내세우고, 몽고와 그에 기생하는 권력을 정통이 아닌 오랑캐로 여기는 성리학으로 무장한 사대부, 그리고 홍건적과 왜구를 물리치며 영웅으로 떠오른 무장들이 새로운 시대의 표상으로 떠올랐다. 이들을 배로 만들어 바다로 띄운 것은 백성들이었다. 고통스러운 현실 속에서도 희망의 끈을 놓지 않은 그 백성들 말이다.

어둠이 짙어져야지만 새벽이 오듯이, 절망의 끝에서 희망이 온다는 말을 필자는 믿는다. 많은 분들이 읽어주셨으면 하는 마음 간절하다. 글에서도 썼지만, 강대국의 외교에서 한 번 실수는 반면교사가 되지만, 약소국의 외교에서 한 번 실수는 돌이킬 수 없는 일이 되어버린다. 우리는 놀라운 성장을 이루었지만, 주변 4대 강대국에 비해서는 여전히 약소국이다.

**

앞에서도 말했듯, "경제발전기에는 경제를 몰라도 생존할 수 있지만, 경제가 후퇴하기 시작하는 시기에는 경제를 모르면 생존할 수 없다." 마찬가지이다. 평화의 시기에는 세계질서의 변화를 몰라도 아무런 문제가 없다. 하지만 그렇지 않은 시기에는 세상의 변화를 알아야만 살아남을 수 있다. 지금 우리는 세계의 변화를 몰라도 되는 시대에서, 이제 세계의 변화를 알아야'만' 생존할 수 있는 시대로 넘어왔다. 아무쪼록 이 책이 세상의 변화를 읽고 미리 준비하고자 하는 분들에게 작은 도움이 되길 바라는 마음 간절하다.

마지막으로 이런 책을 쓸 수 있었던 것은 오로지 한림대학교 대학원 시절 은사님들 덕분이다. 정말 나를 총애해 주시고 지방분권 실현을 위해 노력하셨던 성경륭 선생님, 거친 막시스트를 플라톤부터 다시 읽게 해 주신 송호근 선생님, 학자의 길이 무엇인지를 몸으로 보여주신 신광영 선생님, 교수가 아니라 친한 벗으로 진실된 가르침을 주신 유팔무 선생님, 그리고 사회학이 통계에 기반해야 한다는 것을 보여준 이재열 교수님께 찾아뵙지 못하여 죄송하지만 항상 가슴속에 그 은혜를 기억하고 있다는 말씀을 드린다. 그리고 이 시대에 어려운 출판이지만 출판을 해 주신 유해룡 대표님께도 진심의 감사를 드린다. 또 좋은 책으로 독자분들과 만날 것을 약속드리며 가름한다.

최진기 드림